本书为国家社科基金一般项目“共享发展理念下大学生扶贫志愿服务研究”（16BKS134）最终成果

【学者文库】

大学生扶贫志愿服务研究

李茂平◎著

中国社会出版社
国家一级出版社 · 全国百佳图书出版单位

图书在版编目（CIP）数据

大学生扶贫志愿服务研究 / 李茂平著. -- 北京：中国社会出版社，2021.4

ISBN 978-7-5087-6512-9

Ⅰ. ①大… Ⅱ. ①李… Ⅲ. ①大学生—扶贫—志愿—社会服务—中国 Ⅳ. ①D669.3

中国版本图书馆 CIP 数据核字（2021）第 043093 号

书　　名： 大学生扶贫志愿服务研究

著　　者： 李茂平

出 版 人： 浦善新

终 审 人： 尤永弘

责任编辑： 陈贵红

出版发行： 中国社会出版社　　**邮政编码：** 100032

通联方式： 北京市西城区二龙路甲 33 号

电　　话： 编辑部：（010）58124828

邮购部：（010）58124848

销售部：（010）58124845

传　真：（010）58124856

网　　址： www. shcbs. com. cm

shcbs. mca. gov. cn

经　　销： 各地新华书店

中国社会出版社天猫旗舰店

印刷装订： 三河市华东印刷有限公司

开　　本： 170mm×240mm　1/16

印　　张： 16.5

字　　数： 216 千字

版　　次： 2021 年 4 月第 1 版

印　　次： 2021 年 4 月第 1 次印刷

定　　价： 95.00 元

中国社会出版社微信公众号

序

贫困是人类社会的顽疾。摆脱贫困是人类孜孜以求的美好目标和价值追求。改革开放以来，中国共产党团结带领人民实施了大规模、有计划、有组织的扶贫开发，我国7.7亿农村贫困人口摆脱贫困；党的十八大以来，党中央把脱贫攻坚作为全面建成小康社会的底线任务，组织开展了声势浩大的脱贫攻坚人民战争，平均每年1000多万人脱贫，“脱贫攻坚的阳光照耀到了每一个角落，无数人的命运因此而改变，无数人的梦想因此而实现，无数人的幸福因此而成就”。2021年2月25日，习近平总书记在全国脱贫攻坚总结表彰大会上庄严宣告，我国脱贫攻坚战取得了全面胜利，现行标准下农村贫困人口全部脱贫，贫困县全部摘帽，贫困村全部出列，区域性整体贫困得到解决，完成了消除绝对贫困的艰巨任务，创造了又一个彪炳史册的人间奇迹。

脱贫攻坚的全面胜利，是全党全国各族人民共同努力的结果，这其中就有社会力量的广泛参与。党的十八大提出，深化群众性精神文明创建活动，广泛开展志愿服务；十八届五中全会指出，农村贫困人口脱贫是全面建成小康社会最艰巨的任务。实现“十三五”时期发展目标，必须牢固树立创新、协调、绿色、开放、共享的新发展理念。新发展理念体现全面、协调、可持续发展，彰显“以人民为中心”发展思想。

共享是中国特色社会主义的本质要求，必须坚持发展为了人民、发展依靠人民、发展成果由人民共享，使全体人民在共建共享发展中有更多获得感、幸福感。坚持共享发展，按照人人参与、人人尽力、人人享有的要求，注重机会公平，保障基本民生，实现全体人民共同迈入全面小康社会。中共中央、国务院《关于打赢脱贫攻坚战的决定》提出，举全党全社会之力，坚决打赢脱贫攻坚战。健全社会力量参与机制，实施扶贫志愿者行动计划。2021 年，习近平总书记在全国脱贫攻坚总结表彰大会上指出："我们广泛动员全党全国各族人民以及社会各方面力量共同向贫困宣战，举国同心，合力攻坚，党政军民学劲往一处使，东西南北中拧成一股绳。""我们构建专项扶贫、行业扶贫、社会扶贫互为补充的大扶贫格局，形成跨地区、跨部门、跨单位、全社会共同参与的社会扶贫体系。千千万万的扶贫善举彰显了社会大爱，汇聚起排山倒海的磅礴力量。"在脱贫攻坚战略实施中，社会各方力量积极行动、广泛参与，攻克一个又一个贫中之贫、坚中之坚，助力脱贫攻坚顺利推进并取得重大历史性成就。

"扶贫先扶志""扶贫必扶智""扶贫重扶弱"等是新时代脱贫攻坚的核心理念，是开展精准扶贫的关键环节，是创新扶贫开发路径、推动"输血"式扶贫向"造血"式扶贫转变、由"大水漫灌"向"精准滴灌"转变的必然要求，是党中央"十三五"时期实施脱贫攻坚战略的明确目标。习近平总书记在总结我国脱贫攻坚经验做法时深刻指出："我们注重把人民群众对美好生活的向往转化成脱贫攻坚的强大动能，实行扶贫和扶志扶智相结合，既富口袋也富脑袋，引导贫困群众依靠勤劳双手和顽强意志摆脱贫困、改变命运。"以习近平同志为核心的党中央提出的这些战略思想和要求，抓住了"扶志""扶智""扶弱"等精准扶贫的核心、关键环节，是我党扶贫理论的新发展，是新时代脱贫攻坚的行动指南。在这些新理念、新要求、新目标指引下，脱贫攻坚取得了物质上的累累硕果，也取得了精神上的累累硕果，脱贫群众激发了奋发向上的精气神，艰苦奋斗、苦干实干、用自己的双手创造幸福生活的精神在贫困地区蔚然成风。

高举“奉献、友爱、互助、进步”志愿精神旗帜的大学生志愿服务团队，是推动社会文明进步的特殊群体，是国家扶贫志愿者行动计划的核心参与力量，是全面建成小康社会进程中的重要“生力军”、亮丽“风景线”，在“扶志”“扶智”“扶弱”等精准扶贫核心领域发挥了特殊作用与影响。对大学生扶贫志愿服务活动展开研究，一是有利于总结脱贫攻坚的经验做法，巩固农村脱贫攻坚成果，推动实现乡村振兴；二是有利于推动大学生志愿服务发展，促进大学生思想政治教育有效融入社会实践活动，进一步增强思想政治教育实效。由李茂平教授主持的国家社科基金课题“共享发展理念下大学生扶贫志愿服务研究”(16BKS134)，从共享发展的视角，系统、深入探讨了大学生志愿服务在扶贫核心领域和关键环节中的特殊作用及其实现途径，并形成了研究的最终成果——《大学生扶贫志愿服务研究》学术专著。通观全书，作者以马克思主义实践观为指导，坚持理论联系实际，在广泛收集和研究文献资料基础上，紧扣时代发展和全面建成小康社会中的现实问题，重点围绕“扶贫先扶志”“扶贫必扶智”“扶贫重扶弱”等新时代脱贫攻坚的核心理念，深入探讨农村脱贫攻坚的艰巨任务和大学生志愿服务的兴起及其参与扶贫的历史渊源，分析大学生扶贫志愿服务的动机、理念、特点、优势及其与共享发展理念的互动关系，在广泛调研的基础上，系统、深入研究大学生志愿服务在“扶志”“扶智”“扶弱”中的特殊作用及实现途径，并针对大学生扶贫志愿服务存在的问题与不足，提出消解的对策措施建议。全书体系结构完整，研究思路清晰，特色鲜明，观点新颖，对于“讲好减贫的中国故事，传播好减贫的中国声音，阐述好减贫的中国理念”，助力中国特色扶贫开发理论、社会主义精神文明建设理论、思想政治教育理论研究范式创新，增强大学生思想政治教育和社会主义精神文明建设实效性及大学生志愿服务持续健康发展等都具有重要的借鉴、参考价值。

习近平总书记指出："纵览古今、环顾全球，没有哪一个国家能在这么短的时间内实现几亿人脱贫。"这是中国人民、中国共产党、中华民族的伟大光荣。中国共产党从成立之日起，就坚持把为中国人民谋幸福、为中华民族谋复兴作为初心使命，团结带领中国人民为创造自己的美好生活进行了长期的艰辛奋斗。新时代大学生是祖国的未来、民族的希望，肩负实现中华民族伟大复兴的光荣而艰巨使命。在迎来中国共产党成立一百周年、脱贫攻坚取得全面胜利的"十四五"开局之年，本书的付梓出版，既是向党的百年华诞献礼，又是对大学生在脱贫攻坚中奉献青春热血的颂扬激励。我们坚信，新时代的大学生在党的光辉指引下，在全面建设社会主义现代化国家新征程中，必将以永不懈怠的精神状态、一往无前的奋斗姿态，听党话，跟党走，向着实现第二个百年奋斗目标奋勇前进。

是为序。

张耀灿

2021 年 3 月 12 日

（张耀灿：华中师范大学桂岳卓越教授，博士生导师，有突出贡献专家，享受国务院政府特殊津贴专家。）

目录
CONTENTS

引　言

贫困问题是世界性难题，反贫困是人类共同面临的一项艰巨任务。我国取得了扶贫开发、脱贫攻坚的历史性成就。1978 年年末，我国农村贫困发生率约 97.5%，农村贫困人口规模 7.7 亿人。改革开放以来，尤其是党的十八大以来，通过精准扶贫，我国贫困人口从 2012 年年底的 9899 万人减至 2019 年年底的 551 万人，贫困发生率由 10.2% 降至 0.6%，连续 7 年每年减贫 1000 万人以上。① 2020 年，现行标准下的农村贫困人口全部脱贫，中华民族历史性地摆脱绝对贫困。脱贫攻坚巨大成效的取得，是全国人民“撸起袖子加油干”的结果，其中也有社会组织、社会力量的积极参与。中共中央、国务院 2015 年印发的《关于打赢脱贫攻坚战的决定》提出，广泛动员全社会力量，合力推进脱贫攻坚，大力营造良好氛围，构建各方力量互为补充的大扶贫格局。国务院 2016 年印发的《“十三五”脱贫攻坚规划》提出，支持社会团体、基金会、社会服务机构等各类组织从事扶贫开发事业。鼓励支持青年学生等社会各界人士参与扶贫志愿者行动。以“扶贫攻坚”志愿者行动项目、“邻里守望”志愿服务行动、扶贫志愿服务品牌培育行动等为重点，支持有关志愿服务组织和志愿者选择贫困程度深的建档立卡贫困村、贫困户和特殊困难群体，在教育、医疗、文化、科技领域开展精准志愿服务行动。共青团中央

---

① 中国新闻网，http：//www.chinanews.com/sh/2020/03－08/9117941.shtml，2020 年 3 月 8 日。

2016年印发的《关于共青团助力脱贫攻坚战的实施意见》提出，要充分发挥共青团组织化动员与社会化动员优势，组织动员广大团员青年关注贫困问题、关爱贫困人口、关心扶贫工作，自觉投身脱贫攻坚实践，为打赢脱贫攻坚战、全面建成小康社会贡献青春力量。2017年，国务院扶贫办等部门印发的《关于支持社会工作专业力量参与脱贫攻坚的指导意见》、国务院扶贫开发领导小组印发的《关于广泛引导和动员社会组织参与脱贫攻坚的通知》指出，社会组织是我国社会力量参与脱贫攻坚的重要载体，要积极倡导志愿扶贫，实施扶贫志愿者行动计划，鼓励志愿组织到贫困地区开展扶贫志愿服务。在国家扶贫政策的支持和指导下，我国包括志愿组织在内的各方社会力量，以各自不同方式投入脱贫攻坚，为农村贫困人口如期脱贫、全面建成小康社会作出了重要贡献。

大学生志愿服务是我国青年志愿者组织的重要组成部分，在经济社会发展和社会主义精神文明建设中发挥着独特作用与影响。高举“奉献、友爱、互助、进步”志愿精神旗帜的大学生志愿服务，是国家扶贫志愿者行动计划、扶贫攻坚志愿者行动项目的重要参与力量。大学生志愿者在贫困农村地区开展的各项扶贫志愿服务活动，是农村脱贫攻坚和全面建成小康社会进程中的亮丽“风景线”、重要“生力军”，是对共享发展理念的有力彰显与弘扬，也是大学生思想政治教育的重要途径和载体。

志愿服务起源于19世纪初西方国家宗教慈善活动。20世纪80年代至90年代，我国现代意义上的志愿服务兴起，志愿者、志愿组织的数量和规模日益扩大。全国志愿服务信息系统2020年7月份的最新统计数据显示，我国目前实名注册志愿者已超过1.74亿人，各类志愿组织已超过73.9万家，组织实施的各类志愿服务项目总数已超过405.13万个，累计服务时间总数已超过22.7亿小时，① 志愿服务在我国经济社会发展中发挥了重要的作用和影响。伴随我国现代志愿服务的蓬勃兴起，我国大学生志愿服务也迅速发展起来，在帮扶贫困群众、救助困难群体、促进社区发展等方面显示出其特有价值。

① 全国志愿服务数据统计（截至2020年7月20日），中国志愿服务网，https://www.chinavolunteer.cn/。

1993 年，北京大学成立“爱心社”，成为我国高校第一个由学生自发组建的志愿性服务社团。1994 年，团中央发起成立中国青年志愿者协会，大学生是其重要组成部分和参与力量。随着全国大中专学生志愿者暑期文化、科技、卫生“三下乡”社会实践活动（简称“三下乡”）、“中国青年志愿者扶贫接力计划”“大学生志愿服务西部计划”等国家层面大型社会实践项目和扶贫志愿服务项目的广泛实施，大学生志愿者大规模参与农村扶贫开发、脱贫攻坚。中国扶贫基金会发布的大学生公益现状调查报告显示，全国有 78% 的大学生参与志愿服务，其规模和影响日益深远。长期以来，党和国家领导人十分关注志愿服务事业发展，对志愿组织在经济社会发展中的作用与价值给予了充分肯定。2013 年、2014 年，习近平总书记分别给华中农业大学“本禹志愿服务队”、河北保定学院西部支教毕业生群体代表回信，希望青年大学生弘扬志愿精神，“到基层和人民中去建功立业，让青春之花绽放在祖国最需要的地方”“用实际行动为实现中国梦作出新的更大贡献”。① 2020 年 1 月 17 日，习近平总书记来到天津市和平区新兴街朝阳里社区，为这里的青年志愿者们点赞，称赞他们是为社会作出贡献的前行者、引领者，“志愿者所做的事业会载入史册”；2020 年 7 月 23 日，在中国志愿服务联合会第二届会员代表大会召开前夕，习近平总书记向大会致信祝贺。习近平总书记在贺信中指出，“志愿服务是社会文明进步的重要标志”，要求志愿者高举志愿精神旗帜，进社区、进乡村、进基层，继续“为他人送温暖，为社会作贡献”。

习近平总书记在党的十九报告中指出，人民对美好生活的向往，就是我们的奋斗目标。习近平总书记在十九届中共中央政治局常委同中外记者见面时又着重指出，“全面建成小康社会，一个不能少”“共同富裕路上，一个不能掉队”，② 在全面建成小康社会的历史进程中，贫困是最大的“短板”，是

---

① 《习近平给华中农业大学“本禹志愿服务队”回信》，载《人民日报》，2013 年 12 月 6 日；习近平给河北保定学院西部支教毕业生群体代表的回信，载《人民日报》，2014 年 5 月 4 日。

② 习近平：《新时代要有新气象更要有新作为　中国人民生活一定会一年更比一年好》，载《人民日报》，2017 年 10 月 26 日。

最难啃的“硬骨头”。新时期的扶贫工作必须改变传统模式，创新脱贫攻坚的体制机制，推动脱贫攻坚工作由“输血”向“造血”、由“大水漫灌”向“精准滴灌”转变；“扶贫先要扶志，要从思想上淡化‘贫困意识’”“扶贫必扶智，阻断贫困代际传递”“要精准扶贫，切忌喊口号”；健全留守儿童、妇女、老人和残疾人关爱服务体系，引导和鼓励社会力量参与困难群体关爱服务工作，这是新时期脱贫攻坚工作的新要求，也是党中央“十三五”时期实施脱贫攻坚战略的明确要求。这些战略思想和要求抓住了“扶志”“扶智”“扶弱”等贫困治理的核心领域和关键环节，是我党扶贫理论的新发展，成为学术界研究的重点、热点问题。

大学生作为推动社会文明进步的特殊群体和重要力量，长期以其独特方式和优势开展志愿服务，在“扶志”“扶智”“扶弱”等扶贫核心领域和关键环节中发挥着特殊作用。为此，课题组重点对省内10余所高校的大学生志愿组织近年来开展的扶贫志愿服务活动和扶贫项目进行了实证调查和访谈，探讨大学生志愿者在“扶志”“扶智”“扶弱”等方面的作用及行为表现。另外，通过电话、电子邮件、QQ、微信或查询网站网页信息等途径和方式，问卷调查或访谈了省外10余所高校团委及部分大学生志愿者，了解和掌握了这些高校的大学生志愿者赴农村开展脱贫攻坚活动的一些情况，获得了一些调查和访谈数据资料，进一步为探讨大学生志愿者在脱贫攻坚中的地位与作用提供了数据支撑和实践依据。2020年是脱贫攻坚、全面建成小康决战决胜之年。7月底，课题组成员来到习近平总书记“精准扶贫”首倡地——湖南湘西十八洞村考察、调研。看到十八洞村由过去“三沟两岔穷疙瘩，每天红薯苞谷粑；想要吃顿大米饭，除非生病有娃娃”的穷山窝，变成今天“道路宽了”“寨子美了”“产业火了”“村民笑了”“世界瞩目了”的欣欣向荣景象，看到村里村外“精准扶贫，感动中国”“牢记嘱托，不忘初心，全力打赢脱贫攻坚战”“鼓足劲，加油干，奔小康”等一幅幅标语及“脱贫不忘共产党，致富感谢习主席”“共产党领导福泽万代，习主席握手温暖人心”等一副副对联，我们真真切切体验和感受到了脱贫攻坚、精准扶贫带来的“乡村巨变”……

第一章

共享发展理念的思想渊源及我国农村脱贫攻坚的艰巨任务

共享发展理念是新发展理念的核心理念之一，共享发展是中国特色社会主义的本质要求。从历史发展脉络来看，共享发展理念源远流长，它是对我国传统共享思想的积极传承和西方共享思想的有益借鉴，是对马克思主义共享发展理论的进一步丰富和发展。“奉献、友爱、互助、进步”的志愿精神与“人人参与、人人尽力、人人享有”的共享发展理念有着内在一致性，高举志愿精神旗帜的志愿服务是对共享发展理念的有力彰显与弘扬。

我国人口多，底子薄，幅员辽阔，并且是多民族国家，各地区、各民族发展不平衡，在革命老区、边疆地区、少数民族地区等偏远农村地区还有大量贫困人口，这是我国全面建成小康社会进程中的“短板”，对共享发展形成了严重制约。我们必须借助社会各方力量开展精准扶贫、精准脱贫，实施脱贫攻坚战略，帮助贫困农村地区脱贫致富，同全国人民一道迈入全面小康社会。

一、共享发展理念的思想渊源及其时代价值取向

（一）共享发展理念的基本内涵

共享是千百年来人们心中的美好愿望，是引领人们追求美好生活的动力源泉。在十八届五中全会上，习近平总书记提出了创新、协调、绿色、开放、共享新发展理念，其中的共享发展理念最能体现社会主义本质，是新发展理念的核心和归宿。共享发展理念是在我国经济发展进入新常态、经济社会发展既面临重大战略机遇又面临严峻挑战、加快推进全面建成小康社会进程的重大社会背景下提出的，对我国国民经济和社会发展“十三五”规划的顺利实施和“两个一百年”奋斗目标的顺利实现具有重要的指导意义。共享发展是社会主义的本质特征和要求，共享发展理念以人民的根本利益为出发点和落脚点，“发展为了人民、发展依靠人民、发展成果人民共享”“人人参与、人人尽力、人人享有”是共享发展理念的基本内涵，坚持人民主体地位、发展成果惠及全体人民是共享发展理念的核心要义，以人为本、自由平等、公平正义、共同富裕等亦是共享发展理念的题中应有之义。共享发展理念是习近平总书记“以人民为中心”发展思想的突出体现，是对中国特色社会主义理论的进一步丰富和发展，是我国脱贫攻坚、实现中华民族伟大复兴的科学指引。

共享发展理念有着深厚的历史文化渊源，中国传统文化中蕴藏着丰富的共享发展思想，西方社会的民主自由思想也闪烁着共享发展的光芒，共享发展理念是对中西方共享思想的传承和弘扬。在中国特色社会主义新时代，共享发展理念具有突出的时代特点和鲜明的价值取向，它是人人享有、各得其所、共享改革发展成果的“全民共享”，是全面享有经济、政治、文化、社

会和生态各方面建设成果及各方面合法权益的“全面共享”，是人人参与、人人尽力、人人享有的“共建共享”，是由低级到高级、由不平衡到平衡、由不充分到充分的“渐进共享”。

（二）共享发展理念的思想渊源

1. 我国传统文化中的共享思想

（1）中国古代哲学中的“均无贫”“大同世界”“兼爱”等思想

在中国古代哲学思想中，蕴含着丰富的共享理念，比如儒家的“均无贫”“大同世界”和墨家的“兼爱”等思想。以孔子为代表的儒家学说，肯定人们对物质利益的正当追求，但同时主张适度中和，不能贪得无厌。孔子在《论语·里仁》中提出：“富与贵，是人之所欲也。”① 同时又告诫人们“欲而不贪”“戒之在得”，进而得出了“均无贫”的分配理论。他在《论语·季氏》中指出：“有国有家者，不患寡而患不均，不患贫而患不安。盖均无贫，和无寡，安无倾”，② 认为国家稳定与否，并不在于财富的多少，而在于财富的分配是否均衡，能否将有限的资源和财富相对均衡地分配到各个等级之中，要求按照阶级等级实行物质财富的差等分配，在每一等级内部实行均等的财富分配。儒家的财富共享思想发展到晚期以后，更加突出、典型地表现为“大同世界”，正如《礼记》里描绘的：“大道之行也，天下为公，选贤与能，讲信修睦。故人不独亲其亲，不独子其子，使老有所终，壮有所用，幼有所长，矜、寡、孤、独、废、疾者，皆有所养。男有分，女有归。货恶其弃于地也，不必藏于己；力恶其不出于身也，不必为己。是故谋闭而不兴，盗窃乱贼而不作，故外户而不闭，是谓大同。”③ 这描绘了生产资料和

---

① （春秋）孔丘原著，杨伯峻、杨逢彬译注：《论语译注》，岳麓书社 2009 年版，第 37 页。

② （春秋）孔丘原著，杨伯峻、杨逢彬译注：《论语译注》，岳麓书社 2009 年版，第 201 页。

③ 陈澔注：《礼记》，上海古籍出版社 1987 年版，第 120 页。

财产公有、人与人之间平等友爱、社会秩序安定和睦的理想社会，表达了人们对共享社会发展成果的向往和追求。这种共享思想表现在政治上，就是认为统治者治理天下并不是为了个人或一家一姓的私利，而是为了天下人的幸福，并认为政治统治的目的在于通过养民、教民而使人人都向化为仁，统治者是为了帮助人民明人伦而进行统治，应当以人民的利益、期望为前提。对此，孟子主张："民为贵，社稷次之，君为轻。是故得乎丘民而为天子，得乎天子为诸侯，得乎诸侯为大夫。诸侯危社稷，则变置。牺牲既成，粢盛既絜，祭祀以时，然而旱干水溢，则变置社稷。"① 认为百姓最重要，始终应该将百姓的利益放在首位。"兼爱"是墨家学派的主要思想观点。这种古老的博爱思想，由儒家的"仁"和"礼运"的"不独亲其亲，不独子其子"发展而来。墨家学派的创始人墨子主张"兼爱"，强调"天下之利""天下之害""百姓之利"，以是否符合"国家百姓人民之利"作为判决事物对错的标准之一，认为绝大多数人民的利益是衡量事物价值的标准，主张一切对天下百姓的利益没有用处，或者相冲突、有危害的事都废除，提倡人们应该"相爱"，不要"相恶"，规劝天下"视人之国若视其国，视人之家若视其家，视人之身若视其身"。② 墨子常把"兼相爱"和"交相利"并提，把"交相利"作为"兼相爱"的内容和标准，认为实行兼爱就应该给人民以实际的物质利益，解决人民迫切的生活问题，实现"万民和，国家富，财用足，百姓皆得暖衣饱食，便宁无忧"。③ 墨家的思想反映了"国富民安""暖衣饱食"的共享理念。

(2) 中国近代农民运动提出的"无处不均匀，无人不饱暖"、资产阶级改良派提出的"至公至平""幸福美满极乐世界"等社会理想

太平天国运动是中国近代史上一次划时代的农民运动，是几千年来中国

---

① （战国）孟轲著、杨伯峻、杨逢彬注译：《孟子》，岳麓书社 2002 年版，第 250 页。

② （清）毕沅校注，吴旭民标点：《墨子》，上海古籍出版社 1995 年版，第 52 页。

③ （清）毕沅校注，吴旭民标点：《墨子》，上海古籍出版社 1995 年版，第 94 页。

农民战争的最高峰。共享思想也突出地表现在农民运动领袖的教义及其制定的政策、制度中，开始提出明确的“均平”主张。太平天国运动定都天京后，继承了以往农民起义运动“均贫富”的理念，通过制定《天朝田亩制度》提出一整套理想社会的设计方案，提出“有田同耕，有饭同食，有衣同穿，有钱同使，无处不均匀，无人不饱暖”的理想目标。但是，《天朝田亩制度》希望在维持小农经济的基础上实行绝对的平均主义，从而实现公有公享“均贫富”的理想目标，这与当时的社会生产力发展水平是不相适应的，只能成为不可能实现的空想。甲午战争结束后，中国惨败的结局带来了巨大的民族危机，同时也激励着一大批仁人志士为挽救民族危亡而奋起抗争。在这些仁人志士当中，康有为、梁启超、谭嗣同、严复等是杰出代表，他们主张向西方学习，发动了戊戌变法运动，努力探求救国救民的道路。作为变法运动主要代表人物之一的康有为，在 19 世纪 80 年代，他开始撰写《大同书》，在书中集中阐述了他的大同理想，描绘了一个物质文明与精神文明高度发达，没有国家与阶级，没有种族之异与贵贱之别，消灭了战乱与贫穷，人人平等、人人幸福，“全世界人共至于仁寿极乐善慧无边之境”的“人间乐土”：“大同之世，天下为公，无有阶级，一切平等，既无专制之君主，亦无民选之总统，国界既破，则无政府之可言；人民皆自由平等，更无有职官之任”，①“于是时，无邦国，无帝王，人人相亲，人人平等，天下为公，是谓大同。此联合之太平世之制也”。② 但是，正如毛泽东所指出的，康有为妄想通过自上而下的改良或统治阶级的仁爱，而不是阶级斗争或是暴力革命来实现社会理想，这是行不通的，所以康有为找不到一条实现“大同”的道路。毛泽东在《论人民民主专政》一文中说过：“康有为写了《大同书》，

① （清）康有为著，陈得媛、李传印评注：《大同书（序）》，华夏出版社 2002 年版，第 3 页。

② （清）康有为著，陈得媛、李传印评注：《大同书》，华夏出版社 2002 年版，第 95 页。

他没有也不可能找到一条到达大同的路。”①

(3) 中国近代资产阶级革命派提出的“国富民强”“天下为公”等思想

中国近代以来，国家山河破碎，民族危难，人们更加向往自由平等的社会生活，希望国富民强、民族复兴，传统的共享理念也有了进一步发展。戊戌维新运动失败后，以孙中山为代表的革命派掀起了一场资产阶级革命运动，他们以天赋人权、自由平等观念作为思想武器，提出了“三民主义”革命纲领，表达了中国人民在政治上、经济上的利益和要求，反映了中国人民要求民族独立、民主权利的共同愿望，蕴含着丰富的共享思想，将大同社会理想和实践推上了一个新的发展阶段。民族主义的核心内涵是要通过民主革命，推翻清政府的反动统治，结束封建专制制度，建立民主共和国。正如孙中山在同盟会《安民告示》中所言：“将满洲政府所有压制人民之手段、专制不平之政治、暴虐残忍之刑罚、勒派加抽之苛捐与及满洲政府所纵容之虎狼官吏，一切扫除。”② 同时，要通过革命的途径和手段，消灭帝国主义对中国的残酷统治和民族压迫，建立独立的国家，争取人民幸福，实现国家独立。民权主义的核心内涵是要通过革命推翻在中国长达两千多年的封建专制统治，结束清政府对人民的残酷剥削和压迫，救人民于水火，资产阶级民主共和国，使国民都有参政、议政权利，实现国家的富强、民主。民生主义的核心要义就是要“平均地权”，要对全国的土地价格进行清查和核实，并明确规定，现有的地价，仍然属于原来的土地主人；革命以后增长的价格则属于国家，属于全体社会成员享有。同时，国家可以根据需要，按土地的原有价格收购地主的土地为国家公有、全民享有。孙中山希望通过实施这种土地政策，避免产生贫富悬殊和社会危机，以期解决苦难群众的生活问题，实现国民在经济、政治、文化上的平等和共享。所以，孙中山曾经指出，“民生

---

① 毛泽东：《毛泽东选集》（第4卷），人民出版社1991年版，第1471页。

② 黄彦编：《孙文选集（中）》，广东人民出版社2006年版，第199页。

主义就是社会主义，又名共产主义，即是大同主义”。① “三民主义”初步描绘了未来资本主义社会的美好蓝图，也是“国富民强、天下为公”思想的初步体现，对推动革命的发展产生了重大而积极的影响，也对未来社会理想进行了有益探索，为科学社会主义在中国大地上的传播、为共建共享理念由理论变为现实提供了思想基础。

2. 西方社会的共享思想

(1) 古希腊哲学家提出的“正义城邦”“财富分配正义”等思想

古希腊是欧洲文明的发源地，有关财富和利益的公平分配是人们关心和关注的重点。古希腊哲学家柏拉图认为，城邦是由人类的聚居而形成的，居住在城邦中的人们互相帮助和协作。在城邦中有明确的社会分工，通过分工进行协作，形成人与人之间的合作关系。在城邦中，由于社会分工、职业分类而形成不同的社会阶级和阶层。正义的力量就是促使每个人按照各自的德行在城邦中工作和生活，劳动者通过自己的辛勤劳动为城邦生产大家需要的生活必需品，武士通过自己的顽强勇猛保家卫国。由于正义的力量，使城邦的每一个人分工协作、互帮互助、和谐相处。为了建立正义城邦，柏拉图还提出“哲学王”的主张，他设计了一个教育方案，要求从小培养有教养、有知识、身心健康的武士阶层，从中选拔懂辩证法、有智慧和实践经验的治国者。为了保证社会公正，治国者和武士不能有自己的私产和家庭，因为私产和家庭是一切私心邪念的根源。在柏拉图的《理想国》中，苏格拉底告诉格劳孔（Glaucon），哲人参与政治仅限于理想中的城邦，除非出现奇迹，哲人不会参与现实中的城邦政治，“在合意的城邦里他是一定愿意参与政治的。但是在他出身的城邦里他不会愿意，除非出现奇迹。”格劳孔表示理解，但他认为：“那个是理想的城邦。但是我想这种城邦在地球上是找不到的。”苏格拉底回应：“或许天上建有它的一个原型，让凡是希望看见它的人能看到

① 黄彦编：《孙文选集（上）》，广东人民出版社2006年版，第593页。

自己在那里定居下来。"① 柏拉图描绘的理想城邦虽然在现实中还不存在，但《理想国》中的男女平等、财产公有、公民教育等一些理性论证和合理想法，散发着共享理念的思想光芒。古希腊哲学家亚里士多德建立了希腊哲学最全面的体系。他提出了两种关于最高幸福的说法：一是在个人生活领域，理论智慧是最高德行，哲学家的思辨生活是最高的幸福；二是在公众生活领域，国家是为了达到全体公民道德和幸福的社会组织，国家的目的是公民的最高幸福。在亚里士多德财富分配正义理论中，他将正义定义为"分配正义""校正正义""回报正义"三种形式。在这三种正义当中，"分配正义"的主要作用就是处理和解决交易过程中的公平问题，按照正义原则，对不同的人采取不同的交易和处理方式；"分配正义"主要是解决交易过程中的比例问题，按照正义原则，给每位交易者分配他们所应该分配到的东西；"校正正义"主要处理和解决的是交易公平的问题，根据正义原则，交易中的受害者可以从伤害者那里得到补偿，以弥补受害者所受到的伤害，维护公平正义。② 亚里士多德的分配理论在承认差别原则的基础上追求公平、正义，对社会成员实现财富和利益共享具有重要的促进意义，但亚里士多德的分配理论带有明显的等级色彩和自身局限，在奴隶制城邦国家中不可能真正实现。

（2）文艺复兴时期人文主义者提出的"天赋人权"等思想

14—16 世纪，人文科学在西欧的广泛传播，推动了人们思想和认识的解放，在文学、艺术、语言、教育、道德和政治哲学等领域，形成了一股强大的人文主义思潮，出现了一大批人文主义者，开始进入到文艺复兴的伟大历史时期。文艺复兴给欧洲带来了新世纪的曙光。这一时期，贯穿着人文主义与神学、个性解放与宗教权威、古典文化与经院哲学、新兴自然科学与传统自然哲学的矛盾和冲突，他们尊崇"天赋人权"，尊崇"人权"和"人性"，

---

① ［古希腊］柏拉图著，郭斌和、张竹明译：《理想国》，商务印书馆 1986 年版，第 386 页。

② 马畅、左稀：《亚里士多德的分配正义理论》，载《苏州科技学院学报（社会科学版）》2008 年第 1 期。

反对“神权”和“神性”，认为人天生是平等的，每个人享有与生俱来的、不可剥夺的权利，每个人都有至高无上的价值与尊严。这一时期的彼特拉克、拉伯雷、塞万提斯、莎士比亚、米开朗基罗、达·芬奇、拉斐尔等，其文学和艺术作品都以“人的尊严”“人的崇高”为主题，大力歌颂人的价值。① 彼特拉克、拉伯雷、塞万提斯、莎士比亚、米开朗基罗、达·芬奇、拉斐尔等人在他们的文学艺术作品中，着力宣扬人的崇高价值，认为人才是世界的宝贵生灵，是上帝为人世间创作的杰出之作。西班牙人文主义者斐微斯热情讴歌了人的形象。他指出，在奥林匹斯山诸神的眼里，人的形象是非常和谐、协调、美好的，如果人的任意一部分受到损害或者调整，那么，人的美好、协调、优雅的形象将不复存在，美好形象将被彻底破坏。② 斐微斯还在《人的寓言》中说，自由是神赋予人的礼物，世界是天神朱庇特为人准备的一座舞台，人在上面可以扮演从最高天神到最低动物的一切角色。③ 另外，但丁的《神曲》指出，人是最高贵的，人的高贵之处在于人的天赋理性和自由意志，莎士比亚的《哈姆雷特》赞颂人类是宇宙的精华、万物的灵长等。文艺复兴时期的人文主义者对人的热情讴歌，把人当作上帝的化身，力图恢复古希腊人的“人是万物尺度”观点，体现了他们的以人类为中心的世界观。18 世纪开始，以孟德斯鸠、伏尔泰、卢梭为代表的欧洲启蒙运动思想家，高举理性大旗，提出正义、平等的理性王国构想。他们尖锐地批判愚昧落后的神权统治和封建专制主义，要求建立以“理性”为基础的社会，主张用“天赋人权”反对“君权神授”，用“平等”反对贵族的等级特权，摆脱封建专制和神权禁锢，积极推动实现人权、平等、自由，力图将人们从神权

① 西方哲学史编写组：《西方哲学史》，高等教育出版社、人民出版社 2011 年版，第 177 页。

② E. Cassirer：The Renaissance Philosophy of Man［M］. Chicago：Chicago University Press，1954：391.

③ 西方哲学史编写组：《西方哲学史》，高等教育出版社、人民出版社 2011 年版，第 178 页。

奴役和封建桎梏中解放出来，共享人间美好生活。

(3) 空想社会主义者对未来美好社会的天才设想

空想社会主义者对未来美好社会的天才设想和美好描绘是共享发展思想的典型体现。从人类历史发展的过程上来分析，空想社会主义的发展经历了早期、中期和晚期三个发展阶段。早期的空想社会主义主要以托马斯·莫尔、康帕内拉为代表，这一时期的空想社会主义者一致希望在有组织的生产和普遍劳动的基础上建立一个理想社会，并力图消灭城乡差别、工农差别与体力劳动和脑力劳动的差别。莫尔在社会主义史上第一次指出私有制是一切社会罪恶的根源，主张在公有制基础上组织社会生产，提出了机会均等理论。康帕内拉第一次提出了“劳动光荣”思想，在他理想的太阳城中实行义务劳动制，没有私有财产，没有等级，是一个经济上、政治上平等的社会。中期的空想社会主义主要代表是法国的摩莱里、马布利、巴贝夫等，他们从理论上探讨了社会改造问题，摩莱里在《自然法典》中还提出了“每个公民都要根据自己的力量、才能和年龄促进公益的增长”的“各尽所能”分配原则，但这个时期的空想社会主义带有普遍的平均主义和禁欲主义倾向。晚期的空想社会主义主要以圣西门、傅立叶、欧文三大空想社会主义人物为代表。他们从启蒙哲学的基本原则出发，把资本主义置于理性的法庭上进行审判，以强烈的意愿构想比资本主义更优越的理想社会，保障社会上所有成员的幸福，尤其是底层劳动人民福利。他们主张改变生产资料私有制、建立公有制，认为生产的目的是为了“满足一切人需要”，在理想社会中，人们的生活是十分美好的，提出未来社会“纯粹个人日常用品以外的一切东西都变成公有财产”。① 空想社会主义者以他们的天才思想，揭露了不平等的社会根源，主张建立没有剥削、没有压迫、财产公有、人人平等的理想社会，蕴含着丰富的共享思想，是共享发展的典型体现。但是，空想社会主义者由于

① ［英］欧文著，柯象峰、何光来、秦果显译：《欧文选集》（第2卷），商务印书馆1981年版，第13页。

自身的历史局限，无法找到实现理想社会蓝图的途径和方法，只能成为“空想”。

3. 马克思主义共享发展理论

(1) 马克思、恩格斯、列宁的共享发展思想

第一，马克思、恩格斯的共享发展思想。马克思和恩格斯的家乡德国莱茵省是当时德国资本主义经济比较发达的地区，自由主义、民主主义和空想社会主义较早地在这里传播，马克思是在自由的思想氛围中成长的。1835年，他在中学毕业论文《青年在选择职业时的考虑》中，就把人类的幸福和自身的完美作为选择职业的志向：“人只有为同时代人的完美、为他们的幸福而工作，自己才能达到完美。”① 马克思 1841 年在《莱茵报》工作时期，深入研究社会现实问题，初步形成了关心社会底层人民生活、致力于研究时代问题的哲学观，表达了力图变革社会政治制度、实现人民自由的愿望。

恩格斯出生于巴门市一个棉纺厂主家庭，他中学未毕业就被父亲安排学习经商。消灭剥削、消灭人与人之间的不平等、建立人人共享发展成果的共产主义社会，是马克思、恩格斯的共同奋斗目标。他们在对资本主义及以前各阶级社会不平等现象的揭露和批判中，在对科学社会主义、共产主义的系统论述中，对共享发展的主体、内涵以及实现途径都作了详细阐释。1848 年 2 月发表的《共产党宣言》，是马克思主义诞生的标志，也是科学社会主义诞生的重要标志。马克思、恩格斯在这个文献中明确提出：“过去的一切运动都是少数人的，或者为少数人谋利益的运动。无产阶级的运动是绝大多数人的、为绝大多数人谋利益的独立的运动。”② 恩格斯在《共产主义原理》中指出，这种运动要“结束牺牲一些人的利益来满足另一些人的需要的状况；彻底消灭阶级和阶级对立；通过消除旧的分工，通过产业教育、变换工

---

① ［德］马克思、恩格斯著，中共中央马克思恩格斯列宁斯大林著作编译局编译：《马克思恩格斯全集》（第 1 卷），人民出版社 2012 年版，第 459 页。

② ［德］马克思、恩格斯著，中共中央马克思恩格斯列宁斯大林著作编译局编译：《马克思恩格斯选集》（第 1 卷），人民出版社 2012 年版，第 411 页。

种、所有人共同享受大家创造出来的福利，通过城乡的融合，使社会全体成员的才能得到全面的发展。”① 在这里，马克思、恩格斯指出无产阶级与资产阶级的区别，指出无产阶级是为绝大多数人谋利益、求解放的阶级，无产阶级运动使全体社会成员能够享受社会创造的福利，而不是只有少数人才能享有，这种思想突出地体现了共享发展理念。恩格斯还曾经指出：“一切人，或至少是一个国家的一切公民，或一个社会的一切成员，都应当有平等的政治地位和社会地位。”② 恩格斯认为国家和社会公民应具有平等的政治权利和社会地位，平等地参与国家和社会事务的管理，共同享有社会发展取得的成果。对此，马克思、恩格斯指出，无产阶级通过独立运动，为大多数人谋利益，使绝大多数人能够共享发展成果，使全体成员而不是少数成员得到自由而全面发展，使国家或社会中的一切人享有平等的政治和社会地位，提出了共享发展成果的主体是全体成员或一切人而不是少数成员的思想。同时，共享是共建基础上的共享，是在全体社会成员共同努力的基础上实现的共享。恩格斯明确提出：“由社会全体成员组成的共同联合体来共同地和有计划地利用生产力；把生产发展到能够满足所有人的需要的规模；结束牺牲一些人的利益来满足另一些人的需要的状况；彻底消灭阶级和阶级对立。”③ 恩格斯在这里号召社会全体成员努力奋斗，通过辛勤劳动和发展社会生产力提高和改善人民的生活，通过消灭阶级和阶级对立来消灭剥削，消除人与人之间的对立，使全体人民群众共同享有社会发展带来的成果。马克思、恩格斯提出，人民群众是社会物质财富和精神财富的创造者，是社会变革的决定力量。因此，历史发展和社会进步的成果不仅最终是为了人民，而且必须紧

① ［德］马克思、恩格斯著，中共中央马克思恩格斯列宁斯大林著作编译局编译：《马克思恩格斯选集》（第1卷），人民出版社2012年版，第308－309页。

② ［德］马克思、恩格斯著，中共中央马克思恩格斯列宁斯大林著作编译局编译：《马克思恩格斯选集》（第3卷），人民出版社2012年版，第480页。

③ ［德］马克思、恩格斯著，中共中央马克思恩格斯列宁斯大林著作编译局编译：《马克思恩格斯选集》（第1卷），人民出版社2012年版，第308－309页。

紧依靠人民来实现，充分发挥人民群众的积极性、主动性和创造性，在人民群众的创造中实现成果的共建共享。

共产主义是人类共同的美好社会理想，是人类奋斗不息的追求，“真正的自由和真正的平等只有在共产主义制度下才可能实现；而这样的制度是正义所要求的。”① 由于资本主义私有制和阶级剥削的存在，造成了人与人之间的不平等地位，形成了人剥削人、人压迫人的社会现实。在这样的社会现实里，公平和正义不可能完全得到实现和保障。要实现共产主义社会，必须要消灭资本主义私有制，建立公有制。基于这一要求，马克思科学地预见：“在共产主义社会高级阶段，在迫使个人奴隶般地服从分工的情形已经消失，从而脑力劳动和体力劳动的对立也随之消失之后；在劳动已经不仅仅是谋生的手段，而且本身成了生活的第一需要之后；在随着个人的全面发展，他们的生产力也增长起来，而集体财富的一切源泉都充分涌流之后，——只有在那个时候，才能完全超出资产阶级权力的狭隘眼界，社会才能在自己的旗帜上写上：各尽所能，按需分配。”② 共产主义社会是人们实现共建共享美好向往和追求的社会。

完全意义上的共享发展，只有在共产主义社会才能最后实现。马克思、恩格斯指出，全人类解放、人人共享发展必须建立在生产力发展基础之上，如果没有高度社会化的大生产、高度发达的生产力，就不可能实现每个人的自由全面发展，就不具备共享发展的物质前提和要求，也就是马克思、恩格斯在《德意志意识形态》中所指出的：“如果还没有具备这些实行全面变革的物质因素，就是说，一方面还没有一定的生产力，另一方面还没有形成不仅反抗旧社会的个别条件，而且没有反抗旧的‘生活生产’本身、反抗旧社会所依据的‘总和活动’的革命群众，那么，正如共产主义的历史所证明

① ［德］马克思、恩格斯著，中共中央马克思恩格斯列宁斯大林著作编译局编译：《马克思恩格斯选集》（第3卷），人民出版社2012年版，第361页。

② ［德］马克思、恩格斯著，中共中央马克思恩格斯列宁斯大林著作编译局编译：《马克思恩格斯选集》（第3卷），人民出版社2012年版，第364－365页。

的，尽管这种变革的观念已经表述过千百次，但这对于实际发展没有任何意义。"① 也就是说，要实现人的全面发展和社会的全面进步，必须大力发展社会生产力，并通过社会革命改变旧的生产关系，消灭资本主义的私有制，而不能仅停留在人们的观念和意识上，因为观念和意识对于社会发展进步没有任何的实际意义。马克思认为，资本主义社会中两极分化、劳动人民无法共享发展成果的根本原因在于生产资料私有制。马克思指出："消费资料的任何一种分配，都不过是生产条件本身分配的结果；而生产条件的分配，则表现生产方式本身的性质。例如，资本主义生产方式的基础是：生产的物质条件以资本和地产的形式掌握在非劳动者手中，而人民大众所有的只是生产的人身条件，即劳动力。既然生产的要素是这样分配的，那么自然就产生现在这样的消费资料的分配。如果生产的物质条件是劳动者自己的集体财产，那么同样要产生一种和现在不同的消费资料的分配。"② 由于资本家占有生产资料，劳动成果则全部被资本家占有，劳动者则不能享有劳动成果。因此，必须取消私有制，消灭剥削，建立生产资料公有制，实现共产主义才能使劳动者共享劳动成果，实现每个人的自由而全面发展。

第二，列宁的共享发展思想。19 世纪末 20 世纪初，伴随世界范围内科学技术的发展和资本主义生产方式的变化，世界历史进入了一个新时代。列宁坚持马克思主义基本原理和无产阶级革命运动相结合，深入研究资本主义发展到帝国主义阶段的规律，总结无产阶级反对资产阶级斗争的新经验，概括 20 世纪初期自然科学、社会科学发展的最新成果，创造性地运用和发展了马克思主义。其中，列宁在继承和发展马克思、恩格斯关于共享发展思想的基础上，对实现共享发展的道路、方式进行了社会主义革命与建设的实践探索。俄国十月革命胜利后，列宁根据形势的变化和俄国当时的经济结构，

---

① ［德］马克思、恩格斯著，中共中央马克思恩格斯列宁斯大林著作编译局编译：《马克思恩格斯选集》（第 1 卷），人民出版社 2012 年版，第 173 页。

② ［德］马克思、恩格斯著，中共中央马克思恩格斯列宁斯大林著作编译局编译：《马克思恩格斯选集》（第 3 卷），人民出版社 2012 年版，第 306 页。

曾经提出一个建设社会主义经济基础的计划，但由于帝国主义的武装干涉和国内战争尚未结束而未得到实施。随后，为适应战争形势和保卫新生革命政权的需要，苏俄实行了“战时共产主义政策”。这个政策的实施帮助新生苏维埃政权挺过了国内战争的危机，但国民经济遭到严重破坏、粮食和燃料严重匮乏、大部分企业无法开工和人民生活极端困苦的情况并没有得到改变，加上喀琅施塔得叛乱的影响，苏俄陷入严重的经济、政治危机。面对这些新变化，列宁认识到“战时共产主义政策”已经不适应社会实际了，于是提出了新经济政策。列宁指出，无产阶级在取得国家政权以后，最主要、最根本的任务是大力提高社会生产力，“无产阶级专政就是无产阶级对政治的领导”,① 要进行政治领导和指导，就必须“首先去解决最迫切而又最‘棘手的’任务”,“现在最迫切的就是采取那种能够立刻提高农民经济生产力的办法。只有经过这种办法才能做到既改善工人生活状况，又巩固工农联盟，巩固无产阶级专政”。② 比如，列宁从解决农民的问题、从工农联盟和“提高农民的生产力”的要求出发，提出用粮食税代替余粮收集制的新经济政策，就是一种用最迅速的、最坚决的、最紧急的办法来改善农民的生活状况和提高他们的生产力的对策措施。对此，列宁深刻指出：“要消灭人民的贫穷，唯一的办法就是彻底改变全国的现存制度，建立社会主义制度，就是说：剥夺大土地占有者的田产、厂主的工厂、银行家的货币资本，消灭他们的私有财产并把它转交给全国劳动人民。到那个时候，支配工人劳动的就不是靠别人劳动过活的富人，而是工人自己和他们的代表了。到那个时候，共同劳动的成果以及从各种技术改良和机器中所得到的好处，都将归全体劳动者、全体工人所有。到那个时候，财富将增长得更快，因为工人替自己做工会比替资本家做工干得更好；工作日将会缩短，工人的生活费将得到提高，工人的

① ［俄］列宁，中共中央马克思恩格斯列宁斯大林著作编译局编译：《列宁全集》（第41卷），人民出版社2013年版，第207页。

② ［俄］列宁，中共中央马克思恩格斯列宁斯大林著作编译局编译：《列宁全集》（第41卷），人民出版社2013年版，第207页。

整个生活将会完全变样。"① 列宁提出通过革命运动消灭资本主义制度，建立社会主义制度，从而消除贫困，全体人民共同享有劳动者自己生产的劳动成果。通过无产阶级革命，最终达到实现全体人民共同富裕的目的，使社会共同的劳动成果和社会福利能够为全体社会成员所共享，深刻体现了共享发展的思想理念。在此基础上，列宁还继承和发展了马克思、恩格斯关于社会主义按劳分配的原则，提出了“不劳动者不得食”和“等量劳动领取等量产品”的主张，认为“全部问题在于要他们在正确遵守劳动标准的条件下同等地劳动，同等地领取报酬”,② 要求全体劳动者都要进行劳动，通过劳动获取相应的劳动报酬。对于要建设什么样的社会主义，列宁在《告贫苦农民》一文中作出了他的美好描绘：“我们要争取新的、更好的社会制度：在这个新的，更好的社会里不应该有穷有富，大家都应该做工。共同劳动的成果不应该归一小撮富人享受，应该归全体劳动者享受”,③ 在这样一个美好的社会主义社会，没有贫富差距，大家共同劳动，共同享有劳动成果。列宁描绘的这些美好社会理想，鲜明地体现了没有贫穷、共同享有劳动成果的共享发展理念。

(2) 早期中国共产党人的共享发展思想

第一，李大钊、陈独秀、李达等早期中国共产党人的共享发展思想。早在1918年，随着俄国十月革命的胜利，半封建半殖民地的中国人民看到了希望的曙光。对此，李大钊在《十月革命与中国人民》中指出，近百年来饱受帝国主义列强欺凌的中国，“忽然听到十月革命喊出的‘颠覆世界的资本主义！颠覆世界的帝国主义！’的呼声。这种声音在我们的耳鼓里，格外沈痛，

---

① ［俄］列宁，中共中央马克思恩格斯列宁斯大林著作编译局编译：《列宁全集》（第7卷），人民出版社2013年版，第122－123页。

② ［俄］列宁，中共中央马克思恩格斯列宁斯大林著作编译局编译：《列宁全集》（第31卷），人民出版社2013年版，人民出版社1995年版，第97页。

③ ［俄］列宁，中共中央马克思恩格斯列宁斯大林著作编译局编译：《列宁全集》（第7卷），人民出版社2013年版，第112页。

格外严重，格外有意义。"① 十月革命为中国送来了马克思主义，为黑暗中摸索前行的人们带来了前行的曙光，一些人由此产生了对社会主义的向往。李大钊于1918年7月发表《法俄革命之比较观》一文，认定资本主义文明"当入盛极而衰之运"，② "二十世纪初叶以后之文明，必将起绝大之变动"，③ 对社会主义运动寄予了无限向往和追求。李大钊还指出，在无产阶级夺取政权之后，生产资料应收归国有，建立公有制。他后来还设想在社会主义制度下的分配方式应当是按劳分配，"生产品不就是为消费的，有直接分配于消费者，有分配于他业者。后者不过记一记账，前者则须代价。"④ 认为按劳分配的具体方式分为两种，即直接分配和通过商品货币交换的分配。李大钊对社会主义新曙光的追求、对社会主义公有制、按劳分配制度的设计是早期中国共产党人共享思想的初始和萌芽。陈独秀是中国新文化运动的倡导者、发起者，对推动中国历史前进作出过重要贡献。为了挽救近代中国民族危亡，一些仁人志士曾经历尽千辛万苦，向西方国家寻找真理。但是，学习西方的努力在实践中一再碰壁，一些先进知识分子发动了一场新的启蒙运动，这个运动就是从1915年9月陈独秀在上海创办《青年杂志》（1916年改名为《新青年》）开始的。《新青年》成了新文化运动的主要阵地。陈独秀曾在《新青年》中指出："封建主义时代只最少数人得着幸福，资本主义时代也不过次少数人得着幸福，多数人仍然被压在少数人势力底下，得不着自由与幸福的。"⑤ 认为不管是在封建主义社会还是资本主义社会，自由与幸

① 李大钊著，朱文通等整理编辑：《李大钊全集》（第4卷），河北教育出版社1999年版，第125页。

② 李大钊著，朱文通等整理编辑：《李大钊全集》（第3卷），河北教育出版社1999年版，第57页。

③ 李大钊著，朱文通等整理编辑：《李大钊全集》（第3卷），河北教育出版社1999年版，第55页。

④ 李大钊著，朱文通等整理编辑：《李大钊全集》（第4卷），河北教育出版社1999年版，第146页。

⑤ 陈独秀：《国庆纪念底价值》，载《新青年》，1920年第3期。

福只是少数人的，广大劳动者是得不到自由与幸福的，尤其是在资本主义制度和生产方式下，更加剧了社会的贫富分化，广大劳动人民无法共享劳动成果，过着贫困、凄凉的悲惨生活。“政治之不平等，一变而为社会之不平等；君主贵族之压制，一变而为资本家之压制”，① 认为资本主义制度的内在矛盾已经比较充分暴露出来，“资本主义生产制一面固然增加财富，一边却也增加贫乏”，②“这种多数人过不着人的生活之状况，正是资本主义生产制下必然的状况”，③“共和政治为少数资本阶级所把持，无论哪国都是一样，要用他来造成多数幸福，简直是妄想”，④ 认为资本主义制度和资本主义生产是造成贫富分化的根源，这种制度导致了少数人的富有而大多数人的贫困。因此，陈独秀主张用社会主义代替资本主义，认为只有社会主义才能实现多数人的幸福、全社会的幸福：“社会主义要起来代替共和政治，也和当年共和政治起来代替封建制度一样，按诸新陈代谢的公例，都是不可逃的运命。”⑤ 新文化运动的倡导者们提倡民主、反对专制，提倡科学、反对迷信盲从，在社会上掀起了一股思想解放的潮流，它冲决了禁锢人们思想的闸门，是一场生动活泼的、前进的、革命的运动浪潮，为人们追求政治上的平等、财富上的均等做了思想上的启蒙和准备。李达作为马克思主义理论家，长期从事马克思主义研究、著述和宣传，在哲学、科学社会主义、经济学等领域都有突出贡献。其中，对科学社会主义的探索和思考贯穿于我国新民主主义革命、社会主义改造和社会主义建设的不同时期，其核心思想也突出地体现了共享发展的理念。社会主义是“一个集体的、以生产资料公有为基础的社会”，⑥ 全部生产资料归全社会所有的社会，“无产阶级将利用自己的政治统

---

① 陈独秀：《法兰西人与近世文明》，载《青年杂志》，1915 年第 1 期。
② 陈独秀：《独秀复东荪先生底信》，载《新青年》，1920 年第 4 期。
③ 陈独秀：《独秀复东荪先生底信》，载《新青年》，1920 年第 4 期。
④ 陈独秀：《国庆纪念底价值》，载《新青年》，1920 年第 3 期。
⑤ 陈独秀：《国庆纪念底价值》，载《新青年》，1920 年第 3 期。
⑥ ［德］马克思、恩格斯著，中共中央马克思恩格斯列宁斯大林著作编译局编译：《马克思恩格斯选集》（第 3 卷），人民出版社 1995 年版，第 303 页。

治，一步一步地夺取资产阶级的全部资本，把一切生产工具集中在国家即组织成为统治阶级的无产阶级手里”,① 生产资料公有制是社会主义区别于资本主义的显著标志。李达传承了马克思主义的基本观点，对社会主义所有制状况的分析坚持了科学社会主义的公有制原则。李达指出：“社会主义，是反对个人竞争主义，主张万人协同主义。社会主义，是反对资本万能主义，主张劳动万能主义。社会主义，是反对个人独占主义，主张社会公有主义。社会主义，是打破经济的束缚，恢复群众的自由。”② 在这里，李达反复强调了社会主义的本质和特征，是共同享有、共同劳动，是社会公有、群众自由，而不是个人主义、资本万能、经济剥削。李达同时指出：“社会主义主张推倒资本主义，废止财产私有，把一切工厂一切机器一切原料都归劳动者手中管理，由劳动者自由组织联合会，共同制造货物。”③ 提出消灭人剥削人的私有制，建立社会主义公有制，建立劳动者的自由联合组织，共同劳动，共同管理，共同消费。“社会主义是主张把现在资本家手里的一切工厂、土地、房屋、机器、原料都收归劳动者管理。”④ 认为社会主义社会是将一切生产资料收归社会主义劳动者共同管理，共同创造社会财富，共享社会发展成果。所以，“社会主义的界说是：实行将一切生产机关收归社会共有，共

---

① ［德］马克思、恩格斯著，中共中央马克思恩格斯列宁斯大林著作编译局编译：《马克思恩格斯选集》第 1 卷，人民出版社 1995 年版，第 293 页。

② 李达：《什么叫社会主义?》（1919 年 6 月 18 日），中共一大会址纪念馆编：《中共一大代表早期文稿选编（1917. 11—1923. 7）》（上），上海人民出版社 2011 年版，第 3 页。

③ 李达：《对于全国劳动大会的希望》（1922 年 5 月 1 日），中共一大会址纪念馆编：《中共一大代表早期文稿选编（1917. 11—1923. 7）》（上），上海人民出版社 2011 年版，第 33 – 34 页。

④ 李达：《劳动者与社会主义》（1920 年 11 月 28 日），中共一大会址纪念馆编：《中共一大代表早期文稿选编（1917. 11—1923. 7）》（上），上海人民出版社 2011 年版，第 136 页。

同生产，共同消费。”① 从李达的这些思想、观点分析，社会主义是一个废除财产私有、劳动者占有生产资料和劳动产品的社会，在社会主义社会，大家共同劳动，共同消费，共同享有劳动成果。

第二，毛泽东的共享发展思想。毛泽东是伟大的马克思主义者、伟大的无产阶级革命家。在1919年7月14日创刊的《湘江评论》中，刊登了毛泽东的创刊宣言：“世界什么问题最大？吃饭问题最大。什么力量最强？民众联合的力量最强。”② 毛泽东在这里强调了民众最基本的生计问题，认为满足民众最基本的生计需要，必须将民众联合起来，展现民众联合的强大力量，“天下者我们的天下，国家者我们的国家，社会者我们的社会。我们不说，谁说？我们不干，谁干？刻不容缓的民众大联合，我们应该积极进行!”③ 在这个创刊宣言中，毛泽东号召通过“民众大联合”来改造社会，建立以“平民主义”为原则的理想社会，鲜明体现了毛泽东早期的社会共建共享思想。中国共产党从诞生之日起，就把代表最广大人民的根本利益作为自己的政治纲领。毛泽东在不同时期、不同场合多次强调，中国共产党是全心全意为人民服务的党，是以群众利益为重、坚决维护群众利益的党：“共产党人的一切言论行动，必须以合乎最广大人民群众的最大利益，为最广大人民群众所拥护为最高标准”，要求共产党人必须为最广大人民谋利益、谋幸福，为中华民族谋复兴，“处处要想到群众，为群众打算，把群众的利益放在第一位。这是我们与国民党的根本区别，也是共产党员革命的出发点和

① 李达：《社会主义与江亢虎》（1923年8月14—23日），中共中央宣传部办公厅、中央档案馆编研部编：《中国共产党宣传工作文献选编：1915—1937》，学习出版社1996年版，第539页。

② 毛泽东：《〈湘江评论〉创刊宣言》（1919年7月14日），中共一大会址纪念馆编：《中共一大代表早期文稿选编（1917.11—1923.7）》（上），上海人民出版社2011年版，第736页。

③ 毛泽东：《民众的大联合》，中共一大会址纪念馆编：《中共一大代表早期文稿选编（1917.11—1923.7）》（上），上海人民出版社2011年版，第777页。

归宿。”① 这也正如我们今天所说的，要把人民高兴不高兴、答应不答应作为共产党人的行动标准，时时处处为人民利益着想，全心全意为人民服务，“我们共产党人区别于其他政党的又一个显著的标志，就是和最广大的人民群众取得最密切的联系。全心全意地为人民服务，一刻也不脱离群众；一切从人民的利益出发，而不是从个人或小集团的利益出发”。② 共产党区别于国民党的显著标志，主要体现在共产党是为最广大人民群众服务的，而不是为少数人谋私利的；共产党是把群众利益放在第一位的，是全心全意为人民服务的，而不是为少数利益集团服务的。正因为如此，中国共产党能够得到广大劳动人民的衷心爱戴和拥护，领导和带领广大受苦受难的劳动人民进行革命斗争，推翻压在头上的“三座大山”，翻身得解放，成为国家和社会的主人，获得了共享发展成果、追求幸福生活的权利。

中华人民共和国的成立，为我国发展、进步创造了最重要的政治前提。中国共产党领导全国各族人民经过28年的浴血奋战，终于推翻了压在中国人民头上的“三座大山”，人民翻身做主人，从此走上幸福生活。对此，毛泽东满怀豪情地指出，“中国人民将会看见，中国的命运一经操在人民自己的手里，中国就将如太阳升起在东方那样，以自己的辉煌的光焰普照大地，迅速地荡涤反动政府留下来的污泥浊水，治好战争的创伤，建设起一个崭新的强盛的名副其实的人民共和国。”③ 中华人民共和国的成立是一件翻天覆地的重大历史事件，具有世界意义。但是，由于中华民族经历了太多的苦难，西方列强的野蛮侵略，黑暗、腐朽的反动统治，使中华民族满身疮痍，中国共产党从旧中国接收过来的是一副烂摊子，许多工厂倒闭，大批工人失业，通货膨胀，物价飞涨，人民生活遇到极大的困难。能不能战胜严重的经济困难，迅速恢复和发展国民经济，是摆在中国人民面前的一项艰巨任务。

---

① 毛泽东：《毛泽东选集》（第3卷），人民出版社1991年版，第1096页。

② 毛泽东：《毛泽东选集》（第3卷），人民出版社1991年版，第1094－1095页。

③ 毛泽东：《毛泽东选集》（第4卷），人民出版社1991年版，第1467页。

为迅速恢复和发展国民经济，改善人民的生活，巩固新生的国家政权，毛泽东提出了党在过渡时期总路线，开展“一化三改”，推动社会主义改造。毛泽东在《革命的转变和党在过渡时期的总路线》中指出：“党在过渡时期的总路线的实质，就是使生产资料的社会主义所有制成为我国国家和社会的唯一的经济基础。我们所以必须这样做，是因为只有完成了由生产资料的私人所有制到社会主义所有制的过渡，才利于社会生产力的迅速向前发展……满足人民日益增长着的需要，提高人民的生活水平，确有把握地增强国防力量，反对帝国主义的侵略，以及最后地巩固人民政权，防止反革命复辟这些目的。”① 我国在过渡时期进行的社会主义改造，是由私有制到公有制的一场伟大的变革，它对生产力的发展起到了极大的促进作用，对于解放和发展社会生产力，改善人民的生活，推动实现共建共享具有重要意义。实践充分证明，党在过渡时期的总路线是正确的。在 1953 年到 1956 年的全面社会主义改造期间，市场繁荣，物价稳定，全国工业总产值平均每年递增 19.6%，农业总产值每年递增 4.8%，人民生活显著改善，社会生产力从旧的生产关系束缚中得到有效解放，社会主义基本制度也得到全面确立，为我国进行社会主义现代化建设和改革开放，提高人民群众的生活水平，实现共同富裕、共享发展奠定了坚实基础。

（三）共享发展理念的时代价值取向

1.“全民共享”，让每一位中国人享有人生出彩的机会

共享首先是全民共享，全体人民共同享有社会主义改革发展成果，让每一位中国人享有人生出彩的机会，而不仅仅是一部分人，或者是少数人，这是社会主义优越性的本质体现。社会主义的本质和优越性就在于它不是维护少数人的利益，而是以维护最广大人民的利益为根本追求。邓小平深刻指

① 毛泽东：《毛泽东文集》（第 6 卷），人民出版社 1999 年版，第 316 页。

出，“社会主义的原则，第一是发展生产力，第二是共同富裕。”① “共同致富，我们从改革一开始就讲，将来总有一天要成为中心课题。社会主义不是少数人富起来、大多数人穷，不是那个样子。社会主义最大的优越性就是共同富裕，这是体现社会主义本质的一个东西。”② 正如改革开放初期，东部沿海地区人民群众在改革开放的春风中通过辛勤劳动率先富裕起来。但是，先富要带动后富，最终达到共同富裕，这才是改革开放的最终目标。在这一重要思想指导下，邓小平提出了“三步走”战略。

在2013年召开的第十二届全国人民代表大会第一次会议上，习近平总书记提出全体中国人民要“共享梦想成真”，他说：“生活在我们伟大祖国和伟大时代的中国人民，共同享有人生出彩的机会，共同享有梦想成真的机会，共同享有同祖国和时代一起成长与进步的机会。”③ 习近平总书记倡导全国各族人民要共同努力，共同奋斗，共同创造美好生活，共同为实现中华民族伟大复兴而努力。习近平总书记还多次强调，全面建成小康社会的根本目的就是让全体人民共享，这是社会主义的本质要求和改革发展的最终判断标准，“国家建设是全体人民共同的事业，国家发展过程也是全体人民共享成果的过程”，④ 在国家建设发展中，全国各族人民同甘共苦，共同迈入全面小康社会，“我们不能一边宣布全面建成了小康社会，另一边还有几千万人口的生活水平处在扶贫标准线以下”，⑤ 让贫困人口和贫困地区同全国一道进入全面小康社会是我们党的庄严承诺，全体人民共同迈入小康社会是我们党第一个百年奋斗目标实现的重要标志。2015年年初习近平在云南会见怒江州贡山独龙族怒族自治县干部群众代表时曾指出，“全面建成小康社会，一

① 《邓小平文选》（第3卷），人民出版社1993年版，第116页。

② 《邓小平文选》（第3卷），人民出版社1993年版，第373页。

③ 《习近平谈治国理政》，外文出版社2014年版，第40页。

④ 习近平：《在庆祝“五一”国际劳动节暨表彰全国劳动模范和先进工作者大会上的讲话》，载《人民日报》，2015年4月29日。

⑤ 习近平：《在庆祝“五一”国际劳动节暨表彰全国劳动模范和先进工作者大会上的讲话》，载《人民日报》，2015年4月29日。

个民族都不能少"。2016年年初习近平到江西考察，在井冈山市茅坪乡神山村看望慰问革命老区贫困群众时再次指出，在扶贫的路上，"不能落下一个贫困家庭、丢下一个贫困群众"。习近平深情地指出，"只要还有一家一户乃至一个人没有解决基本生活问题，我们就不能安之若素；只要群众对幸福生活的憧憬还没有变成现实，我们就要毫不懈怠团结带领群众一起奋斗"。①这种全民共享、让每一位中国人享有人生出彩的机会，正是精准扶贫、全面建成小康社会的重要目标，也是共享发展的时代价值取向。

2. "全面共享"，实现人的全面发展、社会全面进步

共享发展既是全民共享，又是全面共享。实现人的全面发展、社会全面进步，是共享发展理念的终极价值指向。物质生活与精神文化生活是实现全面发展和进步的重要条件。我们党领导全国各族人民进行社会主义现代化建设，就是为了满足人民日益增长的物质、文化生活需要，实现人的全面发展、社会全面进步。随着全面建设小康社会的不断深入，人们对社会生活各方面的向往和追求与日俱增，不断丰富和多样。2012年，新当选的中共中央总书记习近平对人民群众在教育、医疗、社保、住房、环境等方面的愿望和要求给予了积极回应："我们的人民热爱生活，期盼有更好的教育、更稳定的工作、更满意的收入、更可靠的社会保障、更高水平的医疗卫生服务、更舒适的居住条件、更优美的环境，期盼孩子们能成长得更好、工作得更好、生活得更好。"②"人民对美好生活的向往，就是我们的奋斗目标。"③"美好生活"不仅是指物质生活，更重要的是指精神生活，是人民群众在社会公平、正义、民主、法治、环境等方面的美好需求，是更高层次的需求，是更全面的需求。正因为如此，我们党和国家通过大力实施惠民举措，努力提高人们的生活水平，不断满足人们对美好生活的无限向往和追求。十八届五中

① 《习近平春节前夕赴内蒙古调研看望慰问各族干部群众向全国各族人民致以新春祝福》，载《人民日报》，2014年1月30日。

② 《习近平谈治国理政》，外文出版社2014年版，第4页。

③ 《习近平谈治国理政》，外文出版社2014年版，第4页。

全会将人民生活水平与质量普遍提高作为全面建成小康社会的新目标，贫困治理目标不再是单纯增加农民收入，而是在就业、教育、文化、社保、医疗、住房等方面水平和质量的全面提升。《中共中央 国务院关于打赢脱贫攻坚战的决定》明确提出，我国全面建成小康社会的总目标就是“两不愁，三保障”。为此，必须通过精准扶贫、精准脱贫，推动义务教育均衡发展，支持农村特色产业发展，大力开展农村新型医疗保险和社会救助，建设美丽乡村，坚决打赢脱贫攻坚战，使贫困农村人口在教育、医疗、卫生、环境、社会保障等方面享有同城镇同样的待遇或条件，推动全面共享有效实现，促进人的全面发展、社会全面进步。

3. “共建共享”，人人参与、人人尽力、人人享有

共享发展理念的基本价值取向是共建共享，即在“人人参与、人人尽力”的基础上实现“人人享有”。习近平在党的十九大报告中强调指出，中国特色社会主义伟大事业，并不是轻轻松松、敲锣打鼓就能实现的。我们建设中国特色社会主义，实现中华民族伟大复兴，必须付出艰辛的努力。在此之前，胡锦涛在党的十七大报告中明确提出，“要按照民主法治、公平正义、诚信友爱、充满活力、安定有序、人与自然和谐相处的总要求和共同建设、共同享有的原则，着力解决人民最关心、最直接、最现实的利益问题，努力形成全体人民各尽其能、各得其所而又和谐相处的局面，为发展提供良好社会环境。”十七大将共同建设、共同享有确定为社会主义现代化建设的基本原则，通过共同建设，解决人民群众的问题和困难，创造和谐发展的社会环境和社会秩序，同时提出要实现共建共享，必须突出人民的主体地位，必须充分调动全体人民的积极性、主动性和创造才能，投身社会主义建设事业，创造更多的物质财富和精神财富，在全社会形成“人人参与、人人尽力、人人享有”和“发展为了人民、发展依靠人民、发展成果由人民共享”的生动局面。

2016 年年初，在重庆考察时，习近平总书记指出：“在整个发展过程中，

都要注重民生、保障民生、改善民生，让改革发展成果更多更公平惠及广大人民群众，使人民群众在共建共享发展中有更多获得感。”① 讲话中明确提出要共建共享，倡导通过共同努力，着力保障和改善民生，确保人民群众享有改革发展成果。党的十九大报告提出，脱贫攻坚是全社会的共同责任，政府、企事业单位和社会组织，都要在脱贫攻坚战中作出自己的努力，都要为脱贫攻坚战略的顺利实施作出自己的贡献，从而形成大扶贫格局，凝聚全体社会成员的力量投入到精准扶贫、精准脱贫攻坚战斗之中。党和国家提出要在2020年全面建成小康社会，要在2020年让现行标准下的农村贫困群众脱贫，时间紧、任务重，必须调动市场、社会组织、个体等各方力量，汇聚全社会力量，“人人参与、人人尽力”，全力以赴攻坚克难，坚决打赢脱贫攻坚战，实现全体人民共同迈入小康社会的宏伟目标，使全体人民在共建共享发展中有更多幸福感、获得感、安全感，在共建共享中满足人民日益增长的美好生活需求。

4. “渐进共享”，逐步消除不平衡、不充分发展，达到共同富裕

共享是渐进共享，是一个从不发展到发展、从不发达到发达、从不平衡到平衡、从不充分到充分的渐进过程，而不是一蹴而就的。当前，我国经济社会发展取得了巨大成就，经济总量稳居世界第二，各项事业取得长足进展，但我们也必须清楚地意识到，由于我国幅员辽阔，地区差异大，资源禀赋不同，生产水平不同，社会成员劳动能力不同等因素，决定了共享不能同步实现，而是一个渐进过程。我国从刚刚成立时的一穷二白，到改革开放初期人民生活水平的逐步提高和改善，再到今天我国人民的美好生活，从站起来，到富起来，再到强起来，一步一个台阶，经历了一个循序渐进的过程。改革开放初期，率先建设深圳、汕头、福州、厦门四个经济特区，在经济特区普遍取得良好效果之后，逐步推广沿海开放城市改革的经验和成果，这种

① 《让人民对改革有更多获得感——十八大以来民生改革新实践新举措新成果综述》，载《人民日报》，2016年1月28日。

渐进式改革，就如习近平总书记指出的："一口吃不成胖子，共享发展必将有一个从低级到高级、从不均衡到均衡的过程，即使达到很高的水平也会有差别。"① 习近平总书记在党的十九大报告中进一步深刻指出，中国特色社会主义进入新时代，人民日益增长的美好生活需要与不平衡不充分发展之间的矛盾，是新时代的社会主要矛盾。这一重大判断，深刻指明了在我国现阶段，还存在一些发展不平衡、不充分的问题，人民美好生活的满足还有一个长期过程，还需要一个从物质财富极大丰富到精神财富极大丰富的过程，还有一个漫长的建设发展过程。为此，我国提出了全面建设社会主义现代化强国的战略安排：2020 年全面建成小康社会，2035 年基本实现社会主义现代化，2050 年建成社会主义现代化强国，实现中华民族伟大复兴。这个战略安排，突出地体现了共享发展的"渐进发展、渐进共享"的思想，通过这样几个阶段的建设发展，一步一步地向着中华民族伟大复兴的宏伟目标迈进，"中国梦"终有实现的一天，人生美好生活需求终有极大满足的一天，共同富裕、共享发展也终有实现的一天。

二、农村脱贫攻坚的重大成就及艰巨任务

（一）农村脱贫攻坚取得的重大成就

1. 贫困的基本内涵和贫困标准

贫困，是人类发展史上的一个古老话题，也是世界面临的共同问题，是世界性难题，其内容涉及财富、人权、自由、正义、公平等多个方面。我国 2011 年颁布的《中国农村扶贫开发的新进展》白皮书指出："贫困是世界各

① 习近平：《在省部级主要领导干部学习贯彻党的十八届五中全会精神专题研讨班上的讲话》，载《人民日报》，2019 年 5 月 10 日。

国和国际社会面临的挑战。促进发展，消除贫困，实现共同富裕，是人类孜孜以求的理想。”① 贫困问题是人类进步和社会发展的产物，不仅贫困概念的内涵和外延随着社会的发展而不断得以丰富，而且人们对贫困的认识和理解也随社会的发展不断得到提升。贫困问题的研究始于英国学者朗特里，他在对造成贫困的各方面因素进行研究和探讨之后，为贫困作出了如下界定："如果一个家庭的总收入不足以维持家庭人口最基本的生存活动要求，那么，这个家庭就基本上陷入了贫困之中"，② 朗特里强调了经济收入在一个家庭中的重要作用，认为家庭总收入如果不能满足维持生命的最低水平就是贫困。朗特里对贫困内涵的界定比较符合普通人群对贫困问题的认识。在很多人的观念中，贫困就是经济收入低，以经济收入衡量贫穷与富裕，经济收入低将直接导致贫困。这个衡量标准是有一定道理的，因为经济收入确实是衡量贫富的重要依据之一。美国学者奥本海默认为，"贫困是指物质上的、社会上的和情感上的匮乏。它意味着食物、保暖和衣着方面的开支要少于平均水平"。③ 奥本海默从物质、社会和精神上对贫困进行界定，但重点从物质上进行界定，认为贫困主要是衣食住行方面的缺乏和不足。但是，衡量一个人是否贫困，除了经济收入之外，还有一些其他方面的衡量因素。对此，英国学者汤森指出，"所有居民中那些缺乏获得各种食物、参加社会活动和最起码的生活和社交条件的资源的个人、家庭和群体就是所谓贫困的"。④ 汤森对贫困的理解，并不限定于经济上的贫困，他还看重社会地位、社会资源等方面的因素，并认为这些因素的缺失也会导致贫困。所以，在汤森看来，不能满足最基本的物质生活、精神生活需要的人口都是贫困群体。阿马蒂

---

① 中华人民共和国国务院新闻办公室：《中国农村扶贫开发的新进展》，人民出版社 2011 年版，第 1 页。

② Rowntree, Seebohm. Poverty: A Study of Town Life, London: Macmillan, 1901.

③ 奥本海默：《贫困的真相》，儿童贫困关注小组，1993 年，第 36 页。

④ 汤森：《英国的贫困：关于家庭经济来源和生活标准的调查》，阿伦莱思和培根图书公司 1979 年版，第 42 页。

亚·森是印度著名的经济学家、诺贝尔经济学奖获得者，他曾经指出："贫困不仅仅是相对地比别人穷，而且还基于得不到某些基本物质福利的机会，即不拥有某些最低限度需要的能力问题"。① 阿马蒂亚·森强调机会的不均等也是贫困的基本内涵。他认为，机会不均等将导致资源分配的不公，那些缺少机会的人由于在福利分配中处于劣势，或者是由于自身能力不足而失去获得物质利益的机会，这都将导致贫困发生。阿马蒂亚·森进一步分析了能力、机会在获取物质福利中的重要作用："在分析贫困情况时，最重要的是针对社会具体情况确定一些衡量最低限度物质能力的绝对标准。不管与别人相比相对地位如何，只要他达不到这个绝对水平，就是贫困者。"② 阿马蒂亚·森从"能力贫困"的角度，分析了权利、机会、能力等方面在贫困方面的作用与影响，而不仅仅是物质条件、经济状况等方面的影响因素。对贫困内涵比较全面且权威的界定，是联合国开发计划署2000年《全球贫困问题报告》所提出的："人类贫困是指缺乏人类发展最基本的机会和选择——长寿、健康和体面的生活，自由、社会地位、自尊和他人尊重。"③ 这一界定，明确了影响贫困的多方面的因素：年龄长短、身体好坏、生活质量、社会地位等，这与当今时代人们对多元生活需求现状相一致。

20世纪80年代中期以来，我国开始大规模地实施扶贫开发，对贫困的认识有了更多的理解。最初不论是理论还是实践，所强调的贫困主要是经济意义上的贫困，并且是连基本需求都难以得到满足的绝对贫困。20世纪80年代末，对贫困的内涵，我国官方给出的界定是："个人或家庭依靠劳动所得和其他合法收入不能维持其基本的生存需要的状态。"这个界定非常简单，

---

① 阿马蒂亚·森：《衡量贫困的社会学》，载《国外贫困研究文献译丛》，改革出版社1993年版，第18页。

② 阿马蒂亚·森：《衡量贫困的社会学》，载《国外贫困研究文献译丛》，改革出版社1993年版，第18页。

③ 参见闫坤、刘轶芳等：《中国特色的反贫困理论与实践研究》，中国社会科学出版社2016年版，第4页。

重点强调“劳动所得”与“合法收入”在维持家庭生活中的重要作用，认为“劳动所得”与“合法收入”如果不能维持最基本的生活需要，那么个人或家庭就是贫困的。根据这个内涵界定，国家长期以来测度贫困的主要指标是农民人均纯收入以及人均粮食产量，只是不同年份根据物价指数对人均收入水平作了调整而已。这种状况随后有所改观，学术界和政府部门对贫困的认识和理解都在不断深化，有学者在对造成贫困的各方面因素进行研究后提出：“贫困是经济、社会、文化落后的总称，是由低收入造成的基本物质、基本服务相对缺乏或绝对缺乏以及缺少发展机会和手段的一种状况。”① 这是一个相对来说比较全面的定义。在这个定义中，强调了经济、社会、文化三个方面对贫富的重要影响，并且将个体发展机会的缺乏也归入贫困的内因。所以，一个人如果想走出贫困，不仅在经济上要有比较高的收入，而且要在社会资源、社会地位和发展机会，以及个体的文化素质方面，都要有比较好的实现和满足。对于上述这个界定，其他一些学者也有类似观点。例如，有学者提出，“贫困是指在一定环境（包括政治、经济、社会、文化、自然等环境因素）条件下，人们在长时期内无法获得足够的劳动收入来维持一种生理上要求的、社会文化可接受的和社会公认的基本生活水准的状态。”② 这个界定更为明确具体地提出，未能满足基本生活需求，不能受到良好的社会文化教育，达不到社会基本的生活水平，都认为是处于贫困、贫穷状态。也就是说，权利贫困也是贫困的基本内涵，一个社会要想摆脱贫困，必须为贫困群众创造各种公平的社会环境，平等享有各种发展的权利和机会，而不仅仅是物质上的满足。在很多情况下，贫困是人们获取收入的能力受到剥夺和机会的丧失，而不仅仅是低收入。良好的教育等不仅能提高生活质量，而且能提高个人获得更多收入和摆脱贫困的能力。这是从广义上理

① 林闽钢：《中国农村贫困标准的调查研究》，载《中国农村经济》，1994 年第 2 期。

② 赵冬媛、兰徐民：《我国测贫指标体系及其量化研究》，载《中国农村经济》，1994 年第 3 期。

解的贫困。从这些观点可以看出，我国对贫困内涵的认识已经超越了经济范畴，不仅仅是满足人的物质生活需求，还拓展到了发展机会、发展权利等更为广阔的领域，在经济、社会、文化方面以及发展机会等方面的不足或缺乏都是贫困的基本内涵。正是由于贫困的内涵已变得日益丰富，造成贫困的因素也日益多样，所以，要使人民群众生活富裕，让人民群众有幸福感，不仅要满足人民群众在物质生活上的需求，确保人民群众最基本的生存、生活需要，而且要满足人民群众在民主、法治、公平、正义等方面的需求，满足人民群众对优美的自然环境、舒适的居住条件、充分的受教育权利等方面的需求。为了摆脱贫困、满足人民对美好生活的向往与追求，习近平总书记提出了精准扶贫思想，大力实施精准扶贫、精准脱贫、脱贫攻坚战略。实施脱贫攻坚，不仅要努力提高贫困人口的物质文化生活水平，还要不断满足贫困人口精神文化方面的需求，这也是新时代脱贫攻坚战略的应有之义。

2. 扶贫开发取得的巨大成就

在联合国千年发展目标中，消除贫穷和饥饿位居其首，与初等教育普及、两性平等、降低儿童死亡率、妇女保健、防治艾滋病和疟疾，以及环境的可持续发展、建立全球伙伴关系等七个目标并列。面对人类的这个共同难题，从20世纪末期开始，世界各个国家和众多国际组织为消除贫困作出了种种努力。

第47届联大会议规定，从1993年起，每年10月17日为“国际消除贫困日”，倡议全人类采取行动扶贫开发，消除贫困；联合国《2030年可持续发展议程》中的17类可持续发展目标中，“消除一切形式的贫困”被确定为国际社会首先要完成的任务。我国是全世界人口最多的发展中国家，发展基础差、底子薄，不平衡现象突出，是全世界贫困人口基数最大的国家，特别是农村贫困人口多，解决贫困问题的难度很大。中华人民共和国刚成立的时候，可以说是一穷二白，是一副“烂摊子”，非常贫穷落后。根据联合国亚洲及太平洋经济社会委员会的统计，中华人民共和国刚刚成立时，人均国民收入比当时亚洲平均水平的三分之二还低，不足 27 美元，甚至还赶不上印度，印度当时的人均国民收入已经达到了 57 美元，只相当于印度当时的二分之一。改革开放初期，我国当时尚未解决温饱、处于贫困状态的农村贫困群众达到了 2.5 亿，超过当时农业人口的三成以上。① 中国自改革开放以来扶贫开发和脱贫攻坚取得了巨大成就，尤其是我国颁布和实施《国家八七扶贫攻坚计划》以来，农村贫困现象明显缓解，贫困人口大幅度减少，除了少数社会保障对象和生活在自然环境恶劣地区的特困人口及部分残疾人以外，全国农村贫困人口的温饱问题已经基本解决，《国家八七扶贫攻坚计划》确定的战略目标基本实现。随后，我国先后颁布实施《中国农村扶贫开发纲要（2001—2010 年）》和《中国农村扶贫开发纲要（2011—2020 年）》，在广大农村贫困地区大力推进扶贫开发，使农村贫困人口大幅减少，收入水平稳步提高，贫困地区基础设施明显改善，成功解决几亿农村贫困人口的温饱问题，成为世界上减贫人口最多的国家，为推动全球减贫事业发展作出了重大贡献。党的十八大以来，党中央把扶贫开发摆到治国理政的重要位置，提升到事关全面建成小康社会、实现第一个百年奋斗目标的新高度，纳入“五位一体”总体布局和“四个全面”战略布局进行决策部署，中共中央、国务院先后颁布实施《关于打赢脱贫攻坚战的决定》《“十三五”脱贫攻坚规划》《关于打赢脱贫攻坚战三年行动的指导意见》等脱贫攻坚的重大战略决定和规划，进一步加大扶贫投入，创新扶贫方式，扶贫开发、脱贫攻坚成就年年取得重大成效，贫困发生率逐年降低。国家统计局公布的数据显示，按照年人均收入 2300 元（2010 年不变价）的农村扶贫标准计算，2012 年年末农村贫困人口为 9899 万人，比 2011 年末减少 2339 万人。2013 年农村贫困人口为 8249 万人，比 2012 年减少 1650 万人。2014 年农村贫困人口为 7017 万人，比 2013 年减少 1232 万人。按照每人每天 1.25 美元的国际贫困线标准测算，

① 北京师范大学政府管理学院、北京师范大学政府管理研究院：《2016 中国民生发展报告——精准扶贫，共享民生发展》，北京师范大学出版社 2017 年版，第 17 页。

1978—2014 年中国减贫人数累计超过 7 亿人，每年平均减少近 2000 万贫困人口。若按中国贫困线标准测算，农村贫困人口从 1978 年的 2.5 亿减少至 2014 年的 7017 万，贫困发生率相应地从 30.7% 减少至 7.2%。2015 年我国农村贫困人口从 2014 年的 7017 万人减少到 5575 万人，减少 1442 万人（比上年多减 210 万人），贫困发生率从上年的 7.2% 下降到 5.7%。2016 年中国农村贫困人口 4335 万人，比上一年减少 1240 万人。① 进入 2018 年以后，我国进一步加大了精准扶贫、精准脱贫的力度，贫困人口脱贫数量进一步提高，贫困人口数量和贫困发生率进一步降低。据统计，2018 年，我国农村贫困农户数比 2017 年又减少 1386 万人，贫困农户只有 1660 万人，2018 年贫困发生率比 2017 年降低 1.4 个百分点，仅仅只有 1.7%。② 2019 年，我国农村贫困人口减少 1109 万，年底仅剩 551 万人，贫困发生率降至 0.6%。从 2012 年以来，连续 7 年每年减贫 1000 万人以上，2020 年 2 月底，全国 832 个贫困县中已有 601 个宣布摘帽，区域性整体贫困基本得到解决。③

脱贫攻坚取得的巨大成就，彰显了中国共产党领导和我国社会主义制度的特色、优势，我国减贫方案和减贫成就也得到国际社会普遍认可。2020 年脱贫攻坚任务完成后，我国将提前 10 年实现联合国 2030 年可持续发展议程的减贫目标。许多国家领导人或国际组织主要负责人都肯定中国减贫成就。2013 年，联合国粮农组织总干事若泽·格拉齐亚诺·达席尔瓦在《中国成功减贫给世界的启示》这篇文章当中指出，中国在减贫事业中取得了巨大成就，这些成就的取得，为世界减贫事业作出了重要贡献。中国在贫困问题上所付出的努力，是全球减少贫困和饥饿的重大推动力量。④ 世界银行中国局

① 程冠军:《精准脱贫中国方案》，中央编译出版社 2017 年版，第 19 页。

② 陆娅楠:《2018 年中国农村减贫 1386 万人》，载《人民日报（海外版）》，2019 年 2 月 16 日。

③ 《习近平在决战决胜脱贫攻坚座谈会上的讲话》（2020 年 3 月 6 日），载《人民日报》，2020 年 3 月 9 日。

④ 北京师范大学政府管理学院、北京师范大学政府管理研究院:《2016 中国民生发展报告——精准扶贫，共享民生发展》，北京师范大学出版社 2017 年版，第 18 页。

局长罗兰德曾经高度评价过我国减贫事业取得的巨大成就，他说："中国在减贫方面所取得的成就超过了其他任何国家，中国扶贫对世界消除贫困作出了积极贡献。如果没有中国的扶贫成就，联合国千年发展计划目标就难以实现。"① 联合国秘书长古特雷斯表示，精准扶贫方略是帮助贫困人口、实现2030年可持续发展议程设定的宏伟目标的唯一途径，中国的经验可以为其他发展中国家提供有益借鉴。② 在共建"一带一路"国际合作中，许多发展中国家希望分享我国减贫的成功经验。

（二）农村脱贫攻坚的目标要求及艰巨任务

1. 改革开放至党的十八大之前扶贫开发的目标及任务

我国是社会主义社会，社会主义制度的优越性在我国经济社会发展中得到了充分体现。但是，我国也存在贫困问题，贫穷不是社会主义，社会主义要消灭贫穷。改革开放的总设计师邓小平指出："社会主义的本质，是解放生产力，发展生产力，消灭剥削，消除两极分化，最终达到共同富裕。"③ 习近平总书记提出的共享发展理念，体现的是"发展为了人民、发展依靠人民、发展成果人民共享"和"人人参与、人人尽力、人人享有"的价值目标。贫穷影响了共同富裕，限制了共享发展。缓解和消除贫困，最终实现共同富裕，是社会主义的本质要求，是共享发展的内在目标，是一项长期的艰巨任务。为加快扶贫开发、脱贫攻坚步伐和成效，20世纪80年代中期以来，我国在全国范围内开展了有组织、有计划、大规模的扶贫工作，并颁布实施了一系列扶持政策，其中影响比较大的扶贫政策和规划主要有《国家八七扶贫攻坚计划（1994—2000年）》《中国农村扶贫开发纲要（2001—2010年）》

---

① 北京师范大学政府管理学院、北京师范大学政府管理研究院：《2016中国民生发展报告——精准扶贫，共享民生发展》，北京师范大学出版社2017年版，第18页。

② 《习近平在决战决胜脱贫攻坚座谈会上的讲话》（2020年3月6日），载《人民日报》，2020年3月9日。

③ 《邓小平文选》第3卷，人民出版社1993年版，第373页。

《中国农村扶贫开发纲要（2011—2020 年）》等。在这些扶贫政策或脱贫攻坚规划中，都明确提出了相应时期的扶贫开发、脱贫攻坚的目标任务和要求。20 世纪 90 年代，我国农村没有完全稳定解决温饱问题的贫困人口还有 8000 多万人，以解决温饱为目标的扶贫开发工作进入攻坚阶段。1994 年，国务院制定和实施《国家八七扶贫攻坚计划（1994—2000 年）》，决定用 7 年左右的时间里，基本解决 8000 多万人的温饱问题。尽管当时的贫困人口只占全国农村总人口的 8.87%，但是这些贫困人口主要集中在国家重点扶持的 592 个贫困县，分布在中西部的深山区、石山区、荒漠区、高寒山区、黄土高原区、地方病高发区以及水库库区，而且多为革命老区和少数民族地区，地域偏远，交通不便，生态失调，经济发展缓慢，文化教育落后，人畜饮水困难，生产生活条件极为恶劣，解决这些地区群众的温饱问题难度相当大，任务十分艰巨。2001 年，在实施“八七扶贫攻坚计划”并在取得预期成效之后，国务院在《中国农村扶贫开发纲要（2001—2010 年）》中提出的奋斗目标是尽快解决少数贫困人口温饱问题，进一步改善贫困地区的基本生产生活条件，巩固温饱成果，提高贫困人口的生活质量和综合素质，加强贫困乡村的基础设施建设，改善生态环境，逐步改变贫困地区经济、社会、文化的落后状况，为达到小康水平创造条件，把我国扶贫开发事业推向一个新的阶段。为进一步加快贫困地区发展，促进共同富裕，实现到 2020 年全面建成小康社会奋斗目标，中共中央、国务院印发《中国农村扶贫开发纲要（2011—2020 年）》提出，我国扶贫开发已经从以解决温饱为主要任务的阶段转入巩固温饱成果、加快脱贫致富、改善生态环境、提高发展能力、缩小发展差距的新阶段，但扶贫对象规模仍旧很大，相对贫困问题已经凸显，返贫现象时有发生，贫困地区特别是集中连片特殊困难地区发展相对滞后，扶贫开发任务仍然十分艰巨。为此，党中央、国务院提出的工作方针是坚持开发式扶贫，把扶贫开发作为脱贫致富的主要途径，鼓励和帮助有劳动能力的扶贫对象通过自身努力摆脱贫困；提出的总体目标是到 2020 年，稳定实现扶贫对象不愁吃、不愁穿，保障其义务教育、基本医疗和住房，贫困地区农民人均纯收入增长幅度高于全国平均水平，基本公共服务主要领域指标接近全国平均水平，扭转发展差距扩大趋势。

2. 十八大至十九大之前脱贫攻坚的目标及任务

党的十八大首次提出全面“建成”小康社会的奋斗目标。农村贫困是全面建成小康社会的“短板”。为补齐这一“短板”，党的十八大以来，党中央、国务院在脱贫攻坚中提出了更高的目标和更艰巨的任务。2012年，我国还有9899万贫困人口。2013年，习近平在湖南湘西花垣县十八洞村考察时提出的“实事求是、因地制宜、分类指导、精准扶贫”思想，成为新时期扶贫开发的重大战略思想。2014年我国农村还有7000多万贫困人口，为加大脱贫攻坚力度和步伐，2015年，中共中央、国务院颁布实施的《关于打赢脱贫攻坚战的决定》指出，确保到2020年农村贫困人口实现脱贫，是全面建成小康社会最艰巨的任务。为实现7000多万农村贫困人口摆脱贫困的既定目标，必须在现有基础上不断创新扶贫开发思路和办法，坚决打赢脱贫攻坚战。为此，党中央、国务院提出脱贫攻坚总体目标是到2020年稳定实现农村贫困人口不愁吃、不愁穿，义务教育、基本医疗和住房安全有保障，确保我国现行标准下农村贫困人口实现脱贫，贫困县全部摘帽，解决区域性整体贫困。截至2015年年底，我国还有5630万农村建档立卡贫困人口，这些贫困人口主要分布在832个国家扶贫开发工作重点县、集中连片特困地区县和12.8万个建档立卡贫困村，多数西部省份的贫困发生率在10%以上，民族8省区贫困发生率达12.1%。其中，贫困发生率高于10%的有西藏、新疆、贵州、甘肃、云南5个省份，贫困发生率超过20%的县有100多个，贫困村有近3万个。① 这些贫困人口大多分布在边远农村地区，大多集中在我国深石山区、高寒区、生态脆弱区、灾害频发区和生态保护区，这些地区自然条件

① 程冠军：《精准脱贫中国方案》，中央编译出版社2017年版，第20页。

差，农业生产率低，生存条件恶劣。而且，我国中西部地区的贫困人口多、比重大、程度深，贫困人口比例在全国约占到80%左右，且少数民族地区贫困人口所占比重较大。据统计，我国55个少数民族中90%以上的少数民族都分布在贫困地区。少数民族占全国人口的9%，却占剩余绝对贫困人口的40%，而且大多数生活在深度贫困之中。在国家级贫困县中，农村少数民族自治县占总数的40%。① 这些贫困人口贫困程度更深、减贫成本更高、脱贫难度更大。2016年，国务院印发《"十三五"脱贫攻坚规划》，对"十三五"时期脱贫攻坚总体思路、基本目标、主要任务和重大举措等作出安排，对脱贫攻坚战略作出部署。

3. 十九大之后脱贫攻坚的目标及任务

党的十九大明确把脱贫攻坚作为决胜全面建成小康社会必须打好的"三大攻坚战"之一，对精准扶贫、精准脱贫作出新的安排和部署，使全面建成小康社会得到人民认可、经得起历史检验。从2018年至2020年的3年时间，还有3000万左右农村贫困人口需要脱贫，其中因病、因残致贫比例居高不下，特别是西藏、四省藏区、南疆四地州和四川凉山州、云南怒江州、甘肃临夏州等深度贫困地区。这些贫困人群主要有三类：一是没有劳动能力的极端贫困户，这些贫困户大多是老弱病残，且没有子女在身边，完全没有经济来源和经济收入，完全依靠政府扶助；二是虽有劳动能力，但家庭负担很重、教育和医疗等支出很大的群体。这些贫困户家庭人口多，尤其是子女上学的费用开支大，且上有老，下有小，住房、医疗方面的压力大；三是虽有劳动能力，但所处客观条件非常不利于改善生计的群体。这些贫困户所处的生活环境、自然环境比较恶劣，受到的外界影响比较大，经常遭受天灾人祸，即使脱贫，返贫现象也比较严重。② 这些深度贫困地区不仅贫困发生率高、贫困程度深，而且基础条件薄弱、致贫原

---

① 程冠军：《精准脱贫中国方案》，中央编译出版社2017年版，第21页。

② 程冠军：《精准脱贫中国方案》，中央编译出版社2017年版，第37页。

因复杂、发展严重滞后、公共服务不足，脱贫难度更大。2018 年，中共中央、国务院颁布并实施《关于打赢脱贫攻坚战三年行动的指导意见》，要求聚焦深度贫困地区和特殊贫困群体，着力激发贫困人口内生动力，着力夯实贫困人口稳定脱贫基础，集中力量攻克贫困的难中之难、坚中之坚，切实提高贫困人口获得感。截至 2020 年 3 月，全国还有 52 个贫困县未摘帽、2707 个贫困村未出列、建档立卡贫困人口未全部脱贫。① 这些贫困人口虽然同过去相比总量不大，但都是贫中之贫、困中之困，是最难啃的硬骨头。而且，“三保障”问题虽然基本解决了，但稳定住、巩固好还不是一件容易的事情，有的适龄贫困儿童反复失学、辍学，不少乡村医疗服务水平低，一些农村危房改造质量不高，有的地方安全饮水不稳定，还存在季节性缺水。剩余建档立卡贫困人口中，老年人、患病者、残疾人的比例达到 45.7%。已脱贫人口中有近 200 万人存在返贫风险，边缘人口中还有近 300 万存在致贫风险，部分贫困群众脱贫致富的内生动力不足。② 在脱贫攻坚的最后阶段，要继续聚焦深度贫困地区和特困群体，确保剩余建档立卡贫困人口如期脱贫，啃下最后的“硬骨头”。

（三）农村贫困落后对共享发展的制约与影响

1. 农村贫困制约和影响“以人民为中心”发展思想贯彻落实

共享发展理念的核心内涵是以人民为中心。共享发展理念坚持以人为本、以民为本，突出人民至上，发展依靠人民、发展为了人民、发展成果人民共享。我们党无论在革命年代，还是在和平年代，都十分重视人民群众的主体作用。毛泽东曾深刻指出，“人民，只有人民，才是创造世界历史的动

---

① 《习近平在决战决胜脱贫攻坚座谈会上的讲话》（2020 年 3 月 6 日），载《人民日报》，2020 年 3 月 9 日。

② 《习近平在决战决胜脱贫攻坚座谈会上的讲话》（2020 年 3 月 6 日），载《人民日报》，2020 年 3 月 9 日。

力。"① 充分肯定了人民群众在历史发展中的作用。毛泽东在《论联合政府》报告中指出:"全心全意地为人民服务,一刻也不脱离群众;一切从人民的利益出发,而不是从个人或小集团的利益出发;向人民负责和向党的领导机关负责的一致性;这些就是我们的出发点。"② 体现了毛泽东提出的"全心全意为人民服务"思想。改革开放总设计师邓小平坚持"人民是历史创造者和社会历史活动主体"的观点,认为"历史是人民群众创造的。工人阶级必须依靠本阶级的群众力量和全体劳动人民的群众力量,才能实现自己的历史使命——解放自己,同时解放全体劳动人民。人民群众的觉悟性、积极性、创造性愈是发展,工人阶级的事业就愈是发展。"③ 邓小平强调,要把人民拥护不拥护、赞成不赞成、高兴不高兴、答应不答应作为制定方针政策和作出决断的出发点和归宿。

2012 年,习近平总书记在十八届中央政治局常委会议同中外记者见面时提出:"人民对美好生活的向往,就是我们的奋斗目标。"习近平总书记在这次讲话中深刻指出,我们的人民热爱生活,期盼有更好的教育、更稳定的工作、更满意的收入、更可靠的社会保障、更高水平的医疗卫生服务、更舒适的居住条件、更优美的环境,期盼孩子们能成长得更好、工作得更好、生活得更好。④ 这是习近平担任总书记之后,第一次深刻阐述"以人民为中心"发展思想。在第十二届全国人民代表大会第一次会议上,习近平总书记进一步指出,我们要随时随刻倾听人民呼声、回应人民期待,保证人民平等参与、平等发展权利,维护社会公平正义,在学有所教、劳有所得、病有所医、老有所养、住有所居上持续取得新进展,不断实现好、维护好、发展好最广大人民根本利益,使发展成果更多更公平惠及全体人民,在经济社会不

---

① 《毛泽东选集》第 3 卷,人民出版社 1991 年版,第 1031 页。
② 《毛泽东选集》第 3 卷,人民出版社 1991 年版,第 1094 - 1095 页。
③ 《邓小平文选》第 1 卷,人民出版社 1994 年版,第 217 页。
④ 习近平:《人民对美好生活的向往,就是我们的奋斗目标》(2012 年 11 月 15 日),《十八大以来重要文献选编》(上),中央文献出版社 2014 年版,第 70 页。

断发展的基础上，朝着共同富裕方向稳步前进。① 对“以人民为中心”发展思想的目标、要求进行了更为具体的阐述。2016 年，习近平总书记在省部级主要领导干部学习贯彻党的十八届五中全会精神专题研讨班上明确指出，以人民为中心的发展思想，不是一个抽象的、玄奥的概念，不能只停留在口头上、止步于思想环节，而要体现在经济社会发展的各个环节。要坚持人民主体地位，顺应人民群众对美好生活的向往，不断实现好、维护好、发展好最广大人民根本利益，做到“发展为了人民、发展依靠人民、发展成果由人民共享”。② 在这里，习近平将“以人民为中心”发展思想与“发展为了人民、发展依靠人民、发展成果人民共享”的共享发展理念紧密联系起来，进一步丰富和发展了“以人民为中心”发展思想的基本内涵。为满足人民日益增长的美好生活需要，必须贯彻“以人民为中心”发展思想。全面建成小康社会，是贯彻“以人民为中心”发展思想的鲜明体现。全面建成小康社会以满足广大人民群众的利益诉求为旨归，着眼于广大人民群众过上更加殷实的幸福生活，让人民群众有更多的获得感、幸福感、安全感。“坚持发展为了人民、发展依靠人民、发展成果由人民共享，全面建成小康社会才能真正造福全体人民。”③ 但是，全面建成小康社会的最大短板是贫困。农村贫困人口的贫困状况成为影响“以人民为中心”发展思想贯彻落实的突出因素，成为共享发展的“拦路虎”。2012 年，习近平到河北阜平看望慰问困难群众时指出：“全面建成小康社会，最艰巨最繁重的任务在农村，特别是在贫困地区。没有农村的小康，特别是没有贫困地区的小康，就没有全面建成小康

① 习近平：《在第十二届全国人民代表大会第一次会议上的讲话》（2013 年 3 月 17 日），《十八大以来重要文献选编》（上），中央文献出版社 2014 年版，第 236 页。

② 习近平：《在省部级主要领导干部学习贯彻党的十八届五中全会精神专题研讨班上的讲话》（2016 年 1 月 18 日），人民出版社单行本，第 24－25 页。

③ 中共中央宣传部：《习近平总书记系列重要讲话读本》，学习出版社、人民出版社 2016 年版，第 60 页。

社会。”①

2013年，习近平总书记在湖南湘西提出精准扶贫思想，2014年，我国现行标准下贫困人口还有7000多万。这些贫困人口中，有些是由于家庭成员患病，加重了家庭经济负担，有些是由于缺乏劳动力，家庭没有稳定的经济收入，有些是由于遭受自然灾害或生活环境恶劣影响生产而陷入贫困，一些制度性因素等也造成了一些机会不均等现象，加大了城乡贫富差距，农村人口落后于城镇人口。这些农村贫困人口的存在和贫困现象的出现，一是制约和影响人民主体地位的发挥，未能体现以人为本、人民至上的理念，未能突出人民的主体地位、中心地位，损害人民的权利和利益；二是制约和影响人民对改革开放和经济社会发展成果的共享，影响人民对美好生活的向往与追求，未能做到发展为了人民、发展成果人民共享；三是制约和影响农村脱贫攻坚进程，未能消除发展的不平衡不充分问题。如果农村贫困人口不能如期脱贫，也会影响全面小康社会建设，影响中华民族伟大复兴“中国梦”的顺利实现。正如习近平总书记所说：“全面小康，覆盖的人口要全面，是惠及全体人民的小康。”②“如果到二〇二〇年我们在总量和速度上完成了目标，但发展不平衡、不协调、不可持续问题更加严重，短板更加突出，就算不上真正实现了目标，即使最后宣布实现了，也无法得到人民群众和国际社会认可。”③所以，要满足人民日益增长的美好生活需要，贯彻落实“以人民为中心”发展思想，实现“发展为了人民、发展依靠人民、发展成果人民共享”的共享发展美好目标，必须“咬定青山不放松”，加大农村脱贫攻坚力度，不断满足农村贫困人口日益增长的美好生活需要，如期实现“两不愁、

① 《习近平到河北阜平看望慰问困难群众讲话》（2012年12月29日），人民网，2015年3月3日。

② 习近平：《在党的十八届五中全会第二次全体会议上的讲话（节选）》（2015年10月29日），《求是》杂志，2016年第1期。

③ 习近平：《在党的十八届五中全会第二次全体会议上的讲话（节选）》（2015年10月29日），《求是》杂志，2016年第1期。

三保障”的脱贫攻坚目标任务。

2. 农村贫困制约和影响社会公平正义

公平正义是人类文明的重要标志，是衡量一个国家或社会文明发展的标准，是现代社会孜孜以求的理想和目标。权利的平等、利益分配的合理、机会的均等与司法的公正等是社会公平正义的基本内涵。在共享发展理念视域下，只有做到“发展为了人民、发展依靠人民、发展成果人民共享”，才能真正实现社会公平正义。没有社会的公平正义，共享发展也就难以实现，促进社会公平正义是发展成果由人民共同享有的必然要求。实现公平正义是党的一贯主张，也是建设和发展中国特色社会主义的重大任务。毛泽东非常重视社会公平正义，他对社会主义基本经济制度、政治制度、文化制度的设计和建设都包含着对公平正义的追求，邓小平把实现社会公平正义纳入社会主义本质要求之中，提出社会主义的本质是解放生产力、发展生产力、消灭剥削、消除两极分化，最终实现共同富裕。江泽民、胡锦涛也从经济社会发展和民生权益保障等方面对社会公平正义作出了制度设计和安排。

习近平总书记2013年在武汉主持召开部分省市负责人座谈会时指出：“进一步实现社会公平正义，通过制度安排更好保障人民群众各方面权益。”① 在学习宣传十八届三中全会精神讲话时指出：“我们讲促进社会公平正义，就要从最广大人民根本利益出发，多从社会发展水平、从社会大局、从全体人民的角度看待和处理这个问题。我国现阶段存在的有违公平正义的现象，许多是发展中的问题，是能够通过不断发展，通过制度安排、法律规范、政策支持加以解决的。”② 在2014年新年贺词中指出：“我们推进改革的根本目的，是要让国家变得更加富强、让社会变得更加公平正义、让人民生

---

① 《习近平在武汉主持召开部分省市负责人座谈会时的讲话》，载《人民日报》，2013年7月25日。

② 习近平：《切实把思想统一到党的十八届三中全会精神上来》(2013年11月12日)，《十八大以来重要文献选编》(上)，中央文献出版社2014年版，第553页。

活得更加美好。”2015年，习近平总书记在庆祝“五一”国际劳动节大会上的讲话中指出：“促进社会公平正义，实现好、维护好、发展好最广大人民根本利益，特别是要实现好、维护好、发展好广大普通劳动者根本利益。”①从习近平总书记对社会公平正义的一系列讲话中，我们可以看出，党和国家对维护和实现社会公平正义高度重视，提出要通过全面深化改革，通过制度安排、法律规范、政策支持等途径和方式，维护人民群众的根本利益，减少发展的不平衡、不充分，促进社会公平正义。在这个过程中，城乡差距、农村贫困是影响和制约社会公平正义的突出、重要因素。当前，受发展水平制约，我国东中西部之间、城市与农村之间在教育、医疗等方面的基本公共服务水平差距较大，尤其是革命老区、民族地区、边疆地区、贫困地区财力相对有限，基本公共服务水平较低，影响了人民群众共享改革发展成果。长期以来，在边远贫困地区，由于交通不便、信息闭塞等因素制约，贫困群众在基本公共服务方面不能享受城镇居民所拥有的资源、机会、权利，在共享教育、卫生、文化等社会事业方面，以及在共享交通、通信等公共产品和公用设施方面，都会受到较大的制约和影响，在包括解决人的生存、发展和维护社会稳定所需要的社会就业、社会分配、社会保障、社会福利、社会秩序等方面，贫困农村地区、贫困群众共享的资源也得不到充分的保障。比如，在教育方面，农村教育基础依然薄弱，中小学师资队伍数量不足、办学条件差等问题比较普遍，在医疗卫生方面，农村公共卫生体系建设不健全，基层医疗卫生基础薄弱，农民看病难、看病贵的问题依然突出。因此，要促进社会公平正义，必须加大扶贫攻坚力度，在贫困地区，加大对义务教育、公共卫生、社会保障、公共安全、公共环境等与人民群众切身利益直接相关领域的投入、扶持力度，让农村贫困群众切身感受到公平正义就在身边。

---

① 《习近平在庆祝“五一”国际劳动节大会上的讲话》(2015年4月28日)，新华网，2015－04－28。

3. 农村贫困制约和影响共同富裕

共享是全民共享、全面共享，鲜明地体现了共同富裕的价值理念。共享发展与共同富裕具有内在一致性。共享发展是共同富裕的价值目标，共同富裕是实现共享发展的必要途径和方式，实现共享发展，必然要实现共同富裕。孔子的“不患寡而患不均”、孙中山的“平均地权”等理念，都体现了共同富裕思想。实现共同发展、共同富裕也是马克思主义者孜孜以求的目标和理想。马克思、恩格斯曾指出，无产阶级的运动是绝大多数人的、为绝大多数人谋利益的独立的运动。列宁也曾说，社会主义要让全体劳动人民过上最美好、最幸福的生活。以马克思列宁主义共同富裕思想为指导，邓小平对什么是社会主义、怎样建设社会主义的问题进行探索，从我国生产力发展不平衡的特点出发，寻求一条通向共同富裕的道路。邓小平从不同角度曾多次强调，贫穷不是社会主义，社会主义本质就是消灭贫穷，使全体人民共同富裕起来：“社会主义优越性归根到底要体现在它的生产力比资本主义发展得更快一些、更高一些，并且在发展生产力基础上不断提高和改善人民的物质文化生活。”① 1992 年年初，邓小平在南方谈话中，对社会主义本质作出理论概括：“社会主义的本质，是解放生产力，发展生产力，消灭剥削，消除两极分化，最终达到共同富裕。”② 邓小平在这个论述中，明确了社会主义的本质是共同富裕，并且明确了实现共同富裕的途径和方式是解放生产力、发展生产力、消灭剥削、消除两极分化。中华人民共和国成立以后，尤其是改革开放以来，我国经济社会发展取得巨大成效，社会生产力得到极大提高，人民生活得到明显改善。

2012 年，习近平总书记同采访十八大的中外记者亲切见面时就明确指出：“我们的责任，就是要团结带领全党全国各族人民，继续解放思想，坚持改革开放，不断解放和发展社会生产力，努力解决群众的生产生活困难，

---

① 《邓小平文选》（第 3 卷），人民出版社 1993 年版，第 116 页。
② 《邓小平文选》（第 3 卷），人民出版社 1993 年版，第 373 页。

坚定不移走共同富裕的道路。”在学习、宣传十八大精神大会上，习近平总书记指出：“中国特色社会主义道路……既不断解放和发展社会生产力，又逐步实现全体人民共同富裕、促进人的全面发展。”① 2013年，习近平在第十二届全国人民代表大会第一次会议上强调指出：“我们要随时随刻倾听人民呼声、回应人民期待，保证人民平等参与、平等发展权利，维护社会公平正义，……在经济社会不断发展的基础上，朝着共同富裕方向稳步前进。”2014年，在中法建交50周年纪念大会上，习近平指出：“我们的方向就是让每个人获得发展自我和奉献社会的机会，共同享有人生出彩的机会，共同享有梦想成真的机会，保证人民平等参与、平等发展权利，维护社会公平正义，使发展成果更多更公平惠及全体人民，朝着共同富裕方向稳步前进。”② 2015年，习近平在部分省区市党委主要负责同志座谈会上强调：“消除贫困、改善民生、实现共同富裕，是社会主义的本质要求，是我们党的重要使命。”习近平总书记为新时代中国特色社会主义实现共同富裕指明了方向和路径。但是，我国还存在比较明显的贫富差距问题，农村基础设施建设和民生保障方面的历史欠账还很多，城乡居民在就业、教育、医疗、社会保障等领域所享受的公共服务水平仍存在很大差距，特别是中西部一些省区农村贫困人口规模仍然较大、贫困程度较深，城乡发展和收入差距依然很大。

中国家庭追踪调查数据显示，我国家庭财产基尼系数从1995年的0.45扩大到2012年的0.73，顶端1%的家庭占有全国约1/3的财产，底端25%的家庭拥有的财产总量仅在1%左右。③ 2015年，国家卫生计生委公布的《中国家庭发展报告2015》显示，我国收入最高20%家庭的收入是最低20%家庭的19倍。在贫富差距中，城乡差距更为突出和明显，城乡居民在收入、教

① 习近平：《紧紧围绕坚持和发展中国特色社会主义学习宣传贯彻党的十八大精神》（2012年11月17日），载《人民日报》，2012年11月19日。

② 习近平：《在中法建交五十周年纪念大会上的讲话》（2014年3月27日），载《人民日报》，2014年3月29日。

③ 李建新等：《中国民生发展报告2015》，北京大学出版社2015年版，第6页。

育、医疗、消费、就业等方面存在明显差距。国家统计局发布的2018年上半年居民人均可支配收入数据显示，在差距最大的省份中，城镇居民人均可支配收入是农村居民可支配收入的近10倍。[①] 在我国偏远农村地区，医疗保障水平不高，由于家庭贫困，看不起病的问题仍然存在。农村群众一旦得了大病，无力承担医疗费用，出现“因病致贫、因病返贫”现象。国务院扶贫办2015年年底的调查数据显示，全国7000多万贫困农民中，有42%的贫困户是因病致贫。[②] 城乡义务教育发展不平衡的问题也比较突出，许多边远地区、贫困地区、民族地区、革命老区教育发展滞后，普惠性学前教育资源、普通高中教育资源短缺，很多贫困农村地区孩子难以享有优质教育，导致贫困代际传递。

另外，由于农村基础设施公共产品发展滞后，使农村群众公平享有经济社会发展成果的权利难以全面保证，影响了村民消费水平和发展能力的提高。城乡贫富差距而导致农村地区在文化、卫生、科技、就业、社会保障等其他方面的问题也在一定范围内存在，使贫困群众失去一些有益于推动自身及家庭尤其是子女发展的平台和机会，从而陷入长期贫困，即使绝对贫困暂时消除了，相对贫困问题仍然存在。对我国存在的贫富差距问题，习近平总书记提出：“我们必须坚持发展为了人民、发展依靠人民、发展成果由人民共享，作出更有效的制度安排，使全体人民朝着共同富裕方向稳步前进，绝不能出现‘富者累巨万，而贫者食糟糠’的现象。”[③] 要推动农村地区持续、健康发展，必须通过精准扶贫等方式，推进发展资源要素在城乡均衡配置，特别是要让更多的资源要素向贫困落后地区倾斜，改善农村贫困群众的生

① 世界经济网，https：//www. shijiejingji. net/redianxinwen/20181007/158383. html，2018－10－07。

② 东方网，http：//news. eastday. com/eastday/13news/auto/news/china/n226/u7ai5067456. html，2015－12－16。

③ 习近平：《以新的发展理念引领发展，夺取全面建成小康社会决胜阶段的伟大胜利》（2015年10月29日），《十八大以来重要文献选编》（中），中央文献出版社2016年版，第827页。

产、生活条件，提高农村地区的生活水平，缩小城乡差距，推动农村贫困地区与城镇共同发展，逐步实现共同富裕、共享发展。

4. 农村贫困制约和影响人民群众“获得感”

实现共享发展，就要最大限度地满足人民群众的“获得感”，满足人民群众日益增长的美好生活向往和追求。“‘获得感’是人民群众对美好生活期盼与现实获得之间的契合，是改革成果公平共享的具体体现。”① 2015 年，习近平总书记在中央全面深化改革领导小组第十次会议上指出，要科学统筹各项改革任务，推出一批能叫得响、立得住、群众认可的硬招实招，把改革方案的含金量充分展示出来，让人民群众有更多“获得感”。“获得感”一词迅速流行。“获得感”不仅是物质层面的，包含改革带来的物质生活水平的提高，比如有房住，收入增加，享有优质教育，看得起病，养老有保障等；而且表现在精神层面，就是既要让每个人有梦想、有追求，又要让每个人活得更有尊严、更体面，能够享受公平公正的权利。

2016 年，习近平总书记在省部级主要领导干部学习贯彻党的十八届五中全会精神专题研讨班上的讲话中指出，落实共享发展理念，“十三五”时期的任务和措施有很多，归结起来就是两个层面的事：一是充分调动人民群众的积极性、主动性、创造性，举全民之力推进中国特色社会主义事业，不断把“蛋糕”做大。二是把不断做大的“蛋糕”分好，让社会主义制度的优越性得到更充分体现，让人民群众有更多获得感。要扩大中等收入阶层，逐步形成橄榄形分配格局。特别要加大对困难群众的帮扶力度，坚决打赢农村贫困人口脱贫攻坚战。② 习近平总书记把“让人民群众有更多获得感”作为落实共享发展理念的重大措施之一，并提出要通过精准扶贫、精准脱贫增强人民群众的“获得感”。中华人民共和国成立后特别是改革开放以来，党和政

---

① 魏凤河：《“获得感”体现人民共享》，载《吉林日报》，2016 年 5 月 14 日。

② 习近平：《在省部级主要领导干部学习贯彻党的十八届五中全会精神专题研讨班上的讲话》（2016 年 1 月 18 日），人民出版社单行本，第 28 页。

府高度重视人民群众的生活问题，在教育、就业、医疗、社会保障等方面取得了明显成效，人民群众的生产、生活状况得到了很大改善。然而，随着我国进入全面建成小康社会决胜阶段，尽管经济增长了、社会进步了，但农村地区的就业、教育、医疗、卫生等社会事业发展相对滞后。在我国，有些贫困地区的贫困群众不仅收入低、基础设施落后，还包括由信息闭塞、教育和科学落后、卫生和社会保障低下等因素引起的人文关怀的缺失；公共文化资源短缺，很多农村地区文化活动场所和设施破旧残损、年久失修，不能满足村民日益增长的多样性文化需求；有些贫困群众由于自身老弱病残或劳动技能欠缺等原因，在激烈的劳动力市场竞争中很难找到合适的工作，没有固定的经济收入，个人价值不能得到充分发挥，更高层次的需求得不到充分满足，从而导致农村贫困群众的“获得感”得不到满足。

2020 年 3 月 6 日，习近平总书记在决战决胜脱贫攻坚座谈会上列举了在脱贫攻坚最后阶段还存在的影响人民“获得感”的现象：“有的孩子反复失学辍学，不少乡村医疗服务水平低，一些农村危房改造质量不高，有的地方安全饮水不稳定，还存在季节性缺水。”“已脱贫的地区和人口中，有的产业基础比较薄弱，有的产业项目同质化严重，有的就业不够稳定。”① 这些问题虽然是农村生活中的“小事”，但正是因为这些生活中的“小事”，制约了农村贫困群众的“获得感”，影响了农村脱贫攻坚的前进步伐。所以，习近平总书记提出：“要注重民生、保障民生、改善民生，让改革发展成果更多更公平惠及广大人民群众，使人民群众在共建共享发展中有更多获得感。”② 要通过加大对农村困难群众的帮扶力度，打赢脱贫攻坚战，努力增强农村贫困群众的“获得感”。

---

① 《习近平在决战决胜脱贫攻坚座谈会上的讲话》（2020 年 3 月 6 日），载《人民日报》，2020 年 3 月 9 日。

② 习近平：《在重庆调研时的讲话》（2016 年 1 月 4—6 日），载《人民日报》，2016 年 1 月 7 日。

第二章

大学生扶贫志愿服务的兴起及其理论基础

农村脱贫攻坚是需要社会各方力量积极参与的系统工程。习近平总书记提出："我们坚持动员全社会参与，发挥中国制度优势，构建政府、社会、市场协同推进的大扶贫格局，形成跨地区、跨部门、跨单位、全社会共同参与的多元主体的社会扶贫体系。"① 作为社会"第三部门"的志愿组织，是农村脱贫攻坚不可或缺的重要参与力量。《国务院办公厅关于进一步动员社会各方面力量参与扶贫开发的意见》（国办发〔2014〕58 号）、《民政部 财政部 国务院扶贫办关于支持社会工作专业力量参与脱贫攻坚的指导意见》（民发〔2017〕119 号）、《国务院扶贫开发领导小组关于广泛引导和动员社会组织参与脱贫攻坚的通知》（国开发〔2017〕12 号）等提出，要发挥志愿组织为贫困群众提供生活帮扶、技能培训、能力提升、就业援助、心理疏导、权益保障等方面的专业服务，为贫困农村的老人、残疾人、妇女、留守儿童、低保家庭、特困人员等提供关爱服务等。

近年来，我国大学生志愿组织在国家扶贫政策的支持和高校团委等学生管理部门的组织、指导下，积极参与农村脱贫攻坚，在承担公共服务、提供

① 习近平：《携手消除贫困 促进共同发展——在 2015 减贫与发展高层论坛的主旨演讲》（2015 年 10 月 16 日），载《人民日报》，2015 年 10 月 17 日。

智力支持、实施帮扶项目等方面主动作为，在农村脱贫攻坚战中发挥了重要作用，成为农村精准扶贫、精准脱贫的美丽“风景线”、重要“生力军”、有力“推进器”。

一、中外志愿服务的产生和发展

（一）志愿服务的内涵及特征

志愿服务是社会文明进步的重要标志，是美好的道德行为和重要的道德实践。联合国前秘书长科菲·安南曾经指出：“志愿服务是利用自己的时间、自己的技能、自己的资源、自己的善心为邻居、社区、社会提供非营利、非职业化援助的行为。”① 在西方国家，有学者指出：“志愿服务是出于社会公益责任的自愿行为，具有无偿利他、非强迫参与等特点，表达的是人与人之间互动及社会文化、民主与经济发展的过程”。② 这些界定强调了志愿服务的公益性、责任感，以及非营利性、非强制性，同时强调了志愿服务对经济、社会、文化等方面发展的推动力和影响力。也有学者提出，“志愿服务是为追求公共利益而提供的服务”，③ 强调了志愿服务是对他人、对社会的奉献和付出，而非一己私利。

在我国，有学者提出，志愿服务就是基于“利他”行为动机和非经济利益，为了提升他人价值、增加社会福利、推动人类进步，无偿地为他人和社

① 共青团北京市委员会、北京青年研究会：《志愿者形象及其社会影响》，人民出版社2009年版，第4页。

② Dunn, P. C.. Volunteer management. In Encyclopedia of Social Work (19th), 1995, p. 2843 – 2490.

③ Barker, R. L.. The Social Work Dictionary. New York: National Association of Social Work. 1998, P. 348.

会付出劳动、技能和时间等努力的服务活动。[①] 这看似一个简单的定义，但内涵相当丰富，它指出了志愿服务的目的是奉献他人、服务社会，是以志愿者个人的知识、才能所作的无私奉献，而不是以营利为目的，服务的动机是“利他”，是为了增进他人福祉、推动社会进步的活动。还有专家、学者认为，我们常说的志愿工作实质就是志愿服务，其目的是为了参与社会公共生活，增进社会福利，推动社会发展和人类文明进步。在志愿服务过程中，志愿者付出的是他的工作技能、经济财富、个人精力，志愿者获得的不是物质报酬，而是精神回报。[②] 这个概念界定明确提出了志愿服务与志愿工作的关系，认为志愿服务就是志愿工作，并且明确指出了志愿服务的非营利性、志愿性、公益性等基本特征，并对志愿服务在经济社会发展和社会公共生活中的地位与作用作出了界定。还有学者对志愿服务作了较为详细分析和探讨后指出，志愿服务是一种非营利性、非职业化的活动，服务的对象是邻居、社区、社会，在服务中付出的是志愿者的时间、技能、资源和爱心，服务的性质是一种“援助”。[③] 这个界定强调的是利用志愿者个人的时间、精力、技能、资源及志愿者个人的爱心、关怀和情感为他人、为社会作贡献，同时强调了志愿服务的非营利性和志愿性，并认为志愿服务是非职业化的行为，是利用志愿者空闲的时间、多余的精力和志愿者个人专业的技能、丰富的社会资源来帮助他人，奉献社会。

在我国台湾、香港等地区，志愿服务比较盛行和广泛。台湾学者或台湾官方认为，志愿服务是不以经济利益或物质报酬作为目标和宗旨，而是以发展社会公益或增强社会公共事务效能为目的，在自由意志或法律责任、个体

---

① 莫于川主编:《中国志愿服务立法的新探索》，法律出版社 2009 年，第 9 页。

② 王洪松:《当代中国的志愿服务与公民社会建设》，中国政法大学博士论文，2011 年 10 月 1 日。

③ 共青团北京市委员会、北京青年研究会:《志愿者形象及其社会影响》，人民出版社 2009 年版，第 4 页。

义务之外，无私地为他人与社会贡献知识、技术、劳力等辅助性服务活动。① 台湾学者给予的这个界定明确指出了志愿服务的一些核心要素：志愿者不是基于法律法规的要求或志愿者个体的责任、义务，而是基于志愿者个人的自愿或志愿；志愿者凭借自己突出的专业、技能、经验、知识等方面的优势贡献社会或他人；志愿者是为促进社会公益而开展的服务活动，而不是出于经济目的或志愿者个人私利。香港义务工作局是对香港各类志愿组织进行管理和服务的机构，它们认为，任何基于非经济利益或物质报酬而自愿地为他人与社会无私奉献、致力于社会文明进步和人类发展的服务行动都可以称作志愿服务。② 香港义工工作局的这个界定，内涵比较宽泛，认为只要满足这样三个条件就是志愿服务：服务活动是出于自身意愿而非强迫；不以营利为目标，不为谋求任何物质报酬；服务活动是为了推动社会文明进步。

综合中西方专家、学者或志愿组织管理、服务机构对志愿服务内涵的界定，本课题组认为，所谓志愿服务，就是指以社会公益事业或社会保障事业为目标，出于非营利目的或非物质上的诉求，凭借志愿者自身所拥有的知识、专业、技能、经验和时间等条件，向他人或社会自愿提供无私帮助或服务，帮助他人摆脱困难，推动社会发展和人类文明进步的活动。志愿服务的主要特征是：第一，志愿性。参与志愿服务的都是自愿而非强迫，都是乐意为社会和他人服务的人员；第二，公益性。志愿服务都是出于社会公益目的，是为增加社会福利、促进社会和谐发展、传递“奉献、友爱、互助、进步”志愿精神的公益活动；第三，非营利性，参与志愿服务的志愿者都是为他人和社会无私奉献，其目的都是推动社会发展和人类进步，而非经济利益或物质报酬；第四，非政府性。开展志愿服务依托的是志愿组织，这些志愿组织都是非政府组织、民间组织，是有别于政府、企业的“第三部门”，志愿服务是政府、企业之外的“第三方力量”；第五，组织性。一般来说，正

① 转引自莫于川主编：《中国志愿服务立法的新探索》，法律出版社 2009 年，第 9 页。

② 转引自莫于川主编：《中国志愿服务立法的新探索》，法律出版社 2009 年，第 9 页。

式注册成立的志愿组织，都有自己的组织架构、章程和服务宗旨，都有一定数量的志愿者。

志愿服务弘扬的是志愿精神。志愿服务的精神概括起来是“奉献、友爱、互助、进步”。对志愿服务精神的这一概括，表达了人们对志愿服务的由衷赞美。联合国前秘书长科菲·安南认为，志愿精神的实质和核心，是理想，是信念，这个理想和信念，就是要让世界更美好，让社会更和谐，让人们更团结。① 志愿精神作为志愿服务的“精神旗帜”，是“一种自愿的、不为报酬和收入而参与人类发展、促进社会进步和完善社区工作的精神，是公众参与社会生活的一种非常重要的方式”;② 是“个人对生命价值、社会、人类和人生观的一种积极态度”;③ 是志愿者开展志愿服务活动所表现出来的情感、意识、态度和价值的综合体，是志愿者的精神追求和价值体系，是志愿者在服务行动中表现出来的精神特质和价值取向。④ 其中，“奉献”——是人类的一种崇高情感和高尚行为，是人类孜孜以求的价值目标。志愿者开展的志愿服务行为，其本质就是一种无私奉献。志愿服务的志愿性、公益性、非营利性特征，也是奉献精神的典型体现。志愿者开展的服务活动，是不计报酬的无私奉献，是为他人、为社会无私奉献自己的聪明才智、知识技能，是为推动社会和人类文明进步的高尚行为。“友爱”——体现的是人与人、人与社会、人与自然之间的和谐关系，志愿者通过志愿服务，关爱他人，尊老爱幼，促进人与人之间的和谐友爱。志愿者通过倡导社会文明新风，提供社会公共福利，推动人与社会之间的和谐稳定。志愿者通

---

① 共青团北京市委员会、北京青年研究会:《志愿者形象及其社会影响》，人民出版社 2009 年版，第 4 页。

② 丁元竹、江汛清:《志愿活动研究：类型、评价与管理》，天津人民出版社 2001 年版，第 2 页。

③ 穆青:《如何理解志愿服务与志愿精神》，载《北京青年政治学院学报》，2005 年第 3 期。

④ 王洪松:《当代中国的志愿服务与公民社会建设》，中国政法大学博士论文，2011 年 10 月 1 日。

过倡导生态环境保护，尊重自然，维持生态平衡，实现人与自然和谐共生。“互助”——体现的是我国“一方有难，八方支援”的优良传统，体现的是“帮助他人，快乐自己”的志愿文化。在我国重大天灾人祸发生的时候，抢险救灾现场到处都可以看到志愿者的身影。在重大赛事或庆典活动现场，处处可见志愿者天使般的微笑和热情周到的服务。在社会困难群体的身边，也常常能看到志愿者忙碌的身影，为老人、孤残人员等送去温暖和关爱。当然，志愿者在帮助他人的同时，也获得了快乐的人生体验。“进步”——志愿服务的宗旨目标，不是为了获得物质报酬或实现经济利益，而是为了促进人的全面发展、社会的全面进步。志愿服务是为社会公益、社会福利而开展的服务活动，在政府、市场无法到达的领域，志愿者通过他们的努力，弥补政府、市场的不足，推动社会公益事业和社会保障事业发展进步。

（二）中西方国家志愿服务的产生和发展

1. 西方国家志愿服务的产生和发展

第一，西方传统的宗教慈善活动。现代志愿服务源于西方宗教慈善活动。早在 14 世纪、15 世纪英国发生的“圈地运动”中，无数的农民流离失所，无家可归，大量涌入城市，到工厂接受资本家的残酷压迫和剥削，生活非常悲惨。这时，出现了以宗教慈善活动为目的的济贫组织，对工人的生活给予慷慨、仁慈的扶助，致力于改善工人的生活状况。当时在英国伦敦还成立了“慈善组织会社”，帮助协调政府及各种救济机构和慈善组织开展救助工作，为志愿服务事业发展奠定了基础。欧洲各国在其近代化的过程中涌现出许多具有公共性质和公共职能的社团，一些国家还以立法的形式规范并保障这些社团的权利，如英国女皇伊丽莎白于 1601 年颁布了著名的《慈善法》，成为世界上第一部包含有志愿服务内容的法律。该法规定，教区有义务向贫困者进行慈善救济。在美国，由于受到基督教传统和移民社会传统的影响，组建社团、参与社团活动从很早开始就成为美国社会的基本生活方式，各种形式的民间社团甚至先于国家而出现。在西方国家出现的这些结社、社团活动及颁布的相关法律、法规，对于推动志愿团体的产生、发展发挥了重要作用，使西方国家的社会公众在很早的时候就认识到互助、合作、帮助他人、献身社会公益的重要性，并亲身参与结社、社团活动，以自己的实际行动奉献社会，使社团活动逐渐成为西方国家社会公众的基本生活方式。比如在美国，这种结社、社团活动非常普遍，社会公众的参与热情非常高，这正如法国思想家托克维尔所描述的："美国人不论年龄有多大，不论处于什么地位，不论志趣是什么，无不时时在组织社团。在美国，不仅有人人都可以组织的工商社团，而且还有其他成千上万的团体。既有宗教团体，又有道德团体，既有十分认真的团体，又有非常无聊的团体；既有非常一般的团体，又有非常特殊的团体；既有规模庞大的团体，也有规模甚小的团体。"① 这就使得美国社会充满了各种各样的民间结社组织并构成其公民社会得以繁荣的基础。19 世纪末 20 世纪初，志愿服务在西方发达国家经济社会发展中发挥重要价值和功能，慈善组织运动逐渐演变成推行社会福利的机构，志愿服务逐渐纳入政府工作体系和社会发展体系之中，在民众的广泛参与和推动下，西方志愿服务获得快速发展。1869 年、1884 年，英国先后建立"慈善机构联合会""托因比服务所"；1877 年，美国牧师韩福瑞·哥尔亭（Rev. S. Humphrey Gurteen）在美国纽约成立了第一个慈善组织"慈善组织会社"；1886 年，美国又建立"邻里协会"等慈善组织。英国、美国慈善组织的发展，带动着西方慈善事业迈向制度化、社会化发展，也推动着西方社会福利事业的发展，一系列有关社会福利的法律法规在欧美等国先后获得通过，进一步动员和征募了大量志愿者投身于社会福利服务之中，志愿者队伍不断扩张，志愿者在人们工作、生活中的作用与影响日益扩大，志愿者在社会上的号召力、凝聚力也不断提升，志愿者获得的社会支持度与认可度日益

① ［法］托克维尔：《论美国的民主（下）》，董果良译，商务印书馆 1988 年版，第 635 页。

加深，志愿组织开展的志愿服务日益广泛，服务的范围和领域不断扩大，影响日益深远。

第二，第二次世界大战之后至20世纪末西方社会志愿服务发展。第二次世界大战以后，西方国家志愿服务在运作机制上更加制度化、规范化、系统化，并迅速延伸到社会生活的各个方面，成为一种由政府或私人社团所举办的广泛性的社会服务工作。这个时期，帮助改善服务对象的生活环境和生活状态成为志愿组织的工作重点，而开展这类工作的志愿组织主要是一些私人社团。并且，志愿服务的规范化、制度化在这个时期得到进一步加强。比如，德国相继出台了《奖励社会志愿者年法》《奖励生态志愿者年法》《奖励国际志愿者年法》等。美国相继出台了《志愿服务法》《国内志愿服务修正法》《国家和社区服务法案》《志愿者保护法》等。在此基础上，联合国体系的诞生促使志愿组织的作用与影响日益凸显。各国涌现出多种形式的社群组织，如儿童保护组织、妇女组织、产业工人组织、农民组织、社区居民组织、青少年组织等，这些组织在各国的社会重建和社会变革中发挥着积极作用。比如，1946年12月11日创建的“联合国儿童基金会”（United Nations Children's Fund，简称UNICEF），在成立初期，其宗旨就是对战后欧洲与中国儿童开展紧急救助。随着救助行动的深入开展，“联合国儿童基金会”不断扩大救助对象和范围，逐步将包括中国在内的全球各国儿童尤其是那些处于战火中的儿童的生存、发展和其他应有权利纳入救助范围，对世界所有发展中国家的儿童、母亲展开救助行动。这一时期，一些以争取和平、发展权益为目的的国际性妇女组织陆续在世界各地出现，其主要宗旨就是保护妇女的就业权和教育权、选举权和被选举权等基本权利，到20世纪90年代，国际妇女组织达到了上百个，为维护妇女的权益作出了重要贡献。此外，志愿组织还涉及人权、环境、和平等关系人类发展的重要领域并发挥着重大影响力，如开展战争救助的国际红十字会、救助城市贫民的救世军、救助贫困儿童的救助儿童会等慈善组织，以及塞奇基金会、卡内基基金会、洛克菲勒基金会等民间救助机构。1961 年，在伦敦成立了人权志愿组织“大郝国际”。随后，国际人权志愿组织“人权观察”“美洲观察”和环保志愿组织“地球之友”“世界自然保护基金”“绿色和平组织”“国际自然保护联盟”等诞生，世界人权事业、环保事业得到极大推动和发展。① 比如著名的国际性环保民间志愿组织“绿色和平组织”（Green Peace），其宗旨使命就是“保护地球、环境及其各种生物的安全及持续性发展，并以行动作出积极的改变”。这个组织在阻止生态环境污染、保护自然生物多样性、追求无核世界等方面作出了积极努力。比如，1971 年，“绿色和平组织”12 名志愿者坐着渔船到海上阻止美国在安奇卡岛（Amchitka）进行的核试验。迫于社会舆论和公众的压力，1972 年，这项核试验最终被放弃。另外，“绿色和平组织”通过多种途径和手段展开环境保护，比如，阻止商业性捕鲸，禁止使用大型拖网捕鱼，禁止输出有毒物质到发展中国家，禁止向海洋倾倒放射性物质、工业废物和废弃的采油设备等。从 20 世纪 70 年代起，志愿组织在全球范围内迅速发展起来，特别是 1970 年 12 月，联合国志愿人员组织（UNV）在日内瓦成立后，从北美、欧亚的发达国家到非洲、拉美和苏联集团中的发展中国家，志愿组织的数量都呈现了惊人的增长势头，志愿行动也步入组织化、制度化和专业化发展轨道。法国公民年满 18 岁以后，都必须服国民志愿役。1990 年，法国的志愿者人数已超过全国总人数的 19%。日本高校对大学生的志愿服务非常重视，大部分的日本大学生都必须学习志愿服务课程，同时还要参加海外志愿服务。德国有三分之一的成年人每个月都必须进行 15 小时的志愿服务。英国公民平均每周要开展志愿服务 4 小时，在“志愿日”这一天，大概有二分之一的英国公民参与志愿服务。② 1971 年，美国总统尼克松发起联邦志愿行动“ACTION 计划”。这个行动计划设立志愿服务交流办公室，开办全国学生志愿者节目等，其活动内容包括和平运动、寄养祖父母运动、服

① 参见吴东民：《非营利组织管理》，中国人民大学出版社 2003 年版，第 97 – 98 页。

② 余双好：《志愿服务概论》，武汉大学出版社 2013 年版，第 22 页。

务退休行政人员运动等。在这个项目的推动下，美国社会公众的志愿服务意识大大增强，志愿行动成为美国社会公众的自觉行动。1974 年，美国人口普查局对“ACTION 计划”进行了跟踪调查。调查结果显示，美国有总人口的 24% 的公民每年参加过志愿服务活动，相当于每 4 个人中就有 1 个人参加过志愿服务行动。①

第三，21 世纪以后西方和国际社会开展的志愿服务。进入 21 世纪，西方国家志愿服务展现出蓬勃的生命力，尤其是与市场经济相结合的运作方式，为志愿服务发展提供了前所未有的契机。② 2002 年，德国对《奖励志愿社会年法》和《奖励志愿生态年法》进行修正，进一步扩大了志愿服务的范围，鼓励 16—27 岁的青年暂时离开校园，投身社会或环保志愿服务的行列。此后，德国的环保志愿者中有三分之一的人每月平均花费 15 小时参与各类环保志愿工作；法国参与志愿服务的人数占 18 岁以上总人口的比例由 1990 年的 19% 上升到 2003 年的 27%。③ 2006 年，美国有 6100 多人为慈善组织及全国服务性机构工作，原美国总统布什呼吁美国人在一生中至少为社区奉献两年（4000 小时）的服务；④ 2010 年美国有 6280 万人参与了志愿服务活动，占到人口总数的 26.3%，服务时间累计达 81 亿小时，为社会创造了近 1703 亿美元的价值。⑤ 志愿服务精神得到世界多个国家普遍认同，逐步走向全球化。在联合国的积极推动下，国际互助行动越来越多，国际志愿服务迅速发展，“医生无国界”“绿色和平组织”等国际志愿组织活跃在国际社会的每一个角落。2000 年 10 月，当时已有美国、英国、德国、日本、澳大利亚等 70

① 李亚平、于海：《第三域的兴起——西方志愿工作及志愿组织理论文选》，复旦大学出版社 1998 年版，第 5 页。

② 张燕玲、张晓红：载《北京城市学院学报》，2012 年第 6 期。

③ 《国外志愿服务的形成和发展》，中国文明网，http：//shx. wenming. cn/zyfw/201405/t20140506_ 1920984. htm，2016 - 05 - 24。

④ 《国外志愿服务的形成和发展》，中国文明网，http：//shx. wenming. cn/zyfw/201405/t20140506_ 1920984. htm，2016 - 05 - 24。

⑤ 《国外志愿服务发展原因》，载《中国红十字报》，2016 年 5 月 27 日。

个国家和纽约、中国香港两个城市专门成立了国际志愿者年委员会，其中20多个国家的委员会由副总理级以上高级官员或国家元首担任主席。2001年被确定为“国际志愿者年”。2000年11月28日，联合国在纽约总部举行国际志愿者年开幕式，原联合国秘书长科菲·安南宣布“2001国际志愿者年”正式启动。之后，在世界100多个国家正式启动“国际志愿者年”活动并广泛开展多种形式的国际志愿服务。2001年1月，在荷兰阿姆斯特丹举行召开第十六届世界志愿者大会，《全球志愿者宣言》在大会上获得通过，志愿性服务成为国际社会的共识。2008年，国际志愿者协会在中国香港注册成立，2018年在中国海南设立代表处。该协会是由世界各国志愿者、志愿服务组织组成联合性、全球性、非营利性、公益性社会团体组织，在开展国际志愿者的培训和招募、国际志愿服务组织的交流活动、人道主义援助等方面作出了积极贡献。经过近百年的发展，西方国家志愿服务及国际志愿服务蓬勃兴起，影响和带动了世界各地志愿服务的广泛推进和深入发展。

2. 我国志愿服务的产生和发展

第一，我国源远流长的慈善传统。在我国，志愿服务源于优良的慈善传统。我国慈善思想源远流长，早在先秦诸子百家的著述中就有过精辟的阐述，如《礼记·月令第六》中就有政府在青黄不接时救济贫民的记载：“天子布德行惠，命有司发仓廪，赐贫穷，振乏绝，开府库，出币帛，周天下。”① 这其中的“赐贫穷，振乏绝”就是慈善内容，就是对那些生活贫穷贫困群众通过募捐、救济等方式进行扶持和资助。另据《孟子·尽心篇》记载，战国时期，“齐宣王亦尝发棠邑之仓，以赈贫民”，意思就是齐宣王开仓放粮，救济灾民。从字义上看，“慈”是长辈对晚辈的爱，“善”是人与人之间的互助、友爱，“慈善”则是指友善、互助的人际互动关系和社会关系。从“慈善”的字义上看，蕴含着救人济世、福利民众以及人类共通的人道理

① （汉）戴圣纂辑，冯国超主编：《礼记》，吉林人民出版社2005年版，第113页。

念和道德准则，这些理念和准则，是现代志愿服务追求的目标、宗旨或服务活动的内容、任务，对我国慈善事业和现代志愿服务事业发挥了重要的影响和推动作用。民国时期政治家、教育家、实业家和慈善家熊希龄指出，“五千年来养成善风俗者，莫不由于儒、释、道之学说所熏陶。”① 这里所说的“儒、释、道之学说”，就是指“仁爱”“仁慈”“扶助”“恩惠”等思想。我国慈善事业在明清前后就已出现繁荣兴盛的景象，如宋代范仲淹举办的“义田”、朱熹举办的“社仓”、刘宰举办的“粥局”等，都属于慈善义举。明朝万历十八年（1590 年），杨东明在河南虞城首创同善会。这是明代第一个以劝善、行善为宗旨的民间结社组织。清朝中叶，不仅官办的慈善机构如养济院、漏泽园遍及全国各州县，而且完全意义上的民间慈善事业也出现在江南一带，善举频频，非常活跃。民间善人义士解囊捐资，已是司空见惯之事。有学者指出，清朝以后，民间社会的慈善活动非常兴盛：一是民间慈善组织的数量比较多，据民国《吴县志》记载，当时仅吴县一个地方就有 28 个民间慈善团体；二是民间慈善组织的功能比较齐全，其功能基本涵盖了社会救济的各个方面，范围十分广泛；三是民间慈善组织的经费比较充裕，如清代的“善化育婴堂”，自雍正八年至十二年（1730—1734 年），获得捐银 5870.8 两，后又陆续得到捐银 1200 余两，充裕的经费救济了大量的幼小生命；四是民间慈善组织参与的社会阶层较为广泛，工商业者、老百姓等积极捐资积德，使当时慈善事业的影响日益广泛；五是民间慈善组织开展的慈善活动十分活跃，并逐步发展为常态化的态势。② 地处边远的广西各州县也设有慈善机构，收养和救济社会上的孤老残病人员，地方志有载：“孤老院，清季广西各县均设立。”③ 这些孤老院，就是当时对收养、资助和救济老弱病残人员的慈善机构。

---

① 周秋光编：《熊希龄集（下册）》，湖南人民出版社 1996 年版，第 2002 页。
② 周秋光、曾桂林：《中国慈善简史》，人民出版社 2006 年版，第 178－180 页。
③ 韦冠英修，梁培煐、龙先钰纂：《贺县志》（卷二），民国 23 年（1934）铅印本。

第二，我国近代社会兴起的慈善救济事业。鸦片战争的爆发标志着我国近代史的开端。在外国列强的坚船利炮下，我国逐步沦为半殖民地半封建社会，我国的经济受到外国列强的掠夺，文化受到外国列强的侵蚀，军事受到外国列强的侵略，政治受到外国列强的干涉，损害了领土和主权的完整，就连我国的慈善文化都受到外国列强的影响，受到猛烈冲击。在内忧外患的严峻形势下，我国的一些仁人志士奋起抗争，在维护慈善传统、延续慈善文化方面，一些有识之士提出了“天下太平”“世界大同”等新思想，推动我国慈善思想和慈善事业进一步向前发展。康有为在其《大同书》中，提出了“大同世界”理念和“公养”“公教”“公恤”慈善思想，描绘了“大同世界”中慈善福利事业的美好蓝图。江南绅商经元善当时还进一步提出了一些新的慈善观念，比如，“工艺院教成一艺，则一身一家永可温饱，况更可以技教人，功德尤无限量”,① 这个思想在当时是比较先进的，其意义正如我们现代慈善组织提倡的“授人以鱼”不如“授人以渔”，认为只要教会了贫困人家的技能、手艺，让贫困家庭掌握了生存之道，那么就可解决贫困户的温饱问题了，这是功德无量的事情。在这个历史时期，一些有识之士发起成立了“医学善会”等新式慈善组织。他们依托这些新式慈善组织或慈善团体，对那些贫穷和陷入困苦的家庭进行救助。在1912年到1949年期间，我国人民处于水深火热之中，一方面遭受连年自然灾害，另一方面遭受连年战乱，人民生活困苦不堪。当时腐朽的中央政府忙于战事，根本无暇顾及老百姓的死活。因此，大量的救济工作便由慈善组织来承担，又催生了大量民间慈善组织，“红十字会”就是在这样一种历史条件下于1912年诞生的。“红十字会”诞生后，在救死扶伤、救济灾民中发挥了重要作用。1920年，我国北方发生严重旱灾，农田、庄稼受灾严重，农民毫无收成。在这种情况下，当时的“华北救灾协会”“北京民生救济协会”等民间慈善组织随即开展了

① 《拟办余上两邑农工学堂启》（1898年7月上旬），载虞和平编：《经元善集》，华中师范大学出版社2011年版，第208－209页。

大规模的救灾慈善活动，为灾民发放救济粮或救灾款，对当时社会稳定作出了重要贡献。① 1934 年，第一届全国慈幼会议在上海召开，来自全国 15 省慈善团体的 134 名代表出席会议，大会通过 54 件提案。这次大会的召开，推动了全国慈幼事业的普及与发展。1943 年，国民政府制定新的《社会救济法》，对慈善救济事业进行调整和规范，全国范围内的慈善事业、社会救济工作得到进一步的推动和发展。

第三，我国现代社会志愿服务的蓬勃兴起和发展。中华人民共和国成立后，中国人民第一次成为新社会、新国家的主人。在那个激情燃烧的年代，全国人民掀起建设新中国的巨大热情，参加没有报酬的义务劳动成为人们的一种自觉行为，1952 年发起的爱国卫生运动，就是中华人民共和国成立后我国现代意义上的志愿服务的重要发端，奠定了志愿服务的深厚基础。据统计，至 1953 年 12 月，全国各地开展并完成了 419 处旧慈善机构改造，完成了对 1600 多个旧救济福利团体机构的调整。② 其中，经过改组后的红十字会在弘扬人道主义精神和慈善救济方面发挥了重大作用和影响，至 1956 年，全国有县级红十字会组织 100 多个，有 10 万多的红十字会会员，③ 当时与红十字会具有同样规模和影响力的还有中国福利基金会等。20 世纪 60 年代以来，我国志愿服务伴随着“学雷锋”活动而发展起来。雷锋精神的实质，是为人民服务，是全心全意服务他人、服务社会。毛泽东在 1963 年 3 月 5 日向全国人民发出号召，要求“向雷锋同志学习”。全国各族人民积极响应号召，在全国范围内开展“学雷锋”活动。通过“学雷锋”活动，“全心全意为人民服务”的宗旨深入人心，人们的思想觉悟、主人翁责任感有了提高和增强，道德水平有了很大提升，无私奉献、见义勇为、助人为乐的良好社会风尚开始形成。1963 年至 1966 年期间，有大约 130 万城市知识青年参加下乡运动，

---

① 周秋光、曾桂林：《近代慈善事业的基本特征》，载《光明日报》，2004 年 12 月 14 日。

② 周秋光、曾桂林：《中国慈善简史》，人民出版社 2006 年版，第 366 页。

③ 周秋光、曾桂林：《中国慈善简史》，人民出版社 2006 年版，第 367 页。

支援农村和边疆地区搞建设。[1] 20 世纪 80 年代，我国重新掀起“学雷锋，做好事”的热潮，并逐步以“文明礼貌月”“五讲四美三热爱”等活动形式呈现，成为我国现代志愿服务行动的最初表现形式。随后，现代意义上的志愿服务便以各种形式产生和发展起来：1981 年，我国第一个基金会——中国儿童少年基金会正式成立；1987 年，我国第一条志愿者服务热线在广州出现；1988 年，“为您服务”志愿者小组诞生在天津市和平区新兴街道，并逐步发展为社区志愿组织；1989 年，中国青少年发展基金会宣布成立我国第一个救助贫困地区失学少年基金，实施“希望工程”，推动贫困地区基础教育事业发展。全国性志愿组织则是在我国共青团系统中逐步产生和发展起来的。1990 年，“深圳市义务工作者联合会”诞生于深圳经济特区，主要面向孤寡老人、外来工、病人、儿童开展服务，成为我国第一个正式的志愿服务团体。1993 年年底，团中央发起“中国青年志愿者行动”，开始实施“希望工程”、敬老扶弱、社区援助、文化扶贫、科技兴农、农村支教、抢险救灾等志愿服务活动。1994 年 12 月 5 日，我国成立“中国青年志愿者协会”，各种类型、各个领域内的志愿服务广泛开展起来，对我国经济社会的影响越来越大。[2] 1995 年，第四届妇女大会在北京召开。大会举办了“非政府组织国际论坛”，这次大会广泛讨论的“志愿者组织”“第三部门”等话题及其相关问题，从理论层面促进了我国志愿服务事业发展。2001 年，我国开展“国际志愿者年”系列宣传活动，志愿服务组织快速发展，社区志愿服务的发展步伐加快。2002 年，伴随着青年志愿者海外服务计划实施，我国志愿服务事业步入了持续发展和深化阶段。2005 年我国颁布《中国社区志愿者注册管理办法》，推动社区志愿者规范、有序、健康发展。2008 年，奥运志愿者和抗灾志愿者翻开了我国志愿服务的崭新一页。中央文明办、民政部等相关党政部门颁发了一系列关于志愿服务制度化建设的法规。例如，中央精神文明建

① 高嵘：《当代中国志愿服务发展历程与特征》，载《理论学刊》，2013 年第 5 期。

② 谭建光：《中国广东志愿服务发展报告》，广东人民出版社 2005 年版，第 6 页。

设指导委员会2008年10月颁布实施的《关于深入开展志愿服务活动的意见》，在明确志愿服务重要意义、指导思想和基本原则的基础上，从普及志愿理念、弘扬志愿精神、营造志愿服务社会氛围、搭建志愿服务平台、建立健全志愿服务运行机制、提高志愿服务水平、加强志愿服务组织领导等方面对我国志愿服务持续健康发展给予指导和规范。此后，2010年5月1日，第41届世界博览会在上海举行，2010年11月12日，第16届亚洲运动会在广州举行，2011年8月12日，第26届世界大学生夏季运动会在深圳举行，这些重大活动的成功举办为我国志愿服务发展提供了重要契机，大大强化了志愿服务社会化参与成效。在此基础上，我国相关部门又连续制订并颁布有关志愿服务的活动方案或指导意见：2010年，中央文明办、中国残联等八部门联合颁布《关于加强志愿助残工作意见》，2011年，中央精神文明建设指导委员会办公室、中国残疾人联合会颁布《全国"关爱残疾人志愿服务活动"实施方案》，2012年，中共中央办公厅颁布《中共中央办公厅关于深入开展学雷锋活动的意见》、民政部颁布《关于加强减灾救灾志愿服务的指导意见》和《志愿服务记录办法》，2013年，民政部颁布《关于在全国推广"菜单式"志愿服务的通知》、团中央颁布《中国注册志愿者管理办法》。同年，经民政部批准，全国性的志愿服务组织——"中国志愿服务联合会"成立。该联合会广泛弘扬"奉献、友爱、互助、进步"志愿精神，推进志愿服务事业深入发展。2014年，中央文明委颁布《关于推进志愿服务制度化的意见》、民政部颁布《中国社会服务志愿者队伍建设指导纲要（2013—2020年）》《社区志愿服务方案》、国务院颁布《关于促进慈善事业健康发展的指导意见》。2015年，教育部颁布《学生志愿服务管理暂行办法》、中央文明办等部门联合颁布《关于规范志愿服务记录证明的指导意见》、民政部颁布《志愿服务信息系统基本规范》行业标准。其中，教育部颁布的《学生志愿服务管理暂行办法》，对规范学生志愿服务、加强学生志愿服务管理提供了行为规范和政策依据。这些有关志愿服务的制度和指导意见，进一步促进了我国志愿服务的规范、健康、持续发展。

第四，我国志愿服务纳入新时代国家发展战略。从2016年开始，我国志愿服务顶层设计日益完善，志愿服务制度化、规范化建设取得更大成效，志愿服务纳入新时代国家发展战略。2016年6月，中宣部、中央文明办、民政部等八个部门联合颁布《关于支持和发展志愿服务组织的意见》提出，到2020年，基本建成布局合理、管理规范、服务完善、充满活力的志愿服务组织体系；2016年12月，中宣部、中央文明办等七个部门联合颁布《关于公共文化设施开展学雷锋志愿服务的实施意见》提出，到2020年，基本建成公共文化设施志愿服务组织体系、志愿服务项目体系和志愿服务管理制度体系；2016年9月1日，《中华人民共和国慈善法》正式实施，志愿服务成为我国慈善事业的重要组成部分；2017年10月，党的十九大提出要推进志愿服务制度化建设，强化社会责任意识、规则意识、奉献意识；2017年12月1日，国务院《志愿服务条例》正式实施，成为我国国家层面的志愿服务条例，进一步推动志愿服务制度化、常态化发展；2018年2月4日，中央一号文件《中共中央 国务院关于实施乡村振兴战略的意见》将志愿服务纳入乡村振兴战略，成为助力打赢脱贫攻坚战、推进农村精神文明创建的重要途径和手段；2018年9月3日，《"互联网+社会组织（社会工作、志愿服务）"行动方案（2018—2020年）》提出，到2020年，基本建成志愿服务大数据资源库，实现相关部门间的志愿服务数据共享与汇聚的目标。① 2019年10月召开的十九届四中全会提出，要健全志愿服务体系。优良的慈善传统、群众的积极参与、国家的顶层设计和大力推动，成为我国志愿服务持续、健康发展的源泉和动力。目前，我国已建立包括青年志愿者、巾帼志愿者、文艺志愿者、医疗志愿者、环保志愿者、科技志愿者等在内的较为完善的志愿服体系，现有实名注册志愿者总数已超过1.74亿人，志愿团体总数已超过73.9

① 王忠平、刘姝辛：《改革开放40年以来我国志愿服务发展历程》，和众泽益网，http://www.hcvcchina.com/h-nd-575.html?_ngc=-1&groupId=7，2019-04-18。

万个，另外还有数百万未注册的“草根”志愿者和志愿组织遍布全国各地，在扶弱助残、文化文艺、教育科技、卫生环保、法治宣传等领域广泛开展服务行动，累计服务时间数已超过22.7亿小时，在传播党的声音、服务国家战略、参与大型赛会、抗击重大灾害等方面发挥了重要作用，成为新时代推进社会主义现代化建设、提升社会文明程度不可或缺的重要力量。

3. 我国志愿者、志愿组织参与农村脱贫攻坚

打赢脱贫攻坚战需要社会各方面力量的参与。广泛动员和组织社会力量参与扶贫开发，是我国扶贫开发事业的成功经验，是中国特色扶贫开发道路的重要特征。我国参与农村脱贫攻坚的社会组织、社会力量主要包括社会团体、基金会、民办非企业单位及个人，其中，社会团体、基金会、民办非企业单位等通过参与“光彩事业”“希望工程”“母亲水窖”“幸福工程”“母亲健康快车”“春蕾计划”“集善工程”“爱心包裹”“贫困地区儿童营养改善”等扶贫公益品牌促进社会扶贫资源动员、配置和使用；社会个体成员主要针对贫困地区留守儿童、老人、残疾人等特殊群体开展爱心捐赠、结对帮扶等，打造“一对一结对”“手拉手帮扶”等扶贫公益品牌。为了发挥包括志愿组织在内的社会力量在扶贫开发、脱贫攻坚中的积极作用，近年来，国务院办公厅《关于进一步动员社会各方面力量参与扶贫开发的意见》、民政部等部门《关于支持社会工作专业力量参与脱贫攻坚的指导意见》对包括志愿组织在内的社会力量参与脱贫攻坚的总体要求和基本原则、服务内容和项目、服务方式、保障措施等提出指导意见。从近几年来的现实情况来看，志愿者、志愿组织在农村产业扶贫、教育扶贫、医疗卫生扶贫、易地搬迁扶贫和农村困难群体救助等重点扶贫领域积极开展志愿服务行动，为农村精准扶贫、精准脱贫作出积极贡献：一是参与农村产业扶贫。贫困地区要想摆脱贫困落后的面貌，必须确保贫困群众有稳定的致富门路和经济收入，因此需要大力发展特色产业，以特色产业发展助力贫困地区脱贫致富，这是扶贫取得成效的最有效方式之一。志愿者来自各行各业，行业经验丰富，行业技能突

出，充分发挥志愿者的这些行业信息和行业资源，有利于推动贫困地区发展特色产业。因此，积极鼓励行业协会商会、农村专业技术协会等志愿组织通过产业扶贫，帮助贫困农户发展特色产业，是推动脱贫攻坚取得实效的有效途径。二是参与农村教育扶贫。教育扶贫是精准扶贫、精准脱贫战略中的重要扶贫内容和项目。教育扶贫有着重要意义和价值：一方面，它可以加强对贫困群众的教育培训，提高贫困群众的科学文化水平，增强贫困群众靠自己双手勤劳致富的能力。另一方面，通过教育扶贫，帮助贫困地区的留守儿童或适龄儿童学习科学文化知识，接受有质量的教育，唤起贫困家庭子女对未来的憧憬与向往，阻断贫困代际传递，其意义和价值非同一般。因此，我国在脱贫攻坚过程中，积极鼓励志愿组织到贫困地区开展结对帮扶、扶贫助学和扶贫支教等活动，帮助贫困地区提高教育质量和师资水平，提升贫困人口素质和职业技能水平，从智力上对贫困地区群众进行帮扶。三是参与农村医疗卫生扶贫。贫困地区的医疗、卫生事业基本上比较落后，贫困地区的家庭在医疗、卫生方面不能得到有效的服务和保障，影响了贫困地区人口的身体健康。为此，医疗、卫生部门的志愿者利用他们的专业知识、技能和医疗卫生设备，赴贫困地区开展医疗、卫生等方面知识的宣传、教育，进行免费体检、义诊等志愿服务，改善贫困地区医疗服务条件，依托慈善组织互联网公开募捐信息平台向社会公众进行募捐，设立专项基金，开展贫困人口重特大疾病专项救助，帮助贫困人口减轻医疗费用负担。四是参与农村易地搬迁扶贫。易地搬迁是开展精准扶贫、精准脱贫的重要方式之一。在易地搬迁中，可能会有部分贫困群众思想认识不到位，不愿意搬迁或不配合搬迁，导致扶贫工作队实施难度加大，阻碍脱贫攻坚的进程和成效。对此，志愿者利用他们的专业优势，尤其是一些心理辅导方面的专家或是思想政治工作方面的专家，深入贫困家庭，面对面进行心理疏导或思想政治工作，讲清易地搬迁的重要意义，同时对易地搬迁群众如何适应新环境、开展生产劳动实践和勤劳致富进行教训，帮助搬迁群众更快、更好地融入新环境创造条件。五是参与农村困难群体救助。在广大农村贫困地区，生活着一大批老人、留守儿童、残疾人、孤儿等困难群体，这些人的生活质量差，缺乏社会的关怀、关爱，在他们的生活中，温暖、阳光、笑声是稀缺资源，也是他们非常向往的。在农村困难群体的关爱行动中，志愿者能发挥重要的扶助作用。志愿者来到这些困难群体的身边，通过为老年人或残疾人员打扫卫生、陪他们聊天，为留守儿童或孤儿补习功课或带他们做游戏等，让这些农村困难群体的生活更阳光，深切感受人间的真情与温暖。大学生志愿者是社会组织、社会力量的重要组成部分，在其他志愿者、志愿组织参与的上述扶贫攻坚项目和领域，大学生志愿者也积极参与其中，为推动农村精准扶贫、精准脱贫贡献青春智慧。

二、大学生扶贫志愿服务的兴起及大学生志愿者参与扶贫的主要途径

（一）大学生扶贫志愿服务的兴起

大学生志愿服务是伴随着我国志愿服务尤其是青年志愿服务的发展而兴起的，大学生志愿者成为我国青年志愿者组织的主力军。2015 年，教育部颁布《学生志愿服务管理暂行办法》，为进一步推进学生志愿服务工作科学化、规范化、制度化建设作出规定和要求。该办法指出，学生志愿服务是指学生不以获得报酬为目的，自愿奉献时间和智力、体力、技能等，帮助他人、服务社会的公益行为。学生志愿服务内容主要包括普及文明风尚志愿服务、送温暖献爱心志愿服务、公共秩序和赛会保障志愿服务、应急救援志愿服务以及面向特殊群体的志愿服务等。大学生志愿服务是学生志愿服务的主体力量。课题组认为，所谓大学生志愿服务，就是大学生志愿者自愿奉献个人的

知识、专业、技能、特长和爱心，在不谋求任何物质报酬的情况下，利用周末、寒暑假等课余时间，奉献他人，服务社会，为实现社会、人类的发展进步而提供的具有一定专业性、技能性的服务活动。

大学生志愿服务的产生、发展经历了一定的历史过程。在中华人民共和国成立初期，为改变"一穷二白"的落后面貌，由广大青年组成的"青年突击队"不计报酬、不讲条件，发挥无私奉献精神，为改变我国贫穷落后面貌作出了重要贡献，成为青年志愿服务的萌芽。20 世纪 50 年代后期，全国掀起"义务劳动"的热潮，青年成为最积极、最活跃的力量，为农村建设"水库""堤坝""梯田"等提供了大量的人力资源。为了帮助偏远农村地区改变贫穷、落后面貌，同时为了解决我国当时粮食短缺和城市就业困难等问题，从 1955 年开始，我国北京、上海、天津等城市先后有数万名青年组成志愿垦荒队，怀揣希望和梦想，来到祖国边疆和落后农村开荒种地，展现了青年一代对祖国建设、发展的热情。20 世纪 60 年代，"学雷锋、做好事"成为全国青少年的时尚，在帮助他人、奉献社会中，为国家重点建设作贡献、为改善城乡人民生活作贡献。① 党的十一届三中全会不仅开启了以经济建设为中心的航程，也开启了社会精神文明建设的新征程，这也为青年志愿服务蓬勃兴起创造了条件。1978 年 10 月召开的共青团第十次全国代表大会，提出并阐述了新时期青年一代的光荣使命。此后，"学雷锋、树新风""五讲四美三热爱"等活动蓬勃开展，各类雷锋小组、青年服务队大量涌现。20 世纪 80 年代末，在广州、深圳等城市，一大批热心公益活动的青年，将港澳地区的志愿服务与本地经济社会发展需求相结合，在广州市开通第一个志愿服务热线电话——"手拉手青少年辅导中心"热线，在深圳市注册全国第一个志愿服务社团——"深圳市义务工作者联合会"。② 1983 年 3 月 20 日，北京 51

---

① 谭建光：《中国青年志愿服务的发展方向——新中国 70 年青年志愿服务回顾与展望》，载《中国青年社会科学》，2019 年第 2 期。

② 张新颖：《大学生志愿服务发展历程回顾与展望》，载《高校辅导员学刊》，2019 年第 4 期。

所大专院校的8万多名学生，胸挂“首都大学生为您服务”的牌子，走上王府井大街等热闹街头，开展“把知识献给人民”的社会实践志愿服务活动。① 1984年，中宣部、教育部颁布《关于高等学校学生参加生产劳动的若干规定》，明确公益劳动是学生生产劳动的重要内容，要求公益劳动时间不少于2周。1987年，国家教委、团中央颁布《广泛组织高等学校学生参加社会实践活动的意见》，规定社会实践内容主要为参观访问、咨询服务、智力扶贫、科技服务、公益劳动及勤工助学等，高校大学生的志愿服务逐步向农村扶贫开发领域延伸。1993年，共青团中央发起“青年志愿者行动”。1994年，共青团推出青年志愿者“一助一”项目。同年，我国启动大中专学生志愿者暑期“三下乡”社会实践活动，全国各高校纷纷组织大学生志愿者赴农村基层和老少边贫困地区开展文化、科技和卫生服务，帮助农村尤其是贫困农村发展经济。1996年，团中央联合教育部、中国青年志愿者协会等部门组织实施“大学生青年志愿者扶贫接力计划”，动员和支持大学生志愿者到贫困农村地区开展志愿服务，为农村贫困地区的教育、医疗、农业、科技等方面的建设发展作贡献。2003年，“大学生志愿服务西部计划”启动实施，大学生志愿者通过积极参与国家陆续推出的社会公益项目，努力发挥智力、专业等方面的优势和特长，为农村经济社会发展贡献力量，受到基层群众的普遍欢迎，也得到党和国家领导人的高度重视。2006年，教育部、国务院扶贫办、共青团中央等八部委联合发布《关于组织开展高校毕业生到农村基层从事支教、支农、支医和扶贫工作的通知》，每年通过公开招募、自愿报名、组织选拔、集中派遣的方式，招募高校毕业生到经济欠发达地区的乡镇从事教育、卫生、农技、扶贫等工作。

我国目前有2900多所高等学校，在校大学生人数总量将近4000万。据初步估算，我国大约有50%—60%的大学生参加过志愿服务，大学生参加志

---

① 翟启运：《树立文明新风开展尊师为民活动》，载《人民日报》，1983年3月21日。

愿服务的总规模较为庞大。大学生志愿者作为青年志愿者队伍中最积极、最集中、影响力最大的一个群体，得到了社会各界包括学校在内的支持，使高校青年志愿者迅速在全国各大高校成长起来，不断发展壮大，相继成立了相应社团组织。根据课题组调查，湖南某师范学院的每个院系都有青年志愿者协会，学校团委设有青年志愿者协会总会；湖南某财经学院有“大拇指”义工协会、“繁星”支教服务队、“齐心筑梦”志愿服务队、“同心圆”志愿服务队等十余支志愿服务团队；湖南湘西某大学有“凤之翼”调研支教团、“灯塔”志愿服务团、“爱心1+1”志愿服务团、“医路同行”社会实践团、“大医精诚”社会实践团、“当代知青”社会实践服务团、“高望界”社会实践服务团、“反家暴”妇女儿童法律援助服务团等志愿服务和社会实践团队。近年来，随着大学生志愿组织数量和规模的不断加大，大学生志愿服务领域和范围的不断扩大，依托全国大中专学生志愿者暑期“三下乡”活动、“大学生志愿服务西部计划”“中国青年志愿者扶贫接力计划”等一批重点服务项目的实施，大学生志愿者已成为贫困群众精神关爱、心理疏导、关系调适、技能培训、能力提升等社会服务的重要力量，在帮助贫困群众转变思想观念、树立自我脱贫信心、拓宽致富路径、提升自我脱贫能力等方面发挥了积极作用和影响。2013年五四青年节前夕，习近平总书记在同各界优秀青年代表座谈时，对广大青年提出了殷切希望，希望广大青年积极参加志愿服务，热情关爱他人，多做扶贫济困、扶弱助残的实事好事；2013年12月，习近平总书记在给华中农业大学“本禹志愿服务队”的回信中提出，希望青年大学生弘扬志愿精神，以实际行动为中国梦的实现作出贡献；2014年5月，习近平总书记给河北保定学院西部支教毕业生群体代表回信时，要求广大青年到基层去，到人民中去，让青春在祖国最需要的地方绽放光彩。习近平总书记对青年志愿者尤其是大学生志愿者的鼓励和殷切希望，为青年志愿服务事业注入了强劲动力，引领着青年志愿者奋勇向前，为国家建设、为贫困农村地区的脱贫致富和共享发展作出贡献。

（二）大学生志愿者参与扶贫的主要途径

1. 参与专项扶贫计划

在我国，有很多专门针对农村脱贫攻坚的专项扶贫计划，如“中国青年志愿者扶贫接力计划”“大学生志愿服务西部计划”、全国大中专学生志愿者暑期文化科技卫生“三下乡”社会实践活动等。大学生志愿者充分利用高校和自身优势，积极参加国家实施的这些公益扶贫项目，广泛参与社会扶贫：一是参与“中国青年志愿者扶贫接力计划”。1996 年开始试点、1998 年正式在全国范围内实施的“中国青年志愿者扶贫接力计划”，是扶贫开发领域内的一个长期项目。这个扶贫项目以“接力”的形式，推动形成扶贫开发的长效机制。该项目的参与主体是青年志愿者，尤其是青年大学生志愿者。扶贫接力计划由中央文明办、共青团中央等部门共同实施，每年从青年志愿者中招募一定数量的志愿者，赴农村贫困地区或边远少数民族地区尤其是西部农村进行扶贫开发。服务活动的主要内容包括教育、医疗、卫生、科技推广、农技培训等，志愿者服务的周期是半年至两年半的时间。2018 年 6 月 28 日，项目管理办公室颁布 2018—2019 年度扶贫接力计划，要求参加扶贫接力计划的大学生志愿者积极开展学业辅导、假期陪护、素质拓展，为留守儿童创建一个快乐的假期，同时要求参加扶贫接力计划的志愿者，积极参加当地的产业扶贫、公益扶贫等服务，为当地贫困群众脱贫致富提供力所能及的帮助。二是参与“大学生志愿服务西部计划”。2003 年，团中央、教育部、财政部、人力资源与社会保障部联合实施“大学生志愿服务西部计划”。该计划与扶贫接力计划都是团中央、教育部等部门组织开展的重要扶贫志愿服务项目，是国家实施“三支一扶”的重要平台。该计划每年招募一批大学生志愿者，分赴西部贫困地区开展支教、支农、支医等扶贫服务，帮助西部贫困地区脱贫致富和发展经济，服务期限是 1 至 2 年。“大学生志愿服务西部计划”自实施以来，得到了青年大学生志愿者的积极响应，大批大学生志愿者积极响应“到西部去，到农村去，到祖国需要的地方去”的号召，怀揣“服务农村”“献身西部”“挥洒青春”的梦想，不辞辛劳，积极为西部农村、边远贫困地区贫困群众脱贫致富贡献自己的知识、技能，帮助西部贫困地区走出贫穷。据统计，“大学生志愿服务西部计划”实施十余年来，共选派30多万名大学生志愿者赴西部开展志愿服务。2019年5月，共青团中央、教育部等部门颁布了“2019年大学生志愿服务西部计划招募公告”和“《2019—2020年度大学生志愿服务西部计划实施方案》”，对2019年招募和选派大学生志愿者赴西部开展志愿服务工作作出具体安排，要求紧紧围绕乡村振兴战略和打赢脱贫攻坚战选派大学生志愿者，选出的志愿者将重点奔赴贫困地区、民族地区、革命老区、边疆地区等开展志愿服务行动。三是参与大中专学生志愿者暑期文化科技卫生“三下乡”社会实践活动。“三下乡”活动是由中宣部、教育部、团中央等部门发起实施的大中专学生社会实践和志愿服务活动项目。从1997年开始实施以来，每年暑假，数量、规模庞大的“三下乡”志愿服务队伍，奔赴偏远贫困农村地区，开展政策宣讲、支教支医、科技推广、助残助困等活动，产生了积极的社会作用和影响，成为贫困农村地区的一道亮丽的“风景线”。2019年6月，中宣部、中央文明办、教育部、共青团中央、全国学联联合发布“三下乡”志愿服务活动的通知，要求参加“三下乡”的大学生志愿者围绕“科技支农帮扶”等9个方面，深入贫困地区、革命老区和少数民族地区开展农业技术培训和推广、农业知识和生产技能讲座等支农、帮农服务活动，助力脱贫攻坚，力争为农村贫困地区脱贫致富作出贡献。除这些重点扶贫志愿服务项目之外，大学生志愿者还经常参与其他多种形式的扶贫志愿服务。这些服务活动主要有：一是“教育扶贫”——把贫困地区的孩子培养出来，是扶贫根本之策。高校大学生志愿者把教育扶贫作为自己义不容辞的社会责任，依托高校优质教育资源，以“传播知识，消除贫困”为宗旨，通过多种途径大力开展教育扶贫，积极为我国的扶贫工作贡献力量。二是“共青团尊老爱幼志愿服务”——该志愿服务项目是各级、各地共青团开展的尊老爱幼志愿服务活动的总称，始于2010年，主要服务内容是为老人、儿童、困难户等群体排忧解难，开展义务劳动、义务宣传和组织群众性文娱活动等。三是“春雨工程”——该项目是2004年由中华国际科学交流基金会发起实施的，在贫困落后地区逐步开展科技信息援助计划，使贫困落后地区的中小学能紧跟时代发展步伐，正确认识和有效运用网络信息技术，有效消除贫困落后地区在网络信息时代出现“新文盲”现象。“春雨工程”的目标宗旨是帮助想上学的孩子“多认识一个字，多上一天学”。该项目实施以来，已成功帮助数以万计的贫困地区失学儿童重返校园，开启失学儿童幸福美好新生活。四是“助残志愿服务行动”——该项目由中央文明办、教育部、文化部、全国总工会、共青团中央、全国妇联、中国残联、全国老龄办等部门联合启动的助残志愿服务项目，始于2002年4月，志愿服务活动的主要内容包括扶贫开发、支教助学、康复医疗、就业培训、文化体育、权益维护等方面。五是“巾帼脱贫行动”——该项目是2015年由全国妇联在贫困地区妇女中推动开展的一项帮扶活动，“凝聚社会力量，为贫困妇女儿童献爱心”是其中的一项重要活动内容，要求志愿组织、社会力量依托“母亲水窖”“母亲健康快车”“春蕾计划”“安康计划”“贫困地区儿童营养改善项目”等品牌优势，为贫困妇女儿童开展创业培训、生产帮扶、心理辅导、法律援助、健康教育等针对性服务，确保最贫困的妇女儿童得到优先扶持。六是“七彩假期”全国大学生暑期社会实践专项活动。该活动项目是近年来由共青团中央、中央文明办、教育部、民政部、中国青年志愿者协会联合发起，主要服务对象是农村留守儿童或城镇随迁子女，活动方式是组建大学生教育关爱服务团，围绕学业辅导、亲情陪伴、素质拓展、自护教育、思想引领、心理辅导等内容开展10天以上的志愿服务，帮助农村留守儿童或城镇随迁子女度过快乐暑期。七是“深度贫困地区青春行”全国大学生暑期社会实践专项活动。该项目是团中央从2019年起到2020年，面向国家级贫困县组织开展的专项活动，包括大中专学生志愿者暑期“文艺科技下乡”社会实践以及大学生志愿者“童心港湾·农村留守儿童暑期班”等两个扶贫项目。其中，“文艺科技下乡”活动主要是组织大中专院校艺术团、文艺院校学生骨干赴深度贫困地区，在中心村或乡镇开展文艺演出，丰富贫困地区群众精神文化生活，激发贫困群众自主脱贫内生动力；“童心港湾·农村留守儿童暑期班”主要是组织大学生志愿者利用暑假在深度贫困地区开办农村留守儿童暑期班，围绕学业辅导、亲情陪伴、感受城市、自护教育、爱心捐赠、安全教育等内容搭建关爱农村留守儿童健康成长平台，守护困难青少年健康成长。八是“为中国而教”——该项目是2008年联合国教科文组织国际农村教育研究与培训中心发起实施的。“为中国而教”实施的目标宗旨是帮助贫困农村地区的孩子接受良好知识文化教育，推动贫困地区教育事业的健康发展，促进贫困地区教育公平。“为中国而教”项目招募优秀大学毕业生到贫困农村地区开展教育扶贫，在农村任教两年时间，帮助贫困地区发展教育事业，促进教育公平。还有其他一些省级专项扶贫计划，如“大学生志愿服务贫困县计划”等。例如，2019年，河南省从全省高校招募200名“贫困县计划”志愿者分赴河南省20个国家级或省级扶贫开发工作重点县，从事教育、卫生、农技、扶贫等方面的志愿服务工作，助力河南全面建成小康社会和实施乡村振兴战略。①

2. 实施扶贫助弱项目

大学生志愿者除了参与国家层面实施的大型专项志愿扶贫项目之外，还通过参加所在高校或本地区、相关部门实施的扶贫助弱项目开展精准扶贫。这些项目主要有：一是以“青春扶贫·暖冬行动”为主题的系列大学生社会实践活动。大学生志愿者深入当地特困户中，为他们送去慰问品和救济物资，开展贫困状况调查，协助解决生活中的其他困难。二是“青年志愿者乡村扶贫行动”。大学生志愿者参与“牵手关爱”行动，开展“城乡少年手拉

---

① 陈小平：《大学生志愿服务贫困县计划全面实施　200名志愿者分赴20个贫困县》，载《河南日报》，2019年7月18日。

手”“雏鹰假日小队”“心愿直通车”“1+1”扶贫结对等活动，结对一定数量贫困家庭，开展上门送温暖、送爱心活动。其他还有青年志愿者“一助一”长期结对服务工作等，服务的主要方式是一名志愿者或一个志愿组织与一个贫困家庭结对，由志愿者或志愿组织提供长期性的帮扶或资助。2016年，全国百所高校启动大学生“精准扶贫·绿色行动”伙伴计划，这些高校的大学生们主动与周边贫困乡村对接，建立“1+1”结对伙伴关系，充分发挥高校优势，广泛整合社会资源，为贫困地区的经济社会发展贡献力量。①三是“大学生暑期志愿服务——助力精准扶贫”主题实践活动。扶贫志愿者队利用微信方式为贫困户募集旧家具、家电，用通俗易懂的语言向贫困户宣传扶贫政策、陪孤寡老人聊天、为留守儿童补课等，激发贫困户内生动力，助推脱贫攻坚。四是“爱心家园助学支教”活动。该助学支教项目服务范围主要是北京、河北、陕西、湖南、云南、贵州、玉树等地，服务对象是这些地区的孤残儿童、贫困儿童、留守儿童、外来人员子女和其他贫困少年儿童，旨在帮助贫困学生树立正确人生观，培养学生兴趣爱好，活动内容和形式主要包括讲故事、做游戏、放动画片，资助贫困生生活、学习用品与助学款，走访和资助贫困生家庭，带山里孩子参观考察，与城里孩子结对帮扶等，目的在于让山里孩子增长知识，激发对生活、学习的热情，增强对未来的信心。五是“爱心万里行”服务项目。这项活动是北京大学“爱心社”自1995年开始实施的志愿服务项目。服务内容是赴偏远贫困农村地区支教、社会调查和建立爱心图书室等。至2019年，北京大学“爱心社”已成功举办24届“爱心万里行”服务活动，在全国27个省、自治区、直辖市的农村贫困地区开展扶贫志愿服务行动。六是“心手相牵 共享阳光”助残活动，大学生志愿者利用周末等空闲时间，来到农村地区残疾人身边开展帮扶行动，为农村的残疾人员提供帮扶。七是发起“我帮农户卖农货”活动项目。志愿

① 铁铮：《高校大学生启动精准扶贫绿色行动》，载《北京晨报》，2016年4月7日。

者利用京东、淘宝等电商机构抢占农村市场的契机，组织和帮助贫困户采取“按需养殖、按量销售”农产品销售新模式，助力贫困户精准增收。八是以“爱帮农”公益助农服务组织为平台，以“我为家乡代言”涉农电商平台帮助农民开拓销路；通过实施“新农人培养计划”，带领农民到农场参观学习，向农业专家学习灌溉技术，在农村开设电商知识、农业知识课程，拓展农民脱贫致富之路。另外，各高校还有各种类型的、具有本校特色的大学生扶贫志愿服务项目。比如，广西大学的“文明蒲公英”“山里果摇篮计划——让爱回家”等志愿服务项目，在当地贫困农村产生了一定影响和成效。

3. 组织扶贫社团活动

在全国各高校都有各种类型的大学生社团组织，这些社团组织是大学生志愿者开展服务的有效平台和组织化形式。在大学生扶贫志愿服务过程中，大学生志愿者以学生社团为组织主体，自行组织开展志愿服务，激发大学生的自觉能动性，这既能发挥大学生社团“自我管理、自我教育、自我服务”功能，又能发挥大学生社团在贫困农村脱贫致富中的作用与影响。在周末或是节假日、寒暑假，高校社团组织都会开展社团活动，其中很多社团活动就是公益扶贫活动，对精准扶贫发挥着重要推动作用。据课题组调查，2018 年暑期，湖南某高校的多个社团组织赴农村贫困地区以多种形式开展扶贫志愿服务：“繁星支教社”赴湖南省怀化市溆浦县双井镇伍家湾村伍家湾小学开展为期 18 天的志愿服务活动，在学校开展禁毒防艾讲座、防灾撤离演练及时政军事课、科学实验主题班会等，还捐赠 500 余本书籍，与伍家湾小学共筑“爱心书屋”；“大拇指义工协会”赴浏阳市达浒镇书江小学进行为期 20 天的志愿服务活动，除面向当地农村小学开展义务支教活动之外，还组织开展乒乓球比赛、诗歌创作比赛、游园会、文艺会演等活动；“同心圆”志愿者协会志愿者赴桃江县石牛江镇开展空巢老人、困难群众以及优秀老党员慰问和帮扶活动，给他们送去慰问物资，帮助他们打扫卫生，还开展扶贫政策宣讲和调查等活动。2018 年暑假，湖南某高校的大学生志愿者，在为期一个月时间的社会实践活动中，24 支大学生团队开展传统与特色教育帮扶，共组建招募近 100 个支教班级，惠及 2621 名农村留守儿童；开办针对乡村青年的“创客”课程和“农民夜校”，在乡村培育“双创”思维人才；开展政策宣讲，把党和国家的扶贫政策、惠民举措送到农民的田间地头；举办 34 场文艺会演和成果汇报展，丰富乡村文化生活；组织国情社情调研，共撰写调研报告 159 篇，积极为乡村振兴建言献策。还有一些大学生志愿者协同扶贫工作队员，通过社团活动方式，积极投身精准扶贫“战场”，充当惠民政策的宣传员、社情民意的收集员、精准扶贫的助推员和村级发展的参谋员，从农户信息采集到大数据比对调查，从入户精准识别到关心留守儿童，从助力危房改造、分红贷、产业奖补政策落地到参与谋划村里发展和社会治理，对农村扶贫工作发挥有效的助推作用。有些大学生社团志愿者还利用暑假时间深入贫困户，开展政策宣传、走访调研、爱心帮扶、支教支医、助残助困、科技推广等活动，尤其是在电子化办公中发挥“帮带”作用，认真帮助扶贫队建立完善各类工作“微信群”“QQ 群”，帮助驻村扶贫队员正确使用 Office 办公软件等，提高扶贫工作效率。有些大学生社团志愿者则利用周末，深入学校周边贫困农村开展农业技术推广、创业就业培训，帮助村民挖掘新兴产业，帮助品牌营销，解决贫困农户在生产中遇到的实际困难。另外，很多高校的团委、学生工作部等部门，大力推动大学生志愿社团开展扶贫支教等志愿服务行动，以社团活动为平台，搭建起爱心的桥梁，为贫困家庭的孩子或留守儿童送去温暖和关怀。湖北某学院的大学生社团在关爱农民工子女志愿服务行动中，积极整合全校资源，充分发挥专业优势，积极拓展关爱行动服务范围，壮大关爱行动服务队伍，结合所结对贫困家庭子女或留守儿童的实际需求，拓展“心理疏导、日常保健、康复训练、医疗急救培训、灾害自救培训”等关爱行动服务内容，结合社团活动，构建起关爱行动新模式。如该校 2015 年成立的“爱心社”，长期致力于爱心公益事业，创建了专门针对农村留守儿童和孤儿为服务对象的“杏林予爱”志愿服务项目，通过“爱心义卖”“爱心回收站”等形式募集资金，配套成立了“杏林爱心”基金，长期帮扶和资助农村留守儿童。该社团还定期赴农村贫困山区的学校开展帮扶活动，为结对贫困学生解决实际困难。据统计，该社团通过结对形式，共在十堰市建立10余个“爱心帮扶”服务基地，先后有263个班级与各关爱行动基地学生班级建立结对。① 在北京某大学团委的统一协调和安排下，该校大学生社团组织长期以“团日活动”等形式对接边远贫困农村地区农村小学开展帮扶和关爱活动，用小学生喜闻乐见的形式开展关爱志愿服务活动，按照“组织+接力”的方式实施大力推进社团扶贫活动，如该校“绿叶支教团”暑期支教项目通过“接力”方式在贫困农村地区连续开展7年支教服务，学生社团“翱翔社”持续5年为农村留守儿童开展暑期支教帮扶活动。②

4. 开展贫困状况调查

大学生志愿者除了直接参与各项扶贫项目之外，还利用他们所学的专业知识及社会调查的基本原理和方式、方法，进村入户开展农村贫困状况调查。在每年暑假大学生“三下乡”社会实践和志愿服务活动中，都有大量的大学生志愿者走村入户，通过对当地政府、干部、群众和贫困户的实地调查和走访，获取贫困地区经济社会发展的原始数据和资料，为研究制定帮扶政策提供参考依据。中国扶贫基金会发起实施的“扶贫中国行”项目，其中一个很重要的活动内容就是针对贫困地区和贫困家庭而实施的走访和调研活动。该项目要求大学生在寒假期间结合社会实践，开展“寒假回乡公益调查”，参与该项目走访和调研的是全国各高校的大学生志愿者，通过招募和选拔，项目组利用大学生寒假或暑假回农村的机会，依据项目组专家设计的调查问卷和访谈提纲，深入农村，走进农户家庭，做全景式的、写实式的调查，全面了解农村经济、政治、文化、历史、风俗等各方面的真实情况，并

---

① 共青团中央青年志愿者工作部：《共青团关爱农民工子女志愿服务行动工作案例》，中国青年出版社2011年版，第143页、第145页。

② 共青团中央青年志愿者工作部编：《共青团关爱农民工子女志愿服务行动工作案例》，中国青年出版社2011年版，第283页。

将调查、走访获得的数据、资料进行收集和整理，经审核后填入专门的信息系统，形成《中国村庄档案库》。① 大学生志愿者开展的贫困状况调查，一般与其他专项扶贫或社团活动同时进行，调查的方式主要是通过挨家挨户地入户走访调查，深入了解贫困群众基本信息。调查的内容涉及建档立卡贫困户的满意度调查，贫困户的生产、生活状况、致贫根源及面临的困难和想法等。在调查过程中，大学生志愿者分成调查小组，走村入户逐户逐人摸底调查，精准识别贫困村、贫困人口，并就精准扶贫工作开展以来贫困户所享受的政策帮助、贫困户对精准扶贫工作的满意度以及扶贫成效进行走访和调查。调查走访结束后，大学生志愿者根据贫困村、贫困人口的实际情况，利用所学专业知识，分析调研数据，撰写调研报告，积极为农村经济发展建言献策，为扶贫队制定扶贫措施提供参考和支撑，助力农村贫困群众脱贫致富。2017 年暑期，湖南某学院的“三下乡”志愿者，通过广泛实地调研，了解农村基层社会各个方面，结合所学知识进行思考，撰写调研报告，为乡村经济发展建言献策。如该校马克思主义学院志愿者赴茶陵、醴陵、株洲、平江红色革命老区进行调研和走访，了解当地精准扶贫系列产业，调研村党支部组织建设情况，考察红色革命老区的文化、历史；该校商学院赴益阳安化小淹镇教育关爱服务团走访了益阳 18 家黑茶企业、60 余家茶农以及周边商铺，根据调研给当地企业献计献策，提出创新黑茶营销方式，以“农创 + 电商”模式助推当地茶叶产业发展；该校音乐舞蹈学院以“民间传统艺术”为主题，走访 100 余户家庭，发放 1000 余份问卷，撰写 13 篇调研报告；该校教育科学学院赴浏阳市张坊镇国情社情观察团开展“从吃穿住行看乡村改革成效”的问卷调查和走访，通过赴农村实地调研感受改革开放 40 年农村经济社会发展成果。2017 年 7 月 1 日—7 月 6 日，湖南某高校外国语学院“凝聚青春力量，助力精准扶贫”主题暑期“三下乡”实践活动在慈利县展开，

① 许源源：《中国农村扶贫瞄准：定点部门与 NGO 的视角》，中国社会科学出版社 2012 年版，第 54 页。

调研组通过对湖南省常德市慈利县三合镇为期6天的走访和调研，收集了大量自然地理、社会经济文化、贫困户诉求和三合镇产业发展资料，对慈利县三合镇扶贫攻坚的现实情况进行了细致分析和认真思考，撰写了调研报告和政策建议，为当地扶贫工作队有针对性地开展精准扶贫、精准脱贫提供了数据支撑和参考。2018年暑假，该校“远辰”志愿者协会赴黄茅园镇走访当地贫困户，对该镇商品蔬菜生产基地、药材生产基地进行实地考察和调研。在此基础上，大学生志愿者从营销、物流、产品开发、品牌树立等方面对黄茅园镇的电商扶贫提出建议和发展思路；“旅游创业”调研团赴湖南湘西古丈县，通过发放问卷、走访当地居民、参观调查当地旅游景点等方式，对当地旅游资源以及旅游扶贫现状进行实地调查，分析、研究开发生态旅游路线的可行性，为当地开发旅游资源提供参考。2017年暑期，湖南某大学的部分志愿者在“情牵脱贫攻坚”主题实践活动中，为村里的贫困户送去救济物资，同时认真开展脱贫攻坚调研，共发放和回收有效问卷近2万份，协助驻村工作队和村支两委填写好《贫困户基本情况表》，撰写学校总报告1份、县报告3份、分组报告77份，提交学校和省委、省政府供决策参考。①

三、大学生扶贫志愿服务的理论基础

（一）公共治理理论——共建农村治理新格局：大学生扶贫志愿服务的时代诉求

公共治理理论是志愿服务的重要理论基础之一，为志愿组织参与社会治理包括农村社会治理提供合法性理论依据。治理理论于20世纪80年代逐步

---

① 我校志愿者积极参加全省大学生志愿者“情牵脱贫攻坚”主题实践活动，中南大学新闻网，http：//news. csu. edu. cn/info/1142/135205. htm，2017－10－03。

兴起，在世界各国公共管理领域产生深远影响，被各国学者广泛重视和研究。90 年代以来，“治理”一词流行于西方学术界，特别是经济学、政治学和管理学领域。德国前总理格哈德·施罗德把“新治理”作为推行新政的主导性概念，他曾经深刻指出：“国家现在已经不可能通过自己的行动解决所有的问题了，要从新的角度出发，推行‘新治理’，而‘新治理’的核心是‘公民社会’。”① 政府的行动能力受到限制，这是施罗德提出“新治理”的基本前提。这一前提为非政府组织参与社会治理提供了必要和可能，拓展了公民社会组织提供社会福利的空间。全球治理理论的主要创始人之一、乔治·华盛顿大学国际事务和政治科学教授罗西瑙在其《没有政府的治理》和《21 世纪的治理》等著作中，认为统治与治理的内涵不尽相同，与政府统治相比，治理的内涵更加丰富，治理既包括政府机制，也包括非正式的、非政府的机制。罗西瑙将治理定义为一系列活动领域里的管理机制，它是一种由共同的目标支持的活动，这些管理活动的主体未必是政府，也无须依靠国家的强制力量来实现，这些非政府力量虽未得到正式授权，却能有效发挥作用。② 英国学者罗伯特·罗茨在他的《新的治理》著作中指出，治理使“统治的含义有了变化，意味着一种新的统治过程，意味着有序统治的条件已经不同以前，或是以新的方法来统治社会。”③ 罗伯特·罗茨通过深入研究治理的几种不同形式后认为，作为新公共管理的治理，要实现政府善治，必须将市场的激励机制和私人部门的管理手段引入政府的公共服务，必须建立效率、法治、责任的公共服务体系，这就要求政府与民间、公共部门与私人部门之间的合作与互动。英国另一著名学者格里·斯托克对治理概念提出了他的观点。他认为，治理意味着一系列来自政府，但又不限于政府的社会公共

---

① 张文成：《德国学者迈尔谈西欧社会民主主义的新变化与“公民社会模式”》，载《国外理论动态》，2000 年第 7 期。

② 陈新亮：《中国大学生志愿者行动研究》，湖南人民出版社 2015 年版，第 89 页。

③ ［英］罗伯特·罗茨：《新的治理》，载俞可平主编：《治理与善治》，社会科学文献出版社 2000 年版，第 87－96 页。

机构和行为者，他们对传统的国家和政府权威提出挑战，使政府不再成为国家唯一的权力中心，各种公共的和私人的机构只要其行使的权力得到了公众的认可，都可能成为在各个不同层面上的权力中心。格里·斯托克同时指出，在现代公民社会，治理意味着在为社会和经济问题寻求解决方案的过程中，国家正在把原先由它独自承担的责任转移给公民社会，即各种私人部门和公民自愿性团体，后者正在承担着越来越多的原来由国家承担的责任。这样，国家与社会之间、公共部门和私人部门之间的界限和责任便日益变得模糊不清。① 从上述有关治理理论的分析可以看出，社会治理有几方面的突出特点：首先，治理的主体既可以是公共机构，也可以是私人机构，还可以是公共机构和私人机构的合作，这种合作表现为政治国家与公民社会的合作，政府与非政府的合作，公共机构与私人机构的合作，强制与自愿的合作。其次，治理是一个上下互动的管理过程，它通过合作、协商、伙伴关系等方式实施对公共事务的管理，其权力向度是多元的、相互的，而不是单一的和自上而下的，它可以弥补国家和市场在调控和协调过程中的某些不足或失灵。最后，有效的治理即是善治，公民社会是善治的现实基础，国家与社会或者说政府与公民之间的良好合作即表现为一种善治，它的实际就是国家的权力向社会的回归，善治的过程就是还政于民的过程。② 党的十九大提出要实施乡村振兴战略，党的十九届四中全会提出要大力推进国家治理体系和治理能力现代化，要坚持和完善共建共治共享的社会治理制度，发挥群团组织、社会组织作用，夯实社会治理基础，构建社会治理新格局。实施乡村振兴战略是健全现代社会治理格局的固本之策，是推进国家治理体系和治理能力现代化的重要内容和必要途径。志愿组织是独立于政府、市场之外的“第三部门”，是重要的社会治理力量。大学生志愿组织作为青年志愿者队伍的重要

---

① ［英］格里·斯托克：《作为理论的治理：治理五个论点》，载《国际社会科学（中文版）》，1999 年第 2 期。

② 俞可平等著：《中国公民社会的兴起与治理的变迁》，社会科学文献出版社 2002 年版，第 194－195 页。

组成部分，也是社会治理体系的重要组成部分。大学生扶贫志愿组织同时作为高校和社会的自治组织，同样具有其他社会治理组织的一些特点和功能，他们赴贫困农村地区开展扶贫开发、脱贫攻坚，对于推动共建共治共享的农村治理新格局具有重要意义：首先，从高校这个角度说，活跃在大学校园里的社团组织、志愿组织等，可以提高大学生参与校园治理的积极性，增强高校办学的透明度，可以丰富大学生的课外文化生活，提高校园文化建设的成效，还可以加强高校、大学生与社会、政府的沟通与交流，促进社会治理体系优化和改进；其次，从社会这个角度来说，大学生志愿组织、高校社团组织积极参与农村公益事业，发挥大学生的知识、技能和专业优势，主动参与精准扶贫，帮助农村困难群体摆脱贫困，是政府、企业之外的有益补充，使农村的治理体系更加丰富、多元，农村互助、合作的氛围更加广泛而深刻，有效弥补政府、企业治理在某些方面的失灵或不足，推动社会治理体系和治理能力现代化，推动实现政府善治。大学生志愿者赴农村，通过对国家创业扶持政策的宣传和解读，充当政府支持创业工作的帮手；协助乡镇政府、村委会开展围绕生产扶贫行动，通过参与或组建“科技之光”专家服务团，开展农村实用技术培训、创业能力培训，解决贫困群众创业、就业技术技能上的困难；协助乡镇及村委会推动“互联网+”扶贫模式，在贫困农村地区合力打造电商扶贫平台，支持贫困群众通过电子商务平台致富奔小康；积极参与希望工程“1+1”希望之星、“书海工程”“七彩小屋”“乡村流动少年宫”“红领巾圆梦行动”等扶贫品牌项目行动，协助农村学校解决贫困学生学习、生活上的困难及适龄儿童失学、辍学问题。大学生志愿者的这些扶贫活动，是政府、市场之外的“第三方”力量，成为政府、市场的有效补充，表现为一种重要的社会治理力量，对于共建农村治理新格局具有重要的推动作用。

（二）激励需求理论——自我实现和自我超越：大学生扶贫志愿服务的内在动力

激励是一种需求，通过对这种需求的满足，使人保持一种兴奋状态，激发起实现工作目标的积极、主动性和创造精神。对参与扶贫志愿服务的大学生来说，通过适当激励，可以满足扶贫志愿者精神层面的需求，满足大学生对自身的成就感和认同感，形成长期有效的行为动机内在调动机制，激发大学生乐于奉献、积极服务他人与社会、持续为推动农村经济社会发展而奋斗的热情。所以，大学生扶贫志愿服务需要给予不断的激励，激励需求理论是大学生扶贫志愿服务的理论基础之一。激励需求理论有多种理论形式，美国人本主义心理学家创始人亚伯拉罕·马斯洛提出的需求层次理论即是其中的一种。马斯洛将人类的需求分为七个层次：一是生理需求，二是安全需求，三是归属与爱的需求，四是自尊需求，五是认知的需求，六是美的需求，七是自我实现需求。① 根据马斯洛的需求层次论，自我实现是人性本质的终极目的。在自我实现的过程中，人们会经历欣喜感、完美感及幸福感等巅峰体验，更重要的是这种体验培养了人们的洞察能力和反思能力，从而培养一种生活超越观，实现自我超越。志愿服务既为人们提供体验自尊、正义、意义、掌控、关爱他人的机会，也为人们提供经历高峰、低谷及高原体验的机会，即志愿服务能使人们体验自我实现和自我超越。在组织志愿服务的过程中，组织者不仅要确保他们的生理及安全需要得到满足，还要帮助志愿者反思他们的经验、提升其自我超越的洞察力。② 另外一种激励需求理论是奥尔德弗的 ERG 理论。ERG 理论就是“生存—相互关系—成长”需要理论的简

---

① 北京志愿服务发展研究会：《中国志愿服务大辞典》，中国大百科全书出版社 2014 年版，第 62 页。

② 北京志愿服务发展研究会：《中国志愿服务大辞典》，中国大百科全书出版社 2014 年版，第 62 页。

称，是耶鲁大学教授克雷顿·奥尔德弗提出来的。该理论将人的核心需要划分为三类：生存需要、交往需要和成长需要。生存需要是指全部的生理需要和物质需要，如吃、住、睡、报酬、工作环境条件的基本要求等；交往需要是指人与人之间的相互联系、关系（社会关系）的需要；成长需要是指人不仅要充分发挥个人潜能、有所作为和成就，而且还有发展新的能力的需求，是人自我发展方面内在本能的一种欲望。① 用奥尔德弗的ERG理论来解释大学生扶贫志愿服务也是合适的。对大学生志愿者来说，也存在着生存、交往和成长需求，并且，这三种需求相对于其他群体来说，也许表现得更为突出和强烈，尤其是在交往和成长两个方面的需求，大学生扶贫志愿者表现得特别突出。首先，大学生扶贫志愿者有强烈的交往需求，与同学交往、与老师交往、与学校交往、与农村贫困群众交往等多种形式的交往，大学生志愿者在交往中成长成才。大学生志愿者开展的各种扶贫志愿服务活动，其实就是一种交往活动，在农村扶贫服务活动中实现社会交往，在社会交往中实现自我、超越自我。其次，大学生扶贫志愿者有强烈的成长需求，这种需求，同时是生存需求、交往需求的最终目标。大学生志愿者通过开展扶贫志愿服务活动，在奉献农村贫困群众、贡献农村经济社会发展的过程中，使自我得到锻炼，增加社会阅历，增强岗位适应能力，并使自己的道德品质和思想素质也得到提升。除奥尔德弗的ERG理论之外，美国哈佛大学心理学家戴维·麦克莱兰提出的成就需要理论与奥尔德弗的ERG理论也有相似和相近的地方。麦克莱兰的成就需要理论（也称为激励需要理论）认为，在人的生存需要基本得到满足的前提下，成就需要、权力需要和归属需要这三种主要需要影响着人们的行为，并且这些需要并非像马斯洛理论所指出的那样是先天的本能欲求，而是通过后天的学习获得的。其中的成就需要，是与大学生志愿者的内在驱动力有关的，这种成就需要，它是指基于适当的目标而表现出来的一

① 陈新亮：《中国大学生志愿者行动研究》，湖南人民出版社2015年版，第98页。

种追求卓越、争取成功的内在驱动力。麦克莱兰认为，有成就需要的人，对胜任和成功有强烈的要求，他们乐意甚至热衷于接受挑战，他们敢于冒风险，他们愿意承担责任，并能以现实的态度对待冒险，绝不以迷信和侥幸心理对待未来，而是对问题善于分析和估计，直到成功。① 麦克莱兰的成就需要理论为大学生志愿者在志愿服务过程中表现出来的公益性、志愿性及其强烈的无私奉献精神等提供了理论基础和依据。参与农村扶贫的大学生志愿者，他们出于对农村贫困群众的爱、关怀和责任，为了帮助贫困群众摆脱贫穷落后的面貌，或者为了帮助农村因贫困而失学的儿童，他们怀着一颗火热的心，克服重重困难，克服对农村生活的不适应，奔赴偏远农村进行支教，或者赴农村开展“三下乡”志愿服务活动，内在驱动他们的，就是强烈的成就需要，这种成就需要，表现为学习上学以致用的成就感、因帮助他人而获得赞许和认可的荣誉感、通过基层和社会锻炼后自身能力得到提升的满足感等，都表现为一种成就感，满足大学生志愿者在学习、志愿服务活动及今后参加工作后的成就需要，这种需要或需求，实际上已成为大学生志愿者开展扶贫志愿服务活动、积极主动帮助贫困群众脱贫致富、贫困地区建设发展的强大动力，使大学生扶贫志愿者能够长期保持青春的热情与活力、奉献的快乐与愉悦。

（三）服务学习理论——成长成才实践：大学生扶贫志愿服务的实践价值

大学生扶贫志愿服务作为大学生课堂之外、学习之余走入社会，参与社会实践锻炼的重要途径和方式，与强调社会实践的服务学习理论紧密相关，是大学生扶贫志愿服务的重要理论基础。服务学习理论起源于 19 世纪末杜威的经验教育理论，其间历经萌芽阶段、兴起阶段、学科化阶段，直至20 世

---

① 陈新亮：《中国大学生志愿者行动研究》，湖南人民出版社 2015 年版，第 99 页。

纪80年代中后期成为一种教育理论和教育实践方法。① 1996年，著名经济学家杰里米·利里夫金声称："21世纪的服务学习可能会成为解决社会问题的主要方法。"② 蓬勃兴起的大学生扶贫志愿服务就是服务学习理论应用于教育实践的一种典型体现。服务学习是对大学象牙塔式的教学理念、教学方法的一种挑战和超越，是将大学教育教学活动与社会生活有机衔接的渠道和方式。传统的教育家认为，真理是永恒不变、放之四海而皆准的，不受社会变迁的影响，因此课堂教学的目的是让学生学习和掌握这些绝对的真理。杜威坚决反对这种孤立静止的认知理念，认为脱离了具体社会生活和应用的抽象的课堂学习湮灭了知识的真正意义。他指出，教育的实质是它的社会性，真正的知识学习应该扎根于社会生活实际并为后者服务，学生的学习和成长就是与其社会环境、日常生活联系和互动的过程。③ 杜威的这一教育理念，为学校开展服务学习提供了理论支撑，也为服务学习理论的形成奠定了基础。服务理论的核心理念应是学校与社会、学习与实践的紧密结合，传统的课堂教学强调抽象知识和原则的记忆，假定了知识内容的有效性和普适性，忽视了与社会生活的有效结合，学到的知识没有经过实践的检验或结合，因而很大程度上是空洞的、抽象的理论，导致学生与社会生活脱离，与社会实际相去甚远。服务学习理论则认为，抽象的课堂知识学习需要通过在社会实践中去应用和试验才能被学生真正掌握，成为有效的知识。通过把学习同社会实际结合起来，服务学习创造了课程的社会相关性，以此来帮助学生加深对知识和世界的理解与认识。④ 参与实施服务学习的学生，对这种学习模式有深刻的体会，他们感受到，服务学习帮助他们更多地了解社会，使他们学会更友善地对待他人、信任他人和被他人信任，帮助他们学会如何使自己与

① 杨雄珍：《服务学习理论及其对我国教师教育的启示》，载《中国成人教育》2016年第5期。

② 杨晓丽：《美国学校教育的服务学习理论及启示》，载《前沿》，2008年第7期。

③ 游柱然：《杜威教育哲学与当代美国服务学习理论》，载《求索》，2009年第1期。

④ 游柱然：《杜威教育哲学与当代美国服务学习理论》，载《求索》，2009年第1期。

他人、与社会的关系更和谐，帮助他们学会待人友善、关心他人，增强学生的自尊心和自信心。① 服务学习理论强调服务与课程相结合，即学生将在课堂上所学的专业知识或技能运用于实践，同时通过学校教学与社会实践相结合，将学生学习的空间从相对封闭的课堂延伸至开放的社会环境，在服务活动中实现对他人、社会的帮助和关怀，促使学生关注社会需要、审视自我责任、关切自我发展。② 服务学习理论与志愿服务理论有紧密的内在关联，尤其是对大学生志愿者来说，志愿服务实质就是服务学习，两者是相辅相成的。有学者提出，服务学习理论是创新大学生志愿精神培育的重要依据，服务学习把学习活动从课堂延伸到社会，使学习情境从课堂模拟转化到真实社会。大学生志愿者带着课程学习目标将自己安置“在一个更开放的学习环境下成为独立而又互相联系的学习者，能够在互助的环境下去适应新的人际环境。服务学习可以通过亲身体验培养学生利他的观念和奉献的精神，让学生在服务的同时以一种公民的方式去反思自我”。③ 一方面是学生为社会提供服务，在与社会的互动过程中成长，另一方面是社会为学生提供机会，让学生在具体的社会情境中应用、反思所学的理论知识。同时，服务学习理论有助于加强学校与社会融合。服务学习中，社会是高校人才培养的实践基地，高校是社会发展的重要资源库。服务学习将两者紧密相连，形成良性互动。④ 从上述分析可以看出，服务学习理论为大学生扶贫志愿服务提供了直接的理论基础。作为尚在成长成才过程中的大学生，开展扶贫志愿服务，在扶贫过程中将所学理论知识、专业知识运用于农村经济社会发展，将自己的聪明才智奉献于贫困群众的脱贫致富事业，将理论与实践、与实际相结合，理论联

---

① 杨晓丽：《美国学校教育的服务学习理论及启示》，载《前沿》，2008 年第 7 期。

② 卓高生、易招娣：《服务学习理论视域下大学生志愿精神培育策略探析》，载《河北学刊》，2014 年第 3 期。

③ 万曾奎：《道德同一性的心理学研究》，上海教育出版社 2009 年版，第 308 页。

④ 卓高生：《大学生志愿精神作用机理及实证研究》，中国社会科学出版社 2016 年版，第 54 – 56 页。

系实际，这本身就是一种非常有效的学习方式，符合服务学习理论的目标和要求。每年“三下乡”组建的“理论普及宣讲团”“国情社情观察团”及“扶贫一线体验行”“深度贫困地区青春行”等，大学生志愿者在开展国家扶贫政策宣传、农村经济社会发展调研、过程中，学习、了解和掌握国家的大政方针、党的创新理论，学习、了解和掌握基层调研的程序、方法；“三下乡”活动中组建的“教育关爱服务团”“爱心医疗服务团”“文化艺术服务团”，大学生志愿者在开展支教、支医和文化艺术服务过程中，进一步学习和巩固教育知识、医疗知识和文艺表演技能。同时，开展扶贫志愿服务活动，深入农村、深入群众体验生活的酸甜苦辣，亲身感受农村的建设、发展、变化，这正如毛泽东所提倡的，“既要读有字之书，也要读无字之书”，这正是在向劳动人民学习、向社会学习，这是大学生成长成才的必要环节和基本要求，也是大学生今后走向工作岗位、适应工作岗位的必要途径。“三下乡”活动中组建的“科技支农帮扶团”，大学生志愿者通过对贫困群众开展农业科普和金融知识讲座、农技培训和推广，进一步学习和巩固在学校学习的有关财政、金融、农学等方面的专业知识和技能；通过参与“扶贫一线体验行”“深度贫困地区青春行”等实践活动，亲身感受党的扶贫惠民政策为贫困地区、贫困群众带来的巨大变化，近距离体验扶贫干部的奉献精神、贫困群众的奋斗精神，为大学生树立理想信念、培养良好作风、锤炼过硬本领、献身国家建设奠定基础。

第三章

大学生扶贫志愿服务的行为特点及其与共享发展理念的内在关联

伴随着大学生志愿服务的蓬勃兴起，在我国扶贫开发、脱贫攻坚领域活跃着一支大学生志愿者队伍，他们通过大中专学生志愿者暑期文化科技卫生“三下乡”社会实践活动、“中国青年志愿者扶贫接力计划”“大学生志愿服务西部计划”等社会实践活动项目，广泛开展贫困状况调查、扶贫政策宣传和走访慰问、义务支教、捐资助学、农技培训等活动，助力农村精准扶贫、精准脱贫。大学生志愿者参与农村脱贫攻坚有着明确的行为动机，具有明显的或较强的群体性和基层性、示范性和影响力、灵活性和高效性、教育性和低成本性等行为特点。与其他类型的扶贫活动相比，大学生扶贫志愿服务具有智力、专业和数量等方面的优势。大学生扶贫志愿服务与共享发展理念之间具有紧密的内在关联，大学生扶贫志愿服务是对共享发展理念的彰显与弘扬，共享发展理念对大学生扶贫志愿服务具有指导和引领作用。

一、大学生扶贫志愿服务的行为动机与行为特点

（一）大学生扶贫志愿服务的行为动机

1. 动机的内涵及志愿服务行为动机因素分析

现代心理学认为，动机是推动个体从事某种活动的内在原因。美国心理学家丹尼斯·库恩提出，动机是“行为的动力——我们行为开始、维持、导向和终止的能力”。① 美国学者皮特里指出：“作用于有机体或有机体的内部，发动并指引行为时，我们称之为动机……激活性是动机的特征。”② 从动机的词义界定分析，动机是一种思想意识，是行为发生的原因、起因，是行为发生的推动因素。动机是激发和维持有机体的行动，将行动导向某一目标的心理倾向或内部驱动力。个体的任何行为，都有某种特定的行为动机在发挥作用，个体行为的积极性、主动性状态，都是由个体行为动机的状况来决定的。动机明确，则行为坚定。推动志愿服务的是志愿者的行为动机。根据行为动机的定义，对志愿服务的行为动机，则可以如此界定：所谓志愿服务行为动机，就是指激励和维持志愿者参与、开展志愿服务的内在动力，推动志愿者无私奉献的内在动因或思想意识。对每一位志愿者而言，他们参与或组织志愿服务行动，是基于崇高的价值理想、无私的奉献精神、踏实的工作作风、高超的服务技能，他人幸福、社会公益、人类文明在志愿者心中具有重要的分量和地位。对这一点，美国学者马克·A. 缪其克、约翰·威尔逊

---

① ［美］Dennis Coon，John O. Mittere，郑钢译：《心理学导论——思想与行为的认识之路》，中国轻工业出版社 2007 年版，第 436 页。

② ［美］Herbert L. Petri，John M. Govern，郭本禹，等，译：《动机心理学》，陕西师范大学出版社 2005 年版，第 12 - 13 页。

指出，高尚的品德是激发志愿者开展慈善服务的重要内在因素，正义、忠诚、感恩、慷慨等是志愿者共同拥有的美德。有效的激励是志愿者“善行”的重要动力，志愿者开展的任何慈善行动，均基于正当的行为动机。①

在西方学者的研究中，他们将志愿服务的行为动机因素归结为“两因素”“三因素”或“多因素”：所谓“两因素”，就是认为志愿服务的行为动机是“利他”和“利己”两个方面，所谓“三因素”，就是志愿服务的行为动机因素在“两因素”的基础上，将“社会责任”认定为志愿服务的行为动机之一。在“三因素”行为动机的分析中，也有学者将“物质利益”认定为志愿者进行志愿服务的行为动机之一。我们认为这是不符合志愿者、志愿组织或志愿服务的基本内涵和基本特征的。因为志愿者开展志愿服务，“物质利益”不是他们的目的或目标，如果“物质利益”成为志愿者的行为动机，则这类服务活动不能认定为志愿服务活动。而所谓“多因素”，就是认为志愿者开展或参加志愿服务的行为动机是多方面的，是多因素共同作用的结果。他们认为，关爱他人、奉献他人、社会服务、社会公益，以及获得尊重、得到认可、自我提升、发现快乐等都是志愿服务的行为动机。从“多因素”所表达的这些观点来分析，其实质还是“三因素”，因为关爱他人、奉献他人表现“利他”行为动机，获得尊重、得到认可、自我提升、发现快乐表现为“利己”行为动机，社会服务、社会公益则表现为“社会责任”行为动机。还有西方的专家、学者从“功能理论”出发，对志愿者、志愿服务的行为动机进行了研究和探讨。这些专家、学者认为，志愿服务具有6个方面的突出功能：一是提升职业技能，二是实现个人价值，三是融洽人际关系，四是履行义务，五是增强自我价值感，六是消除负罪感。② 正是由于志愿服

① 马克·A. 缪其克、约翰·威尔逊著，魏娜，等，译：《志愿者》，中国人民大学出版社2013年版，第15页。

② Omoto, A. M., &Snyder, M.. Sustained helping without obligation, motivation, longevity of service, and perceived attitude change among AIDS volunteer. Journal of personality and Social Psychology, 68, p. 671 - 686.

务具有这些功能，志愿者参加志愿服务，就能利用和发挥这些功能，助力志愿者实现他们的人生目标或愿望。因而，利用志愿服务所表现出来的这些功能，也是志愿者参与志愿服务的行为动机因素。国内学者认为，志愿者奉献他人、服务社会的内在动机因素是利他、亲和、结群、成就、荣耀等。这种观点的实质仍然是“三因素”，即“利他”（利他）、“利己”（成就、荣耀）、“社会责任”（结群）。另有相关专家提出，驱动志愿者行为的内在因素有多种，志愿服务是多种内在驱动因素共同作用的结果。自我提升、社会交往、自我检验、归属需要，以及娱乐、成就、权力等是驱动志愿者服务他人与社会的重要内在因素。这种观点重点从“利己”这个方面来分析志愿服务的行为动机，自我提升、自我检验、归属需要及娱乐、成就、权力等都是志愿者开展志愿服务的“利己”动机因素。当然，持这种观点的学者也提到“社会交往”，这一观点既表现为“利己”因素，也表现为“社会责任”因素或“利他”因素。① 我国还有学者从“多因素”理论出发，认为志愿者的行为动机是多方面的，是多方面因素共同作用的结果。但是，理论界大多是从“利他”与“利己”两方面来认定，这是大家基本能认可的观点。②

综上所述，国内外学者认为志愿服务的行为动机因素多种多样，既有“利他”“利己”两方面因素的观点，也有“利他”“利己”和“社会责任”三因素观点，还有三因素之外的“多因素”观点。本课题组认为，国内外学者的“两因素”“三因素”“多因素”理论或观点，其实都可以归结为“两因素”，即大学生扶贫志愿服务的行为动机，表现为“利他”和“利己”“两因素”。我们常听志愿者说：“奉献他人，快乐自己”，这是志愿者开展志愿服务行为动机的最直接表露。他人与社会都是志愿服务的对象，“奉献他人”，也就是奉献他人、服务社会，“快乐自己”，也就是从志愿服务中，提

① 吴俊峰：《大学生志愿服务动机维度构成实证研究》，载《上海管理科学》，2010 年第 3 期。

② 陈仕相：《青年志愿者的先进青年选择——大学生“社区助理”调查》，载《青年探索》，2003 年第 1 期。

升自己的才干，实现自己的人生价值，并从志愿服务中，获得愉悦的人生体验。所以，志愿服务的行为动机，就是“利他”（他人、社会）和“利己”（志愿者）两个方面。2008 年北京奥运会、残奥会口号——“我参与、我奉献、我快乐”就是志愿服务“利他”和“利己”行为动机的典型表现。其中，“我参与”，就是指志愿者参与志愿服务，“我奉献”，是一种“利他”动机，就是奉献社会、奉献他人，是一种不求物质回报的付出，“我快乐”，就是一种“利己”动机，通过参与志愿服务，获得他人的赞许、肯定、认可，让自己感受到幸福、快乐、满足、自豪，获得愉悦的情感体验。

2. 大学生扶贫志愿服务的行为动机

（1）大学生扶贫志愿服务的“利他”行为动机

大学生扶贫志愿服务的对象是我国贫困地区或边远民族地区的贫困群众。大学生志愿者利用寒暑假或周末、节假日开展扶贫志愿行动，目的是为了帮助贫困地区的贫困人口摆脱贫困，走向富裕。从这个意义上说，大学生扶贫志愿服务的行为动机表现为“利他”，即为他人、社会、人类的发展进步无私奉献。国内外专家、学者对“利他”行为动机进行过较为深入的研究和探讨。有西方学者从社会学、生物学的视角分析了人的“利他”行为动机。该学者提出：“利他”行为是人的自然属性，是人类的基因遗传，“利他”行为对人类的生存、发展发挥着重要作用。① 该学者从生物的基因遗传视角提出人的“利他”行为动机，认为这种行为动机是人的天然属性，是生物遗传，能够通过遗传而获得“利他”动机，并强调了这种行为动机对人类生存和发展的重大作用与影响。赫起逊也强调指出，“仁爱是一种不计利害的天然情感，它施之于人，并不希望回报，一个有德的人，总是‘仁爱’、‘利他’之心居首”。② 赫起逊更进一步提出了利他的天然本性问题，认为人天然是“仁爱”“利他”的，是不计利害、不需要回报的奉献和付出。这也

① 彭茹静：《利他主义行为的理论发展研究》，载《江西社会科学》，2003 年第 7 期。

② 陶倩：《志愿动机的层次分析》，载《思想理论教育》，2010 年第 6 期。

正如我国《论语》中的“人之初，性本善”描绘的一样，人的本性是善良的，是与人为善的。志愿者弘扬的志愿精神，就是一种无私奉献精神，就是一种对他人、对社会的“仁爱”“善”，并且，这种“爱”是不求回报的，不为任何经济利益的。这也正如约翰·威尔逊、马克·A. 缪其克所指出的，“利他”行为的典型和突出表现是志愿服务，这种行为是为他人与社会付出努力、提供帮助，这种行为是社会公益目的而不是经济利益目的。① 约翰·威尔逊、马克·A. 缪其克在这里强调的，还是志愿者的行为动机问题，志愿者开展志愿服务行动，其主要动机、目的，还是为他人、社会和人类的福利事业作贡献，只愿付出，不求回报。大学生志愿者开展扶贫志愿服务，是基于贫困农村、边远少数民族地区、革命老区或边疆地区的贫困家庭的贫困生活，唤起大学生志愿者的“仁爱”之心，在“善”的道德意志作用下，大学生志愿者放弃周末或节假日的休息时间，在指导老师的带领下，利用自己的知识、技能和热情，在力所能及的范围内，全力帮扶贫困户脱贫致富，为贫困地区的建设发展贡献他们的青春与热血。在参与扶贫工作的大学生志愿者当中，有很多志愿者认为，“帮助遭受不幸的人是一种道德义务”，这种道德义务驱使他们不畏艰辛、不辞辛劳地来到贫困地区走村入户为贫困群众脱贫致富出谋划策、奉献他们的聪明才智。也有大学生志愿者坚信：“只要人人都付出一点爱，世界将变得更加美好”“只要我们每个人都奉献自己的爱心，全力帮助他人与社会，那么，那些贫困地区的贫穷群众就能走出困境，与我们一样享受幸福美好生活”。在广大贫困地区，贫穷、落后成为贫困农村的常态，为改变这种贫穷、落后状态，大学生志愿者来到这里，通过他们的帮扶，通过贡献他们的知识、技能、时间和精力，为贫困农村的脱贫致富作出努力，这些大学生志愿者也就坚信，贫困地区群众“明天的生活一定更美好”。所以，大学生扶贫志愿者的行为动机，很明显是“利他”行为动机，

---

① 马克·A. 缪其克、约翰·威尔逊著，魏娜，等，译：《志愿者》，中国人民大学出版社 2013 年版，第 2 页。

他们在贫困地区开展的义务支教、贫困状况调查、扶贫政策宣讲、精神文化活动等，是为了贫困地区群众的脱贫致富，是为了促进社会的和谐稳定，是为了推动人类的文明进步。

志愿服务是现代社会文明进步的“亮丽风景”，它高扬志愿精神旗帜，引领社会发展和人类前进的方向。志愿者、志愿精神、志愿服务，鲜明地体现了奉献、友爱、互助、进步的价值取向，是一种人类大爱。人类之爱是“利他”动机的重要表现。美国学者罗尔斯曾经对人类之爱与社会公平正义进行了研究和分析。罗尔斯指出，人类之爱与社会正义存在着差别。人类之爱是一种更广泛的、更深刻的、更强烈的情感，它除了体现社会正义之外，还包含着更广泛的自然义务和社会正义，这种关爱，推动着人类的正义行为，推动着人类的文明进步。① 罗尔斯在这里将人类之爱与正义感进行研究和比较，强调人类之爱与正义感都包含着社会的公平正义，并强调人类之爱的强大与伟大，它引领和推动人类社会的发展进步。罗尔斯所强调的人类之爱，在一定程度上，是指一种对“他人”、对社会的责任与义务，是一种更广泛意义上的关爱、关心与帮助，旨在推动社会的繁荣发展、人类的文明进步。大学生的扶贫志愿服务，也有利于贫困地区的贫困户摆脱贫困，尤其是通过“扶志”“扶智”，帮助贫困地区的孩子成长、成才，阻断贫困户的“代际传递”，实现人的全面发展，最终达到推动社会文明进步的重要作用。从这个意义上分析，大学生扶贫志愿服务也突出地体现了人类之爱。人类之爱是一种大爱，志愿者的服务极力追求这个人间之爱，推进人类进步。美国学者约翰·威尔逊、马克·A. 缪其克曾经以当地的志愿者为调查对象，开展了一次调查走访活动。在接受调查的美国志愿者中，期盼世界变得越来越幸福、快乐的比例达到了93%，并认为他们的努力会实现让世界变得更美好的目标。在谈及为什么参与志愿服务时，有69%的志愿者说是为了拯救世界

① 转引自任重远：《利他行为的谱系分析》，载《伦理学研究》，2009年第2期。

的贫穷、落后，是为了实现他人和社会的幸福美好而作出自己的努力，是为了人类的发展进步。①

（2）大学生扶贫志愿服务的“利己”行为动机

大学生志愿者参加扶贫志愿服务，一方面是一种对他人、对社会的无私奉献，对于帮助他人更好地生活、帮助社会更加和谐文明具有重要作用；另一方面是对大学生本身的一种锻炼，有利于大学生自身的成长、成才。从这个意义上说，大学生扶贫志愿服务，一方面是“利他”行为动机，是实现他人幸福、社会发展和人类进步；另一方面是“利己”行为动机，通过志愿服务，“帮助他人，快乐自己”，使志愿者自身的能力素质得到提高，增强社会实践能力，增长社会经验和人生阅历，为自我价值的实现创造条件和奠定基础。对于“利己”观点，爱尔维修曾经做过分析和探究。爱尔维修指出，在人的一生中，从小就萌发的、刻骨铭心的一种情感，就是“对我们自己的爱”。这样一种情感，在任何人的一生中，都会存在，而且不会因人而异，不会因为受到的教育不同而不同。在人类社会的发展中，无论过去、现在和将来，无论是任何历史时代，无论是任何国家民族，“对自己的爱”始终要超越“对他人的爱”，“爱自己永远胜于爱别人”。② 在这里，爱尔维修将“对自己的爱”定义为人类自身存在的一种深刻情感，这种情感不会因为外在教育而改变，并且，在任何国家、任何时代，爱自己永远胜过爱别人。爱尔维修从人类的原始本性来研究人类之爱，具有一定的科学性、合理性。英国著名经济学家亚当·斯密也曾经指出，人既有“利己”的一面，也有“利他”的一面，但“利己”更为根本。亚当·斯密的这个观点与爱尔维修的观点具有内在一致性，他们都肯定了人类“爱自己”“利己”的观点，并且都肯定“爱自己”胜过“爱别人”，“利己”更为根本。③ 同时，亚当·斯密又

---

① 马克·A. 缪其克、约翰·威尔逊著，魏娜，等，译：《志愿者》，中国人民大学出版社 2013 年版，第 55 页。

② 北京大学哲学系：《十八世纪法国哲学》，商务印书馆 1963 年版，第 501 页。

③ 陶倩：《志愿动机的层次分析》，载《思想理论教育》，2010 年第 6 期。

分别对人的“同情心”和“自爱心”进行了比较分析，他的结论是，人的本质是“自爱”。当然，自私自利并不属于“自爱心”。亚当·斯密在这里明确将我们今天所说的“自私自利”与“爱自己”“自爱心”“利己”区分开来。这个观点，对于研究和探讨志愿服务的“利己”行为动机具有启发意义。对志愿者来说，他们开展志愿服务，在帮助他人的同时，也提升了自己，使自己得到了成长和锻炼，能力素质获得了增强，这在客观上是“利己”的。但是，志愿者的这种“利己”不同于“自私自利”，自私自利是损人利己，是占他人的便宜，让别人吃亏，这是我们所唾弃的。因而，志愿服务行为动机的“利己”，与“自私自利”中的“利己”有着天壤之别，有着本质的区别。

有学者通过研究志愿服务的行为动机后，认为“利己”行为动机是志愿服务的行为动机的一个重要方面，是驱动志愿者不辞辛劳、无私奉献的重要动力。对此，有学者提出，我们每一个人，都有着独立个性与独立人格，都有着各自的特殊愿望与追求。在人的一生中，很多人通过参与志愿服务来实现其社会价值和人生价值，通过为他人和社会服务来满足其精神追求。在此过程中，就表现为一种“利己”的价值取向。“奉献、友爱、合作、进步”的志愿精神，展现的其实是一种人文关照，通过弘扬志愿精神，参与志愿服务，为实现自我成长、自我完善和人生挑战、人生价值提供渠道和平台。①在这个阐述中，强调了志愿服务的两个方面，一是满足社会需要，通过志愿服务奉献他人，服务社会；二是追求精神成就，通过志愿服务，满足志愿者精神上的需求，提高志愿者的人生境界。在这里，该学者提出志愿服务的“为己”“利己”行为动机是一种“人文关照”，是志愿者完善自我、成就人生的有效途径和方式，对志愿服务的“利己”行为动机给予了充分肯定。志愿服务的这种“利己”行为动机，在大学生的扶贫志愿服务中体现得淋漓尽

---

① 曹刚：《为己与利他的中道——志愿精神的伦理解读》，载《广西民族大学学报（哲学社会科学版）》，2009 年第 5 期。

致、非常典型和突出。大学生扶贫志愿服务在帮助他人、实现贫困人口、贫困地区精准脱贫、迈向幸福生活之外，也在增长社会阅历、锻炼自身能力、提高岗位适应力等方面具有重要价值。可以说，这是一举两得的好事。2012年，时任上海市委书记的俞正声在接见上海志愿服务先进集体和个人时指出：“志愿者们活跃在城市各个角落，把责任当作光荣，开展各种活动，生动诠释‘让他人高兴，我也高兴’，‘让别人快乐，我也快乐’的志愿服务精神。雷锋可以说是志愿者的先驱，他的无私奉献行为深深体现了志愿服务精神，是践行‘他人快乐，自己快乐’精神的典范。”① 俞正声讲话中提到的“让他人高兴，我也高兴”“让别人快乐，我也快乐”“他人快乐，自己快乐”表明，志愿服务在服务他人和社会、奉献他人和社会、满足他人和社会的基础上，自己在心理、情感上也能得到极大的满足和快乐。这种快乐，是志愿者带给社会和他人的，也是志愿者在志愿服务过程中所体验到、感受到的。这种快乐，是志愿服务的收获和成就，也表现为一种志愿服务的“利己”行为动机。对大学生扶贫志愿者而言，他们在扶贫攻坚的过程中，通过帮助留守儿童、开展扶贫状况调查、为贫困地区摆脱贫困献计献策的时候，志愿者的心中是充满愉悦和自豪感的，许多志愿者这样说：“当我们用心去传递爱的时候，我们心中那股暖流就叫幸福。一声谢谢就像和煦的春风温暖心田，就像明媚的阳光照亮心底，就像甘甜的雨露滋润心头。”② 一方面，志愿者用他们的青春热血帮助他人、服务社会，帮助他人走出人生困境，帮助社会发展进步。另一方面，志愿者的无私奉献能获得他人与社会的认可和肯定，在服务过程中，能得到愉悦的人生体验，在结束服务活动以后，能收获服务对象的点赞，这是一种精神上的回报和享受，能提升志愿者的人生境界和道德情操。还有一些志愿者说：“当听到游人的感谢，觉得自己做志愿者

① 陶倩：《当代中国志愿精神的培养研究》，上海人民出版社 2013 年版，第 109－110 页。

② 陶倩：《当代中国志愿精神的培养研究》，上海人民出版社 2013 年版，第 112 页。

是值得的，自身价值得到了体现。”① 志愿者得到的这种幸福、快乐，是一种被需要的快乐、被理解的快乐，是一种感到生活充实的快乐。服务对象对志愿者的认可和肯定，社会的褒奖和颂扬，对志愿者是一种无形的激励，也是志愿者实现人生价值的动力源泉，使他们在服务他人与社会的过程中成就人生，实现人生价值。这种激励和认可，对当代大学生来说尤为重要。课题组在调查中了解到，湖南某高校 2015 级翻译一班刘某某在参加大学生“三下乡”暑假社会实践活动和志愿服务活动以后，感受和体会非常深刻，她说：“在这个原本有点闷热的八月，我个人也因为自己参与了这次实践活动而感到快乐，也充实了我的暑假生活与个人经历，让我受益匪浅。此次活动也锻炼、提高了我的综合素质。这虽说是我第一次参加志愿服务活动，但必将会对我以后的学习起到重大作用。”湖南湘西某大学一名参与扶贫的志愿者凌某某在他的扶贫心得体会当中，认真地写出了他的感悟：“让大学生走出大学的课堂，脱离书本中的死知识，投身于广大的贫困山区，走进田间地头，融入坚实土地，了解基层的情况，感受付出时的艰辛和收获的喜悦感，在成长的过程中将根深深植入祖国的土壤，踏踏实实地成长，锻炼同学们的自主能力，团结互助精神，促进与社会的接触，提高学识技能，增强社会责任感，将所学知识充分运用，服务祖国，展示当代大学生该有的风采。”该校另外一名扶贫志愿者孙某某在她的“扶贫日记”中写道：“扶贫志愿服务活动中的所有疲惫，都在最后离别那一刻全被冲淡，回忆起来的只剩下美好，付出的努力和汗水得到了回报，志愿服务给予了我一个灿烂的回忆，劳动让每天的饭菜更加的香甜，让我们的睡眠更加安稳。扶贫志愿服务给我在大学四年的时光中增加了一道不一样的色彩，也得到了很大的锻炼，十天的扶贫经历将是我人生难忘的回忆。”这些志愿者通过参与扶贫志愿服务活动，虽然体力上很辛苦，但精神上是愉悦的，志愿服务不仅锻炼了身体，也让大学

① 陶倩：《当代中国志愿精神的培养研究》，上海人民出版社 2013 年版，第 113 页。

生逐步成长和成熟起来，为将来步入工作岗位奠定了良好基础。大学生通过扶贫志愿服务，既帮助了贫困地区人民摆脱贫困，走向幸福生活，自身又能享受快乐人生，真正体现“服务他人，快乐自己”的价值目标。

（二）大学生扶贫志愿服务的行为特点

1. 群体性和基层性

首先，大学生扶贫志愿服务具有明显的群体性。志愿服务是一种服务群众、服务社会的社会实践活动。近年来，我国志愿服务的规模越来越大，志愿服务逐步成为全体社会成员都能广泛参与的群众性精神文明创建活动。其中，青年群体是我国志愿服务的主体和“排头兵”，青年志愿服务成为我国社会主义精神文明建设的重要平台和载体，规模宏大、影响深远。随着国家扶贫开发战略、脱贫攻坚战略的实施，作为青年志愿服务群体中的一支重要力量，大学生志愿者参与和开展的各类扶贫志愿服务活动，常常以团体、群体的形式出现，具有明显的群体性特征。其一，以社团的形式开展扶贫志愿服务。在我国每个高校都有大量的大学生社团组织，作为社团成员的大学生志愿者经常以社团为依托、以社团活动的形式开展扶贫志愿服务。以社团形式开展的扶贫志愿服务一般安排在周末或短期的节假日，服务地点和对象一般是学校周边的乡村贫困群众。其二，以志愿服务队的形式开展扶贫志愿服务。这种形式的服务活动一般由高校统一组织，比如每年暑假组织开展的“三下乡”社会实践活动，从近年来的数据分析，规模非常大：2016 年在全国层面共招募组建了 1000 支重点服务团队，2017 年全国层面招募组建了 1500 支重点服务团队、2018 年和 2019 年连续两年在全国层面分别招募组建了 3000 支重点服务团队开展相关志愿服务行动。① 2017 年“中国大学生社会实践知行促进计划”招募组建 350 支大学生志愿服务团队聚焦“精准扶

① 数据来源，“三下乡”官网，https：//sxx. youth. cn/。

贫”等国家战略开展公益创新、助学支教等社会实践活动，“知行促进计划”自2013年创立以来，全国共有350余所大学的4000多支实践团队参与该计划；2018年“追寻青春足迹·红色筑梦之旅”全国大学生延安实践专项行动面向全国高校招募组建100支大学生志愿服务团队赴延安开展助学支教、特殊关爱等专项社会实践活动；2019年“健康扶贫青春行”全国大学生暑期社会实践专项活动面向全国高校招募医药类专业学生组建150支专项团队，赴贫困地区开展扶贫志愿服务，团中央还要求全国相关高校组建实践团队赴贫困地区开展“健康扶贫”行动。除了国家层面的服务队，全国各个高校会单独招募和组建校级的志愿服务队，其数量和规模也是非常庞大的。据课题组调查，在2018年、2019年暑期的“三下乡”志愿服务活动中，湖南某学院共招募、组建了49支社会实践和志愿服务团队，分别奔赴江西、湖南等省份开展服务活动；2017年至2019年，湖南某高校团委共招募、组建40多支志愿服务团队分别赴省内外贫困农村开展志愿服务；2016年至2018年，湖南湘西某大学共招募、组建了249支扶贫志愿服务队赴湘西开展扶贫志愿服务。以团体、群体形式出现的大学生扶贫志愿服务行动，对社会各阶层都能发挥出强烈的榜样示范作用，对社会公众产生强烈的吸引力和号召力，能够吸引社会公众积极参与，让志愿服务逐步发展为社会公众的一种日常行为方式，变成人人努力追求的时尚行为，使“人人可为，时时可为，处处可为”的志愿服务成为社会发展的推动和促进力量。

其次，大学生扶贫志愿服务具有明显的基层性。大学生扶贫志愿服务的基层性表现为“草根性”“非政府性”“民间性”，开展的扶贫志愿服务活动代表着广大普通贫困群众的愿望和诉求。大学生扶贫志愿服务活动不是履行国家公共职能，不是代表政府立场或主张，而是为了实现社会公益，为了表达基层群众的利益和诉求，为了偏远农村贫困群众脱贫致富。从这个意义上讲，大学生扶贫志愿服务贴近基层、贴近普通群众，与贫困地区的群众心理距离小，能够广泛接触社会、接触群众，能够更有效、更便捷地深入社区乡村了解贫困群众的问题和困难，能倾听贫困农户的呼声，了解贫困群众的需求，通过他们力所能及的努力，寻求解决问题的方式和途径。大学生开展扶贫志愿服务，主要对象是偏远贫困农村地区、深度贫困地区、国家级贫困县等，包括革命老区、少数民族地区、边疆地区等，从这一点来说，也表现出明显的基层性。2017 年，教育部、共青团中央、全国学联等组织开展的"印象长白山·筑梦十三五"社会实践活动，大学生志愿者赴吉林白山市、四平市、延边朝鲜族自治州等地方参与实施振兴东北老工业基地战略，"新疆学子百村行"活动中，大学生志愿者深入新疆基层乡村社区开展服务，"农科学子助力脱贫攻坚"专项活动中的大学生志愿者深入国家级贫困县开展帮扶服务；2018 年，教育部、共青团中央、全国学联等组织开展的"印象长白山·筑梦新时代"专项服务活动中的大学生志愿者深入吉林长白山开展"走边关"服务活动，"筑梦新时代·奋斗新征程"服务活动中的大学生走进山西长治助力老工业城市建设；2019 年组织开展的"情系北大荒·建功新时代""深度贫困地区青春行""扶贫一线体验行"等社会实践活动中的大学生志愿者主要赴江西井冈山、陕西延安、黑龙江垦区、山西省灵丘县、新疆基层的乡村社区等革命老区、边疆地区开展扶贫志愿服务活动；"投身脱贫攻坚"专项活动中的大学生志愿者主要赴国家级贫困县、中西部地区、少数民族聚居区和欠发达地区开展各项服务活动。大学生志愿者深入这些贫困地区开展扶贫政策宣讲、农业科技培训、文艺巡演等活动，在农村基层挥洒青春与汗水。

2. 示范性和影响力

首先，大学生扶贫志愿服务具有较强的示范性。志愿服务是现代文明社会的一道亮丽风景，志愿者弘扬的"奉献、友爱、互助、进步"的志愿精神，在社会上能引起公众的广泛关注和参与。大学生志愿者深入农村贫困地区开展扶贫志愿服务，在脱贫攻坚、全面建成小康社会的时代背景下，具有更为明显的示范性。参与扶贫志愿服务的大学生志愿者，以脱贫攻坚、社会公益为活动目标，奉献精神强，志愿性鲜明，道德价值指向性明确，对其他社会公众尤其是其他青年群体来说，有很强的示范性和号召力，能够引起社会公众的广泛关注，吸引社会力量和资源积极参与扶贫行动，积极为贫困地区的村民捐款、捐物甚至直接参与扶贫行动。大学生志愿者在农村开展扶贫服务的过程中，会产生一些好的扶贫经验、做法，会展现一些扶贫的好人好事，扶贫服务结束之后，志愿服务队都会对扶贫中展现的好人好事、好经验、好做法进行总结，并进行经验推广和典型案例分享。从课题组调查、访谈的几所高校来看，这些学校的志愿服务队在完成扶贫任务回到学校以后，都会编印总结材料、召开总结大会，还会通过校园宣传橱窗、校园广播、校园网、校园电视台等，多角度、全方位、立体化地对大学生扶贫志愿服务进行宣传报道：一是讲述脱贫攻坚志愿者“好故事”，宣传大学生志愿者积极投身农村精准扶贫、精准脱贫先进事迹，展示大学生志愿者在青年群体中的良好形象和精神风貌；二是宣传大学生扶贫志愿服务“好典型”，大力宣传扶贫过程中形成的脱贫攻坚志愿服务的品牌项目，展示大学生扶贫志愿服务在脱贫攻坚战略中的特色和优势；三是分享大学生扶贫志愿服务“好做法”，传播和推广大学生扶贫志愿者开展精准扶贫的模式、方法、途径，为其他高校和大学生志愿服务组织提供经验借鉴；四是展示大学生扶贫志愿服务“好效果”，介绍高校团委或学生管理部门组织、策划、实施大学生扶贫志愿服务的基本措施及活动成效，展现大学生志愿者在偏远贫困农村脱贫致富中的作用、影响和效果。通过这些宣传报道和展示、推广，有效发挥大学生扶贫志愿服务在脱贫攻坚中的示范性。

其次，大学生扶贫志愿服务具有较强的影响力。随着志愿服务在我国蓬勃、全面、深入发展，全国已基本建立起较为完善的志愿服务体系，志愿服务已成为全民参与的行为，服务范围广泛、影响深远。我国目前两大最主要的志愿者体系：一个是社区志愿者服务体系，一个是青年志愿者服务体系。这两大志愿服务体系的志愿者人数占总人数的百分之八九十以上，服务范围覆盖了我国经济、政治、文化和社会生活的各个方面，在扶贫开发、环境保护、救灾抢险、大型赛事等领域内产生了较为重大的影响。中国青年志愿者协会是由志愿从事社会公益事业与社会保障事业的各界青年组成的全国性社会团体，它建立了由全国性协会、省级协会、地（市）级协会及部分县级协会组成的志愿服务组织管理网络，并逐步向农村社区延伸，建立健全了基层服务站、服务基地、服务队服务网络，志愿行动的影响力越来越大，覆盖范围越来越广。大学生志愿服务属于青年志愿服务体系，是青年志愿服务体系中最具影响力的志愿服务力量。尤其是习近平总书记提出精准扶贫思想以来，大学生志愿者通过“三下乡”等活动平台，广泛参与到精准扶贫、精准脱贫的扶贫攻坚战当中，在全社会产生了广泛影响。据课题组调查，湖南某学院2018年暑期组织开展的大学生“三下乡”社会实践和志愿服务活动，得到了社会各方充分肯定，产生了广泛社会影响，社会实践活动的丰富内容与丰硕成果受到了主流媒体的广泛关注和报道，人民网、中国青年网、未来网、《湖南日报》、湖南学联、红网、新湖南、湖南教育新闻网、华声在线、中国大学生网、星辰在线、搜狐、腾讯等多家主流媒体和各级地方媒体的采访报道累计发稿600余篇，湖南教育电视台、娄底双峰县电视台、益阳安化县电视台等多家电视媒体也进行了现场采访报道，24支实践团队共编发推送原创微博600余条，原创微信280余条，总浏览量达到160余万人次，实践活动和志愿服务行动产生了一定的社会影响，收获了较好的社会效应和社会价值。湖南湘西某大学每年的大学生“三下乡”志愿服务和社会实践活动也受到社会的广泛关注。该校团委非常重视“三下乡”的宣传工作，专门设立了“三下乡”校级新闻中心。据统计，2016年，在该校先锋微信公众号上发布大学生“三下乡”志愿服务和社会实践活动简报9期、推送微信47条，阅读量达22045人次；2017年，发布志愿服务活动简报9期、推送微信58条，阅读量达53106人次；2018年，共推送微信34条，阅读量为55931人次，其中简报9条，阅读量达16614人次。该校团委还主动加入“湖南三下乡”QQ工作群，及时将大学生扶贫志愿服务中出现的先进事迹、典型案例新闻报送至团省委。据统计，2016 年至 2018 年，该校在中青网、中国公益新闻网、搜狐网、华声在线、湖南红网、湖南在线、湖南共青团等多家媒体发布报道达 900 多篇（次），大学生扶贫志愿服务发挥了较大的社会效应和较为广泛的社会影响，为营造浓厚的脱贫攻坚社会氛围作出了贡献。

3. 灵活性和高效性

首先，大学生扶贫志愿服务具有突出的灵活性。志愿组织是非政府组织，在行为方式、服务模式上具有独立性，不受行政系统、市场系统等体制机制的限制和约束，在服务活动中表现出较强的灵活性。中央精神文明建设指导委员会 2008 年颁布的《关于深入开展志愿服务活动的意见》指出："志愿服务形式多种多样、方式灵活便捷，适应了社会结构、社会组织形式、社会利益格局发生深刻变化的新特点，能够满足不同层次人们关爱他人、服务社会、展示特长的愿望，有利于充分发挥群众的主体作用，激发群众的参与热情，为精神文明创建活动注入新的生机与活力。"该意见充分肯定了志愿服务形式多样、方式灵活便捷、能够满足不同层次需求、为社会注入生机与活力等突出特征。大学生扶贫志愿服务作为志愿服务的一种模式和方式，同样具有灵活性特点：其一，扶贫志愿服务的时间灵活。大学生在校期间，除了正常的学习时间之外，有周末、寒暑假和其他节假日，还有学校组织的实习、实训、见习、社会考察等实践活动。大学生参与或自主组织开展扶贫活动，可以在周末，也可以在寒假或暑假，或者是在劳动节、国庆节、五四青年节等节假日，还可以利用学校组织的社会实践活动机会和时间开展扶贫志愿服务，在时间分配和安排上比较灵活；其二，扶贫志愿服务的方式灵活。在我国高校，有大量的学生社团组织，也有大量未加入社团组织的"草根"志愿者，大学生扶贫志愿服务可以"草根"志愿者单独的身份、零散的方式参与或组织开展扶贫活动，也可以通过组织社团活动、以团体活动的方式开展扶贫活动，还可以通过参与高校团委、学生工作部等部门或团中央、教育部、民政部等组织的专项扶贫计划或专项扶贫行动开展扶贫，还有一些大学生志愿者通过参与社会志愿者招募等方式开展扶贫，扶贫的途径、方式多样；其三，扶贫志愿服务的对象灵活。大学生志愿者或社团组织根据自身或实际情况，可以灵活多样地选择服务对象。一般来说，寒、暑假时间较长，大学生志愿者可以选择比较偏远的农村贫困群众开展扶贫。国家或高校组织的“三下乡”等社会实践活动，基本上是在寒、暑假进行，主要面向革命老区、边疆地区、少数民族地区等农村贫困群众开展扶贫；在周末或节日的空闲时间，因为时间较短，大学生志愿者可以选择学校周边地区的乡村或社区贫困群众开展帮扶；其四是扶贫志愿服务的内容灵活。根据贫困地区和贫困群众的多样化需求，大学生扶贫志愿服务的内容灵活多样。一般来说，主要有扶贫政策宣讲、贫困状况调研及助学支教、关爱帮扶、资助捐赠、农业技能培训、医疗卫生健康、慰问演出、法律维权、环保宣传和整治等，大学生志愿者可以根据自身的优势和特长灵活选择服务内容，如2019年“大学生志愿服务西部计划”设置了基础教育、服务三农、医疗卫生、基层青年工作、基层社会管理、服务新疆、服务西藏等7个专项服务内容供大学生志愿者选择，2019年大中专学生志愿者暑期文化科技卫生“三下乡”社会实践活动设置了“七彩假期”“井冈情·中国梦”“情系北大荒·建功新时代”“深度贫困地区青春行”“健康扶贫青春行”“推普脱贫攻坚”“乡村稼穑情·振兴中国梦”“新疆学子百村行”等多种专项服务内容供大学生志愿者选择。

其次，大学生扶贫志愿服务具有明显的高效性。在大学生扶贫志愿行动中，对志愿者的选派，都是经过严格筛选并且面试、培训的，选出的大学生志愿者素质较为全面、能力较为突出，具有较强的奉献意识和吃苦耐劳精神，能够较好地适应农村生活环境，能比较出色、高效地完成扶贫任务。根据课题组的调研，对于参与志愿服务的大学生志愿者，尤其是参与国家或高校组织的专项扶贫行动，志愿者基本上是由大学生社团或学校团委通过公开招募的形式进行选拔的。湖南某高校教育科学学院团总支2017年暑假“三下乡”志愿者选拔“招募令”中要求的条件主要有五个方面：一是热爱祖国，热爱人民，有良好的思想道德素质和科学文化水平，有强烈的责任担当和无私奉献精神；二是学业成绩突出，专业功底扎实，有一定的专业技能，计算机操作水平、网络信息技术水平突出；三是个人形象好，有爱心，有亲和力，团队意识强，有主人翁责任感，关心群众疾苦，热爱志愿服务事业；四是能吃苦耐劳，沟通协调能力强，掌握一定的社会调研方法和技能；五是有从事志愿工作或有相关志愿服务经验。招募志愿者流程也较为严格，招募工作共分为初选、复选、决选三个阶段。初选和复选都需要进行面试。面试时，志愿者进行自我介绍、才艺展示、情意表达；决选内容为 3 分钟的微型课展示，全方位展示参选志愿者的个人素质和能力。通过决赛选出的志愿者，学校还要进行 1—2 天的专门培训。从“招募令”及选拔对象、选拔条件等情况来看，选拔的程序很严格，对选拔对象的各方面素质要求也比较高，最后选拔出来的大学生志愿者具有较高的自身素质和突出的组织、协调能力，能较好地为社会和他人提供帮扶和服务。据课题组调查，湖南某高校的大学生志愿者在 2018 年暑期“三下乡”社会实践和志愿服务活动中，紧扣“助力脱贫攻坚”和“服务乡村振兴”主题，严格选拔出来的大学生志愿者奔赴省内外偏远山区基层一线，其中绝大多数为国家级、省级贫困乡村。在为期一个月时间的志愿服务活动中，依托“七彩假期”“情暖童心”等服务项目对农村留守儿童、贫困失学儿童开展资助和帮扶，惠及 2621 名农村留守儿童、失学儿童；开办针对乡村青年的“创客”课程和农民夜校，在乡村培育“双创”思维，举办了 34 场文艺会演和成果汇报展，丰富了乡村文化生活；组织国情社情调研，共撰写调研报告 159 篇，积极为乡村振兴建言献策。在活动结束后，该校团委对大学生志愿者的服务成果，用了多个“奇”来表现：支教帮扶有“奇法”——特色课程“输血”乡村教育，关注贫困儿童成长；智力帮扶有“奇思”——传播创新创业思维，助力乡村振兴战略；政策宣讲出“奇招”——艺术化宣讲春风化雨、润物无声；文化传播有“奇效”——繁荣乡村文化，助力乡村发展；实践调研有“奇策”——贴近贫困农村实际，为贫困群众脱贫致富献计献策。这些“奇”字，突出表现了大学生志愿者在农村脱贫攻坚战中所具有的行动力、执行力和高效性。

4. 教育性和低成本性

首先，大学生扶贫志愿服务具有较强的教育性。大学生扶贫志愿服务所具有的教育性，主要表现在两个方面：其一，深化大学生专业教育。大学生志愿者开展扶贫志愿服务，一般都是利用寒暑假、周末或其他节假日进行，这些活动实质就是大学生专业学习、课堂学习的延伸和有益补充，促进大学生理论联系实际，巩固大学生的理论知识，深化大学生的专业教育，促进大学生成才。医学专业的大学生运用所学医药知识开展健康扶贫，农学专业的大学生运用所学农业知识为贫困群众传授、培训农业知识和技能，电子信息工程专业的大学生运用所学网络信息技术帮助贫困群众建立电商平台销售特色农产品，法律专业的学生运用所学法律知识为贫困群众维权等，这些专业学生在运用所学专业知识和技能服务贫困群众的同时，也在进一步巩固大学生的专业知识、专业技能，进一步提高大学生的动脑、动手能力，推动专业教育目标实现。接受课题组访谈的湘西某大学团委负责人介绍，大学生志愿者走出校门，深入社会，广泛参与社会实践和志愿服务，全方位锻炼了大学生的组织、策划、协调能力。扶贫服务结束后，通过总结交流，撰写心得体会、调研报告，大学生志愿者学到了在学校里学不到的实践知识、社会知识，提高了动手操作能力，增长了知识和才干。其二，深化大学生思想政治教育。社会实践是思想政治教育的重要环节。大学生扶贫志愿服务是典型的社会实践活动，具有突出的思想政治教育效果，能有效培养锻炼大学生的奉献意识、责任意识和艰苦奋斗精神、开拓创新精神、团结合作精神等。大学生志愿者在参加暑假“三下乡”活动中，虽然农村条件艰苦，还存在着语言不通、生活不适应、蚊虫叮咬等情况，但对每位志愿者来说，既磨炼了意志，又培养了奉献精神和团队意识，在青年大学生的人生中留下了不可磨灭的美好记忆。据湖南某学院团委负责人在总结大学生扶贫志愿服务成效时指出，通过组织开展扶贫志愿服务活动，加深了大学生对党和国家扶贫政策及国情、民情、社情的了解，提升了大学生的社会责任感和使命感，增强了大学生的政治认同和知识报国的家国情怀、使命担当。湘西某大学校团委办公室负责人在接受课题组访谈时，对大学生参与扶贫志愿服务活动的思想政治教育成效也给予了肯定：大学生扶贫志愿者赴农村贫困地区开展精准扶贫、精准脱贫服务活动，搭建了校地合作平台，为提高农村教育水平、改善医疗卫生条件、普及推广农业科技、提升政策运用能力、繁荣乡村文化艺术、推动农村经济社会发展作贡献，是"服务社会，提升自己"的有效途径，偏远地区农村苦、农民穷的状况，使大学生在思想上受到教育的同时，激发大学生为改变贫困农村地区落后面貌而勤奋努力的主人翁责任感和开拓进取精神。

其次，大学生扶贫志愿服务具有明显的低成本性。大学生扶贫志愿服务相对于政府部门、企业事业单位开展的扶贫攻坚行动，还具有明显的低成本性特点：其一，时间成本低。大学生志愿者开展"三下乡"或其他脱贫攻坚专项行动，基本上是利用寒假、暑假、周末或其他节假日时间，或高校专门组织的社会考察、社会实践等时间进行，基本上是在课余时间进行，是将大学生的零碎的空闲时间利用起来开展扶贫活动。这样，不仅提高了课余时间的使用效率，也充实了大学生的课余生活。其二，人力资源成本低。参与农村扶贫的大学生志愿者，他们的行为目标不是物质利益或物质报酬，而是社会公益价值。那些以志愿者个人方式、零散形式开展的扶贫服务，不需要高校或政府支付人力资源成本，那些以高校、政府为主组织开展的扶贫志愿服务，只需要提供最基本的生活费、住宿费和交通费、保险费等。对参与"中国青年志愿者扶贫接力计划"的志愿者，地方政府只需提供生活补贴、食宿条件和商业保险、医疗保险等；对参与"大学生志愿服务西部计划"的志愿者，地方财政只需为志愿者提供基本的生活补贴和交通、住宿、伙食便利等；对参与"三下乡"的大学生志愿者，高校只需要承担在农村服务期间的住宿费、交通费和购买短期意外伤害保险等，人力资源成本相对较低。其三，获取扶贫物资和善款的成本低。大学生扶贫志愿服务需要对贫困群众进行走访和慰问，需要一定的慰问物资和资金支持。慰问物资和资金一方面来源于高校或主办部门，另一方面来源于大学生志愿者或社团组织开展的募捐活动。大学生志愿者在获取赞助或募捐的过程中，能够得到高校、同学、家长、社会公众的支持，可以获得一定数量的物资和资金支持。在网络技术高度发达的今天，大学生志愿者还可利用网络信息平台广泛募集物资和善款。其四，扶贫活动组织实施和管理成本低。大学生扶贫志愿服务活动分为自主实施和集中组织两种形式。大学生志愿者或高校社团自主实施的扶贫活动，只要履行必要的报备、审批手续即可，由高校、政府部门等组织实施的集中性、专项性扶贫活动，组织实施或主管部门只需要为参与扶贫活动的大学生志愿者提供必要的交通、住宿等条件和保障，并选派1—2名指导教师随队进行日常管理和指导，日常投入和管理成本低。

二、大学生扶贫志愿服务的突出优势

（一）具有智力优势，提升贫困户科学文化水平

在精准扶贫的“五个一批”工程中，“发展教育脱贫一批”是尤为关键的精准脱贫举措。习近平总书记2013年在湘西提出精准扶贫思想后，在不同场合多次深刻指出，“扶贫必扶智”“治贫先治愚”，强调了“扶智”“治愚”等教育扶贫措施在精准扶贫中的重要作用和意义。习近平总书记强调指出：“让贫困地区的孩子们接受良好教育，是扶贫开发的重要任务，也是阻断贫困代际传递的重要途径。”①习近平总书记要求将教育扶贫摆在精准扶贫中的

① 《习近平谈扶贫》，载《人民日报》（海外版），2016年9月1日。

重要位置，要求通过对贫困家庭子女开展教育扶贫，提高贫困家庭子女的科学文化素质，用知识改变命运，使贫困家庭子女有能力掌握自己的前途命运，阻断贫困的代际传递，逐步使贫困农户摆脱贫穷落后的命运。习近平总书记还多次强调："贫穷并不可怕，怕的是智力不足、头脑空空，怕的是知识匮乏、精神委顿" "脱贫致富不仅要注意'富口袋'，更要注意'富脑袋'"。① 习近平总书记形象地将扶贫比喻为"富口袋" "富脑袋"，指出了"富脑袋"与"富口袋"的关系，强调了"富脑袋"在扶贫中的重要性，不能是"口袋富"了，"脑袋"却空空如也。习近平总书记将"扶智""治愚"放在精准扶贫、精准脱贫的核心和关键环节，对于如何加强对贫困地区贫困人口的文化教育，提高贫困人口的科学文化水平具有重要的指导意义。然而，文化水平低是农村的普遍现象，农民的知识文化水平严重制约了脱贫致富的步伐。据调查，在某贫困村的1181份有效调查样本中，受教育程度为小学及其以下学历的农户最多，占比51.3%。② 较低的科学文化水平不仅导致农民创造财富和经济收入的能力差，无法找到发展经济的技术和门路，而且会造成下一代人的机会不均等，使其子女也难以接受良好的教育，导致失学、辍学，从而形成贫困代际传递，"一穷穷三代"。在国家推出的"中国青年志愿者扶贫接力计划""大学生志愿服务西部计划"和大中专学生志愿者暑期文化科技卫生"三下乡"社会实践活动等专项、大型扶贫志愿服务行动中，都有教育扶贫的重要内容和要求，目的在于提高贫困地区的教育水平，逐步推进义务教育均衡发展和教育公平，使贫困儿童能够享受到有质量的教育，同时提高贫困群众的文化水平和知识技能。大学生是青年当中的知识分子，大学生志愿者充分利用他们的智力优势，带着科学文化知识来到贫困地区，通过开展助学支教、知识培训、文化普及等方式，帮助贫困儿童和村民

---

① 《习近平谈扶贫》，载《人民日报》（海外版），2016年9月1日。

② 徐勇：《反贫困在行动：中国农村扶贫调查与实践》，中国社会科学出版社2015年版，第63页。

学习科学文化知识，提高他们的智力水平。据课题组调查，2016 年全国开展的“三下乡”活动在全国师范类院校或专业中招募组建了 100 支“教育关爱服务团”，赴中西部地区基础教育薄弱、教育资源匮乏的贫困县，协助当地教育部门开展教师培训，帮助当地优化教育资源、提升教学质量。同时，以关爱留守儿童为重点，组织团队志愿者开展课业辅导、素质拓展、亲情陪伴等活动。2018 年，团中央联合中国电信集团组织开展了“互联网 + 教育”进乡村大学生暑期社会实践专项活动。该活动面向全国高校选拔和组建了 100 支“互联网 + 教育”宣传志愿团队赴全国 28 个省 108 个地点开展志愿服务，对中小学师生进行电信教育云、云录播、录课云、班班通、无线校园等知识及运用教育、培训，传授“互联网 + 教育”的新知识、新理念，传播网络信息新技术、新成果。2019 年全国开展的“三下乡”活动设置了“投身脱贫攻坚”专项计划。在该计划中，设立了“推普脱贫攻坚”专项活动，该活动在教育部、国家语委的支持下，招募普通话水平达到二级甲等及以上的在校大学生志愿者组建了 200 支志愿服务团队深入中西部地区、少数民族聚居区和欠发达地区，开展普通话培训、课程教学、政策宣传、经典诵读等活动。除了知识教育、文化培训、助学支教之外，大学生志愿者还积极发挥理论优势，在贫困地区积极宣传国家扶贫政策和党的创新理论。每年“三下乡”社会实践活动都会招募和组建“文化艺术服务团”，参与文化艺术志愿服务的大学生都会精心编排文艺节目赴乡镇农村开展巡回演出，以群众喜闻乐见的方式宣讲党的政策和理论，帮助他们树立战胜贫困、发家致富的信念，激发贫困农户勤劳致富的志气与勇气。

（二）具有专业优势，开展专业服务和技能培训

在我国偏远贫困农村地区，农民受教育程度低，文化素质较低，具有专业特长的农民数量少、比例小，贫困群众长期过着“日出而作，日落而息”的传统农业生活，获得有效信息与资源的机会稀少，家庭经济来源主要是通

过务农而来，谋生手段简单，经济来源单一。据调查统计，在所调查的贫困地区农村中，务农贫困群众人数占总样本数的 89.90%，这意味着绝大部分贫困人口以务农为生。他们的经济收入渠道单一，务农收入占据绝对主体地位，平均每个家庭从务农中获得的收入在家庭收入中占到 74.42%。而在所调查的非贫困家庭中，平均每个家庭的务农收入只占家庭总收入的 26.82%，[①] 绝大部分收入是依靠自己的专长，通过养殖、外出务工等增加经济收入。我国传统扶贫方式主要是“输血”，重在输送扶贫物资和资金；精准扶贫重在“造血”，帮助贫困群众拥有“一技之长”，提高自我发展能力，依靠勤劳双手摆脱贫困、发家致富。习近平总书记指出，“扶贫不是慈善救济，而是要引导和支持所有有劳动能力的人，依靠自己的双手开创美好明天”，[②]“脱贫攻坚期内，职业教育培训要重点做好。一个贫困家庭的孩子如果能接受职业教育，掌握一技之长，能就业，这一户脱贫就有希望了”。[③] 强调扶贫要通过对贫困户进行教育和培训，使他们掌握一技之长，增强他们的“造血”功能。专业知识、专业技能是大学生的明显优势。大学生志愿者在扶贫服务行动中，充分利用他们学习到的专业知识、所掌握的专业技能为贫困地区、贫困群众提供专业服务及专业技能培训，提高贫困群众的脱贫致富本领。在教育部高教司编印的《普通高等学校本科专业目录和专业介绍（2012）》中，全国本科院校有 12 个学科门类、92 个专业类、506 种专业。其中，与农村经济社会发展密切相关的专业中，农学门类有 27 种专业，经济学门类有 17 种专业，管理学门类有 46 种专业，法学门类有 32 种专业，教育学门类有 16 种专业，理学门类有 36 种专业，工学门类有 169 种专业，医学

---

① 徐勇：《反贫困在行动：中国农村扶贫调查与实践》，中国社会科学出版社 2015 年版，第 30 页。

② 习近平：《在中央扶贫开发工作会议上的讲话》，中国共产党新闻网，2015－11－27。

③ 习近平：《在中央扶贫开发工作会议上的讲话》，中国共产党新闻网，2015－11－27。

门类有44种专业，艺术学门类有33种专业。① 在校大学生运用他们所学专业知识、专业技能为贫困户提供专业指导和培训。社会工作、思想政治教育等专业的大学生志愿者，运用社会工作方法和思想政治教育工作原理，在贫困群众中开展思想动员和思想政治工作，帮助贫困群众克服“等靠要”思想，树立脱贫致富的信心和决心；艺术类专业的大学生志愿者，通过在贫困农村开展文艺演出丰富贫困群众的精神文化生活；基础医学、中医学、药学、康复治疗学等专业的大学生志愿者，运用所掌握的医学知识和技能，在农村贫困地区开展医疗卫生宣传、保健知识培训、康复治疗等服务，为农村残疾人、孤寡老人、妇女儿童的身心健康提供保障等；经济学、财政学等专业的大学生志愿者，运用他们所学的经济学、财政学原理为贫困地区农村经济发展提供思路和对策措施，为贫困群众寻找致富门路；信息工程、网络工程、计算机科学与技术等专业的大学生志愿者，运用他们所学的网络信息技术或计算机操作技术，对贫困群众开展电商平台知识、技能培训，提高贫困群众运用现代网络和信息技术的能力；农学、农业资源与环境、水产养殖学等专业的大学生志愿者，运用他们所学的农作物生产、农作物遗传育种及农业资源开发利用等经营、管理知识，培训贫困群众开发特色产业和管理、经营特色农业的技能。在每年开展的“三下乡”社会实践活动、“中国青年志愿者扶贫接力计划”“大学生志愿服务西部计划”中，设置了能充分发挥大学生志愿者专业优势的相关服务和活动项目、内容。在2016年全国“三下乡”社会实践活动中，组建了100支由涉农高校或涉农院系专业教师和大学生组成的“科技支农帮扶团”，赴贫困农村开展农技人员培训、农业科普讲座、先进农技推广，为农民提供“田间地头”的生产实践指导服务。在2017年“三下乡”活动中，国家与全国农学院协同发展联盟合作，设立了“农科学子助力脱贫攻坚”专项活动，重点面向全国涉农高校及院系招募专业教师

① 教育部高教司编：《普通高等学校本科专业目录和专业介绍（2012）》，高等教育出版社2012年版，第3页。

和学生赴国家级贫困县开展调研、帮扶活动。在2018年团中央组织开展的“青春致昆明 筑梦新时代”全国大学生暑期昆明实践专项行动中，安排了“青年助力昆明脱贫攻坚”系列行动，从全国农科高校中招募大学生志愿者从农村基础设施建设、农村发展资源要素、农村电商发展、农村生态环境、特色产业发展等方面开展调研和帮扶行动。在2018年“弘扬右玉精神 争做时代新人”百所高校右玉行暑期实践活动中，设立了“学习右玉精神 助力脱贫攻坚”专项活动，要求参与专项活动的大学生志愿者发挥农林类院校优势，帮助贫困村做好扶贫产业规划、扶贫项目开发；发挥师范类院校优势，对农村留守儿童开展学业辅导、亲情陪伴、社会体验、自护教育、心理咨询等志愿服务；发挥医科类院校优势，开展健康讲座、义诊服务。在2019年全国“三下乡”活动中的“投身脱贫攻坚”专项计划中，设立“深度贫困地区青春行”专项服务活动，招募艺术类专业或有艺术特长的大学生志愿者赴国家级贫困县开展“送文艺下乡”活动，招募师范类专业或热心基础教育的大学生志愿者赴国家级贫困县开展“农村留守儿童暑期班”活动；设立“健康扶贫青春行”专项服务活动，招募和组建150支医药类专业大学生实践团队赴中西部地区、少数民族聚居区和欠发达地区开展医疗政策宣传、健康现状调研、器官捐献宣传、康复知识普及、特殊关爱扶持等活动。① 这些与专业知识、专业技术紧密相关的专业、专项服务项目，为大学生志愿者发挥他们的专业特长提供了机会和平台，他们通过这些专业服务项目在贫困地区开展专业知识普及，为贫困群众开展专业技术培训，助力农村特色产业发展和贫困群众脱贫能力提升。

（三）具有数量优势，实现脱贫攻坚领域广覆盖

邓小平指出，社会主义的本质是最终达到共同富裕。2016年，习近平在

---

① 数据来源：“三下乡”官网，https：//sxx. youth. cn/。

东西部扶贫协作座谈会上的讲话中指出："这就像六盘山是当年红军长征要翻越的最后一座高山一样，让全国现有五千多万贫困人口全部脱贫，是我们打赢脱贫攻坚战必须翻越的最后一座高山。只有翻越了这座山，扶贫开发的万里长征才能取得最后胜利。"① 习近平在2017年新年贺词中庄严提出："小康路上一个都不能掉队!"我党确定的全面建成小康社会，核心就在"全面"，就是不分地域、不让一个人掉队的全面小康。我国提出到2020年必须实现"两个确保"——确保农村贫困人口实现脱贫，确保贫困县全部脱贫摘帽。实现"两个确保"需投入大量人力、物力、财力。中共中央、国务院《关于打赢脱贫攻坚战的决定》（2015年11月），民政部、财政部、国务院扶贫办《关于支持社会工作专业力量参与脱贫攻坚的指导意见》（2017年8月），中共中央、国务院《关于打赢脱贫攻坚战三年行动的指导意见》（2018年6月）等明确提出，要广泛动员社会力量参与脱贫攻坚，从数量上、规模上达到精准扶贫、精准脱贫工作要求，确保脱贫攻坚战略得到全面实施。我国大学生志愿者具有人数多、规模大的突出优势。据共青团中央测算，到2025年，我国实名注册的青年志愿者总数将突破1亿人。在这些青年志愿者中，高校大学生志愿者占据了绝大部分数量和比例。人数众多的大学生志愿者，能适应贫困人口数量多、扶贫领域广泛等方面的需求，能较好地推动脱贫攻坚工作取得实际成效。在校级层面，每年参与扶贫志愿服务的大学生志愿者数量非常多。据课题组调查，湖南省内的高校，每年都有数百名大学生志愿者浩浩荡荡开赴贫困地区开展服务活动。2018年、2019年，湖南某高校招募了875名大学生志愿者开展"三下乡"志愿服务活动，其中，2019年"三下乡"活动还招募89个支教班级，惠及2700余名农村留守儿童；2017年至2019年，湖南某学院团委共选派约600名大学生志愿者赴农村开展扶贫志愿服务。地处湖南湘西的某大学，每年有1万余名大学生志愿者深入武陵

① 习近平：《在东西部扶贫协作座谈会上的讲话》，中国共产党新闻网，2016-07-20。

山区贫困农村开展脱贫攻坚。在周末、节假日时间，大学生志愿者还以个体或社团等形式分散、零散开展的扶贫志愿服务活动数量和规模也非常巨大。在国家层面，有更多数量的大学生志愿者参与国家组织的各项扶贫志愿服务。据统计，参与暑期“三下乡”社会实践活动的全国省级、校级、院系级大中专学生志愿者，2016 年、2017 年达 500 万人次，2018 年达 700 万人次，2019 年达 800 万人次。① 另据统计，“大学生志愿服务西部计划”实施 16 年以来（2003—2019 年），共有 29 万余名大学生志愿者参与其中，服务的内容包括医疗卫生、基础教育及基层社会管理、基层青年工作等多方面，共涉及中西部 2100 多个县市区旗。其中，参与 2018、2019 年度“大学生志愿服务西部计划”的大学生志愿者数量连续两年分别达到 1.8 万余名，服务领域包括基础教育、农业科技、医疗卫生、基层青年工作、基层社会管理等方面；参与 2018 年、2019 年“中国青年志愿者扶贫接力计划”的大学生志愿者人数连续两年分别超过 2200 人。②每年这些数量巨大的大学生志愿者奔赴贫困农村地区开展脱贫攻坚活动，有效壮大了社会扶贫力量，在一定程度上缓解了政府扶贫力量不足等问题，在较大范围和领域内满足了贫困群众的不同需求。

三、大学生扶贫志愿服务与共享发展理念的内在关联

（一）大学生扶贫志愿服务对共享发展理念的彰显与弘扬

1. 大学生扶贫志愿服务彰显与弘扬“以人民为中心”发展思想

“以人民为中心”是共享发展理念的基本内涵，而“发展为了人民、发

① 数据来源：“三下乡”官网，https：//sxx. youth. cn/。

② 数据来源：中国青年网，http：//news. youth. cn/gn/201904/t20190417_11929486. htm，2019 - 04 - 17。

展依靠人民、发展成果人民共享”则是“以人民为中心”发展思想的基本内涵。“以人民为中心”发展思想的出发点、落脚点就是通过共享发展，逐步消除不平衡不充分发展，满足人民日益增长的美好生活需要。在党的十九大报告中，习近平总书记明确提出：“我国社会主要矛盾已经转化为人民日益增长的美好生活需要和不平衡不充分发展之间的矛盾。”十九大报告同时指出：“人民美好生活需要日益广泛，不仅对物质文化生活提出了更高要求，而且在民主、法治、公平、正义、安全、环境等方面的要求日益增长。”2017 年 11 月 17 日，习近平总书记在亚太经合组织工商领导人峰会上，发表了题为《同舟共济创造美好未来》的主旨演讲。习近平总书记在演讲中强调指出，世界上任何人都无权也不能阻挡发展中国家人民对美好生活的追求，我们要让所有国家的人民都过上好日子。我国在解决了十几亿人的温饱问题、总体实现小康的基础上，需要进一步贯彻落实“以人民为中心”的发展思想，满足人民对更高层次美好生活的向往与追求，全面建成小康社会，推动我国经济社会平衡发展、充分发展。具体来说，贯彻“以人民为中心”的发展思想，必须在现实生活和社会实践中坚持人民群众的主体地位，保障人民群众的根本利益，将“以人民为中心”的发展思想贯穿脱贫攻坚、全面建成小康社会始终。一是坚持人民群众的主体地位。坚持人民主体地位不仅是党的十八届五中全会提出的实现全面建成小康社会奋斗目标、推动经济社会持续健康发展必须遵循的首要原则，而且是党的十八大、十九大提出的在新的历史条件下夺取中国特色社会主义新胜利必须牢牢把握的首项基本要求。坚持人民主体地位，就是要坚持“发展为了人民、发展依靠人民、发展成果人民共享”，增强发展动力，逐步消除发展的不平衡、不充分，满足人民日益增长的美好生活需要，朝着共同富裕的方向稳步前进；二是保障人民群众的根本利益。党的十八届五中全会指出，要实现共享发展，使全体人民在共建共享发展中有更多获得感。为此，我们要在增加公共服务供给、实施脱贫攻坚工程、提高教育质量、促进就业创业、缩小收入差距、建立更公平的社会保障体系、推进“健康中国”建设等方面强化制度供给、优化制度安排、作出更大努力，真正实现“人人参与、人人尽力、人人享有”，确保“以人民为中心”落到实处，使人民群众有实实在在的获得感、幸福感、安全感。

近年来，蓬勃兴起的、影响日益广泛的志愿服务，通过救助困难群体、倡导生态保护、提供法律援助、推进政府善治、开展行业监督、参与精准扶贫等多种途径和方式，为人民提供民主、法治、公平、正义、安全、环境等方面的需要，在满足人民对美好生活向往和追求中发挥着不可替代的独特作用，在坚持人民主体地位、推动人民中心地位保障制度落地生根等方面有着重要影响和效果。在这些志愿服务队伍中，活跃着一支大学生扶贫志愿服务队伍，他们自愿奉献个人的知识、特长和爱心，在不谋求任何物质报酬的情况下，利用课余和节假日时间，为推动农村精准扶贫、精准脱贫和农村经济社会发展而提供力所能及的服务活动，是对“以人民为中心”的发展思想的有力彰显和弘扬。其一，大学生扶贫志愿服务的宗旨和使命彰显与弘扬“以人民为中心”的发展思想。志愿服务的宗旨、使命是社会公益，是奉献爱心，是为他人、社会贡献自己的专业知识和技能，推动社会发展进步。大学生志愿者是青年志愿服务队伍中的积极分子，富有奉献精神，他们在寒暑假奔赴偏远农村地区，通过宣传国家扶贫政策、为贫困群众表演文艺节目、支教、开展医疗卫生服务和创业就业技能培训等活动，帮助贫困群众增强生活信心，提高脱贫致富本领，改善人民群众生活，推动农村贫困地区实现共同富裕，这正是大学生志愿者开展扶贫的宗旨、使命所在，体现了“以人民为中心”的发展思想。其二，大学生扶贫志愿服务的活动内容和扶贫项目彰显与弘扬“以人民为中心”的发展思想。大学生志愿者赴农村地区开展扶贫，其服务内容与项目，主要是宣传扶贫政策、演出文艺节目、调查贫困现状、组织农业技能培训、提供医疗卫生保健等。针对因病致贫的群众，医学院的大学生志愿者运用所学医学知识，深入贫困家庭中为贫困患者进行诊断，并与政府社保部门进行合作，对因病致贫家庭提供相应的医疗救助和服务，有些大学生志愿者还对贫困家庭医疗卫生问题进行专门的课题研究，为因病致贫家庭脱离贫困寻找新的突破口；针对缺乏技术或创业渠道而陷入贫困的农户，农林类大学生志愿者结合贫困家庭实际情况，利用学校农业信息和农业资源制订针对性的增产优产方案，将学校先进的科研成果加以转化，通过贫困户的生产实践将科技成果转化成为经济效益；电信专业的大学生志愿者将网络信息技术传授给贫困户，让他们在农产品销售过程中能够紧跟时代步伐，通过电商平台将优质、特色农产品销售出去，使贫困群众获得稳定的经济收入。大学生志愿者参与的这些扶贫项目，都是“急群众之所急，想群众之所想”，尽最大努力满足贫困群众的脱贫致富要求和愿望，满足贫困群众对美好生活的向往和追求。

2. 大学生扶贫志愿服务彰显与弘扬“人人参与、人人尽力、人人享有”治理理念

“人人参与、人人尽力、人人享有”也是共享发展理念的基本内涵。实现共享发展，就是要通过“人人参与、人人尽力”，达到“人人享有”。“人人参与、人人尽力”是途径和方式，“人人享有”、共同富裕是目标，是共享发展的落脚点。中华人民共和国成立以后，我们国家一穷二白，人民群众极端贫困，连最基本的温饱问题都无法得到保障。要想让站立起来的中华民族富裕起来、强大起来，全国各族人民必须团结一致，在建设新中国、推进改革开放和建设中国特色社会主义的伟大历史进程中，做到“人人参与、人人尽力”，共同为国家的建设发展作出努力甚至是流血、牺牲，只有这样，国家才能发展，社会才能进步，民族才能振兴。从中华人民共和国成立至今，我国实现了从站起来，到富起来，再到强起来的伟大飞跃，靠的就是全国各族人民的努力奋斗。尤为突出的是，中华人民共和国成立70多年来，中国共产党领导全国各族人民，创造了世所罕见的经济快速发展和社会长期稳定“两大奇迹”，我国用几十年时间走完了发达国家几百年走过的工业化进程，经济总量稳居世界第二，近几年对世界经济增长的年均贡献率高达30%，更

是全国各族人民奉行“人人参与、人人尽力”理念的生动写照。中国特色社会主义进入新时代，我国经济社会发展取得了历史性成就，党和国家面貌发生了历史性变化，人民群众基本能做到“人人享有”经济社会发展和改革开放的成果。但正如十九大报告所指出的，中国特色社会主义进入新时代，我国社会主要矛盾已经发生深刻变化，社会还存在发展不平衡、不充分的问题，在我国一些革命老区、边疆地区、少数民族地区等偏远农村地区还存在大量贫困人口，他们还不能实现共享发展，他们在很多方面还不能充分共享改革发展的成果和经济社会发展“红利”。2016 年，习近平总书记视察江西时提出：“全面小康是全民共享的小康，必须人人参与、人人尽力、人人享有，更不能让老区人民掉队。”全面建成小康社会是党和国家提出的“第一个百年”奋斗目标，现行标准下农村贫困人口全部脱贫是我党向人民作出的郑重承诺。这个目标的顺利实现，必须坚持“人人参与、人人尽力、人人享有”的理念，在脱贫攻坚中努力做到“不让一个人掉队”“不让一个民族掉队”，全国各族人民共同迈入小康社会。

志愿服务是“人人参与、人人尽力”的典型体现，是推进“人人享有”的重要力量。在我国，目前已有 1.74 亿注册志愿者，累计服务时间超过 22.7 亿小时，其他尚未注册的志愿者不计其数，志愿服务已经覆盖到社会的方方面面，成为公民参与社会生活的重要平台，已经形成包括青年志愿者、社区志愿者、社会组织志愿者、企业志愿者等在内的志愿者体系，其开展的志愿服务活动领域广泛，产生的社会影响和效益突出，正如美国学者马克·A. 缪其克、约翰·威尔逊所说的：“愿意做志愿服务工作的人数已经成为一个公民社会健康状况的晴雨表。”① 在这些志愿服务队伍中，大学生志愿者更是一道“亮丽风景”，在环保、扶贫、教育、医疗、卫生、维权等方面的服务行动格外引人关注。据中国扶贫基金会发布的调查数据显示，全国在校

① 马克·A. 缪其克、约翰·威尔逊著，魏娜，等，译：《志愿者》，中国人民大学出版社 2013 年版，第 1 页。

大学生中，以各种不同形式参与志愿服务的比例高达78%。如此规模的志愿服务力量，其表现出来的作用与影响是不可忽视的。在脱贫攻坚队伍中，大学生志愿者亦是一支重要的脱贫攻坚力量。大学生参与扶贫志愿服务，是对“人人参与、人人尽力”的治理理念的彰显与弘扬。在“大学生志愿服务西部计划”中，2016—2017 年度、2018—2019 年度分别选拔了 1830 名、2019—2020 年度选拔了2 万名大学生志愿者到西部地区基层工作；在“中国青年志愿者扶贫接力计划”中，2018—2019 年度、2019—2020 年度、2020—2021 年度分别招募了2159 名、2124 名、2284 名志愿者赴贫困地区开展志愿服务。在每年暑假大学生“三下乡”活动中，全国各个高校都会精心选派一定数量和规模的大学生志愿者组成志愿服务队，奔赴贫困农村地区开展扶贫志愿服务。2019 年，全国共组建了3000 多支“三下乡”服务团队、开展了800 万人次的社会实践和志愿服务活动。除国家层面的志愿者之外，2016 年至2019 年，全国省级、校级、院系级大中专学生志愿者共计高达200 万人次集中参与“三下乡”志愿服务。国家层面还组织实施了一系列专项扶贫行动，其数量和规模也很大。2019 年“青春白山行·奋进新时代”全国大学生白山暑期社会实践专项活动招募和组建了100 支实践团队和100 名基层岗位实践大学生志愿者赴吉林省白山市贫困农村开展帮困助残、关爱留守儿童、治理农村环境污染等志愿服务活动；2019 年“新疆学子百村行”全国大学生暑期社会实践专项活动除了招募和组建全国、自治区级（兵团级）、校级重点团队之外，还招募3000 多名大学生志愿者赴新疆各区域基层乡镇（街道、团场）、村（社区、连队）开展“红领巾小课堂”“助力‘访惠聚’社会实践”“青春助力脱贫攻坚行动”。① 数量、规模巨大的大学生扶贫志愿服务，有力彰显和弘扬了“人人参与、人人尽力”的治理理念，对实现“人人享有”的共享发展具有一定的推动和促进作用。

---

① “三下乡”官网，https：//sxx. youth. cn/。

3. 大学生扶贫志愿服务彰显与弘扬“公平正义”社会风尚

公平正义是人类永恒的价值追求。人类社会发展的历程实际就是一个不断追求公平正义、文明进步的过程。罗尔斯在《正义论》中指出，正义是社会制度的首要价值，就像真理是思想体系的首要价值一样。每个人拥有一种基于正义的不可侵犯性，这种不可侵犯性即使以社会整体利益之名也不能逾越。因此，正义否认为了一些人分享更大利益而剥夺另一些人的自由是正当的，不承认许多人享受的较大利益能绰绰有余地补偿强加于少数人的牺牲。所以，在一个正义的社会里，平等的公民自由是确定不移的，由正义所保障的权利决不受制于政治的交易或社会利益的权衡。罗尔斯提出了正义是公民的基本权利，是平等的，具有不可侵犯性，不能因为一部分人的利益而损害或侵害另一部分人的权利、利益。在一般意义上，公平正义往往被理解为“给每一个人他所应得的”“是使每个人获得其应得的东西的永恒不变的意志”，如果“应得”而“未得”，就是“非正义的”“非平等的”，就会损害社会的公平正义。亚里士多德认为：“政治学上的善就是‘正义’，正义以公共利益为依归。按照一般的认识，正义是某些事物的‘平等’（均等）观念。”① 亚里士多德强调“正义”与“平等”的内在关联，认为正义包含平等，平等也包含正义。在现实社会中，公平正义原则的建立是基于各社会阶层利益协调的共同价值认同，通过再分配和转移支付来救助和扶持困难群体，使每一个社会成员都能平等地承担社会角色并平等地享有角色权利和履行角色义务，并使全体社会成员都能够享受经济和社会发展的成果，过上美好生活为根本目的和使命。社会发展的成果对绝大多数社会成员来说，应当具有共享的性质，也就是说，随着社会的进步，每个社会成员的人格尊严应当更加得到保证，每个社会成员的潜能应当得到不断提高，每个社会成员的基本需求应当持续得到满足，公平正义是实现人人共享、普遍受益、自身潜

① 亚里士多德：《尼各马科伦理学》，中国社会科学出版社 1990 年版，第 90 页。

能得到充分发挥这一基本宗旨的必不可少的条件。习近平总书记提出的共享发展理念，不但意味着具有社会困难群体生存所需的最低生活保障制度，以使每个社会成员的基本尊严和基本生存条件得到维护和满足，并且应当为社会成员的就业、教育和社会保障等基本发展提供保证，以实现社会真正平等、有效合作，使社会能够获得持续不断的发展动力。习近平总书记在多个场合强调维护社会公平正义的重要意义。2013 年 3 月 17 日，习近平总书记在第十二届全国人民代表大会第一次会议上指出："我们要随时随刻倾听人民呼声、回应人民期待，保证人民平等参与、平等发展权利，维护社会公平正义，在学有所教、劳有所得、病有所医、老有所养、住有所居上持续取得新进展。"① 2015 年 4 月 28 日，习近平总书记在庆祝"五一"国际劳动节暨表彰全国劳动模范和先进工作者大会上提出："国家建设是全体人民共同的事业，国家发展过程也是全体人民共享成果的过程。我们一定要适应改革开放和发展社会主义市场经济的新形势，从政治、经济、社会、文化、法律、行政等各方面采取有力措施，促进社会公平正义。"② 然而，随着改革开放和现代化建设的不断深入，剧烈的变革给社会带来了利益再分配、社会结构分化、竞争和规范重组等多重压力，不同程度地出现了收入差距拉大、地区发展不平衡、贫困状况突出等问题，成为影响社会和谐与进步的重要因素，阻碍着公平正义价值目标实现。尤其是社会贫困问题，已成为当今世界发展面临的最大挑战之一。其中，贫困是"无声的危机"，贫困人口的存在导致贫困群众及其家庭成员在基本生活保障、健康、教育等方面水平低下，导致他们在社会结构中处于不利的地位。贫困人口的存在对整个社会产生了复杂而深刻的影响，造成了社会不公正，影响了社会和谐发展与文明进步，影响全面建成小康社会进程。对此，习近平总书记在 2016 年 4 月 18 日举行的中

---

① 习近平：《在第十二届全国人民代表大会第一次会议上的讲话》（2013 年 3 月 17 日），《十八大以来重要文献选编》（上），中央文献出版社 2014 年版，第 236 页。

② 习近平：《在庆祝"五一"国际劳动节暨表彰全国劳动模范和先进工作者大会上的讲话》（2015 年 4 月 28 日），人民出版社单行本，第 7 页。

央全面深化改革领导小组第二十三次会议上强调指出："改革既要往有利于增添发展新动力方向前进，也要往有利于维护社会公平正义方向前进，注重从体制机制创新上推进供给侧结构性改革，着力解决制约经济社会发展的体制机制问题。"① 提出要通过改革进一步完善社会公平正义保障体系，把维护公平正义体现在经济社会发展各个环节，通过脱贫攻坚、减少社会贫困等措施，逐步消除发展的不平衡性、不充分性，提升发展的公平性、有效性、协同性，使发展理念和模式更加完善，发展机会更加均等，在维护社会公平正义中保障人民群众有更多的获得感、幸福感、安全感。

在推进社会公平正义的进程中，大学生扶贫志愿服务是对公平正义的有力彰显与弘扬。在我国，农村贫困群众属于社会困难群体。处于贫困之中的农村困难群体是志愿服务关注和帮助的重点对象。大学生志愿者作为一种带有强烈正义色彩的社会群体，在人类社会追求人道与公正的价值理想过程中，尤其是在贫困群体等困难群体保护和救助中，以其灵活高效的特点发挥着重要作用，维护着这些边缘群体的正当权益，如给贫困群众提供食品、教育、医疗卫生及其他方面的服务，培养他们的自立精神特别是再生产能力，使农村困难群体摆脱贫困、恢复自我生活的能力等，促进社会的公平正义、和谐稳定。在维护义务教育均衡发展方面，大学生扶贫志愿者通过开展义务助学支教，为农村贫困学校募集和捐赠教学设备、图书资料、学习用品，改善农村学校的办学条件，还有很多大学生志愿者赴农村学校支教，改善农村学校的师资条件和教学质量，还有大学生志愿者积极参加"七彩假期"等专项服务活动，为农村留守儿童进行学业辅导、亲情陪伴、素质拓展、自护教育、心理辅导等服务，帮助贫困儿童健康成长。为了提高贫困群众特别是贫困地区青壮年劳动者和青少年儿童的普通话水平，团中央学校部联合教育部语言文字应用管理司组织开展"推普脱贫攻坚"全国大学生暑期社会实践专

① 习近平：《在中央全面深化改革领导小组第二十三次会议上的讲话》（2016 年 4 月 18 日），载《人民日报》，2016 年 4 月 19 日。

项活动，招募和组建大学生志愿者赴中西部地区、少数民族聚居区和欠发达地区开展“推普脱贫攻坚”活动，通过开展普通话口语培训、普通话标准宣讲、阅读写作训练、语言文字游戏设计等形式，提高贫困群众的普通话水平。在改善农村地区医疗卫生条件、消除贫困群众心理和生理疾病、提高贫困群众身心健康等方面，高校或国家层面也组织大学生志愿者开展了相应的服务活动。近几年组织开展的“健康扶贫青春行”“让爱与生命永续”等大学生暑期社会实践专项活动，招募医药类专业大学生志愿者赴中西部地区、少数民族聚居区和欠发达地区开展医疗政策宣传、健康现状调研、器官捐献宣传、康复知识普及等志愿服务活动，国家禁毒委员会办公室、国务院防治艾滋病工作委员会办公室还专门招募、组建大学生志愿服务团队深入基层乡村开展普及禁毒防艾知识、宣讲禁毒防艾政策法规、调研禁毒防艾状况等志愿服务活动。大学生扶贫志愿者通过开展募捐、资助等活动，助力社会资源的再分配。大学生志愿者通过“三下乡”“中国青年志愿者扶贫接力计划”“大学生志愿服务西部计划”等扶贫志愿服务项目，每年为贫困地区引进扶贫资金和技术，向处于弱势地位的农村贫困群众给予志愿捐赠，为贫困失学儿童提供助学金帮助他们重返校园，为农村残疾人员提供生活保障等，这些活动客观调节了社会各阶层的利益分配机制，弥补了社会保障方面的缺陷，化解了一些社会矛盾，维护、促进并彰显、弘扬了社会公平正义。

（二）共享发展理念对大学生扶贫志愿服务的指导和引领

1. 共享发展理念指导和引领大学生扶贫志愿者服务于乡村振兴战略

共享发展理念的基本内涵是“发展为了人民、发展依靠人民、发展成果人民共享”，是“人人参与、人人尽力、人人享有”。要实现共享发展，就要实现共同富裕。要实现共同富裕、共享发展，必须逐步消除发展的不平衡、不充分，全体人民共同迈入小康社会，“小康路上不能让一个人掉队”。目前，我国发展的不平衡、不充分问题，一个突出表现就是城乡发展的不平衡、农村发展的不充分。农村发展尤其是农村的贫困问题是全面建成小康社会的一个明显“短板”，必须汇聚全社会力量予以补齐。2012年12月，习近平总书记在河北省阜平县考察扶贫开发工作时指出，全面建成小康社会，最艰巨、最繁重的任务在农村，特别是在贫困农村地区。没有农村的小康，特别是没有贫困地区的小康，就没有全面小康社会。2013年12月，习近平总书记在中央农村工作会议上又指出，“小康不小康，关键看老乡”“农业还是‘四化同步’的短腿，农村还是全面建成小康社会的短板。中国要强，农业必须强；中国要美，农村必须美；中国要富，农民必须富”，强调农村在全面建成小康社会中的地位和作用。为此，党的十九大提出实施乡村振兴战略。十九大报告指出，农业农村农民问题是关系国计民生的根本性问题，必须始终把解决好“三农”问题作为全党工作的重中之重，实施乡村振兴战略。随后，我国密集出台文件、措施，大力推进乡村振兴战略实施：2018年1月2日，国务院公布2018年中央一号文件，即《中共中央国务院关于实施乡村振兴战略的意见》；2018年3月5日，国务院总理李克强在《政府工作报告》中进一步强调要大力实施乡村振兴战略；2018年5月31日，中共中央政治局召开会议，审议《国家乡村振兴战略规划（2018—2022年）》并于2018年9月印发。在乡村振兴战略中，产业兴旺、生态宜居、乡风文明、治理有效、生活富裕是总要求。要实施乡村振兴战略，就必须激发农民积极性、主动性、创造性，激活乡村振兴内生动力，通过发展产业、保护环境、精神文明建设等方式，让农民在乡村振兴中有更多获得感、幸福感、安全感。实施乡村振兴战略，其中一个重要方面，就是“打好精准脱贫攻坚战，走中国特色减贫之路”。农村精准扶贫、精准脱贫，需要社会各方力量的广泛参与，这其中，就需要非政府组织、志愿组织的大力参与。

在参与乡村振兴战略实施尤其是参与乡村贫困治理的志愿者当中，大学生扶贫志愿者是不可或缺的重要力量，可以说，乡村振兴战略的实施，为大学生志愿者开展扶贫志愿服务、参与乡村建设、促进产业兴旺和乡风文明提供了重要机遇和平台，也为大学生扶贫志愿服务提供了服务的内容与项目。在产业兴旺方面，大学生扶贫志愿者利用他们的智力优势、专业优势，开展科技成果转化应用，在贫困农村开展创业就业技能培训，为贫困群众传授农技知识，为贫困地区引入先进的生产技术或项目，帮助贫困群众拓宽致富门路，帮助贫困群众学习电商知识，帮助农户利用电商平台销售特色农产品；在生态宜居方面，大学生扶贫志愿者向贫困农村地区群众宣传环保知识，宣传“绿水青山就是金山银山”环保理念，引导贫困群众增强环保意识，积极保护生态环境，为生产生活提供一个良好的自然环境，逐步消除因自然灾害而致贫、返贫，大学生扶贫志愿者还亲身参与农村垃圾清理，传授垃圾分类知识，用实际行动为村民树立榜样和示范；在乡风文明方面，大学生扶贫志愿者发挥他们热情活泼、多才多艺的特长和优势，通过文艺会演、政策宣传、支教等方式，丰富农村的精神文化生活，营造积极、健康、向上的浓厚氛围，引导村民走乡风文明之路；在治理有效方面，参与扶贫的大学生志愿者通过深入边远农村、走村入户等方式，开展贫困状况调研或协助评估机构开展扶贫成效评估，掌握农村贫困的原始数据资料，为精准扶贫、精准脱贫提供决策、参考依据，助力乡村的有效治理。2017—2019 年度组织实施的“大学生志愿服务西部计划”“中国青年志愿者扶贫接力计划”，均要求大学生志愿者围绕“乡村振兴战略”赴贫困农村地区开展扶贫服务，在“三下乡”社会实践活动中，均设立了“投身乡村振兴”专项计划。2018 年、2019 年的“投身乡村振兴”专项计划中，安排了“乡村稼穑情·振兴中国梦”全国农科学子聚力乡村振兴暑期实践专项行动、“互联网＋教育”进乡村大学生暑期社会实践专项活动、“新疆学子百村行”全国大学生暑期社会实践专项活动、“筑梦新时代·奋斗新征程”全国大学生长治暑期社会实践专项活动及村庄规划编制志愿服务活动、青少年禁毒“防艾”宣传暑期志愿服务活动等，这些志愿服务活动结合基层实际需求，充分发挥大学生志愿者的专业特长，服务贫困农村经济社会发展和脱贫致富，助力乡村振兴战略实施。所以，贯彻共享发展理念、实施乡村振兴战略、推动农村脱贫致富，为大学生志愿者提供了丰富的活动内容和广泛的活动空间，成为大学生扶贫志愿服务的重要指导和引领。

2. 共享发展理念指导和引领大学生扶贫志愿者服务于农村社会和谐稳定

社会和谐是一种和睦、融洽并且各阶层齐心协力的社会状态，是人类不懈追求的社会理想，是社会发展的战略目标，是共享发展的必然要求。党的十六大以来，党和国家提出了构建社会主义和谐社会的战略目标，并把实现社会公平正义作为社会主义和谐社会的基本特征和重要目标。党的十六届六中全会通过的《关于构建社会主义和谐社会若干重大问题的决定》将共建共享作为社会主义和谐社会的重要特征，并提出缩小城乡差别，实现城乡融合发展、和谐发展，“我们要构建的社会主义和谐社会，是在中国特色社会主义道路上，中国共产党领导全体人民共同建设、共同享有的和谐社会。”我们党和国家还根据当时存在的城乡差距、区域差距、收入差距等方面的不和谐问题，明确提出要使“城乡、区域发展差距扩大的趋势逐步扭转，合理有序的收入分配格局基本形成，家庭财产普遍增加，人民过上更加富足的生活；社会就业比较充分，覆盖城乡居民的社会保障体系基本建立；基本公共服务体系更加完备，政府管理和服务水平有较大提高”，在此基础上，要“实现全面建设惠及十几亿人口的更高水平的小康社会的目标，努力形成全体人民各尽其能、各得其所而又和谐相处的局面”。在新的历史时期，党和国家将和谐社会建设纳入国家总体布局，与经济、政治、文化、生态文明共同推进、共同建设。2016 年，习近平在中共中央政治局第三十次集体学习时强调，要协调推进政治建设、文化建设、社会建设、生态文明建设以及其他各方面建设，实现社会主义市场经济、社会主义民主政治、社会主义先进文化、社会主义和谐社会、社会主义生态文明全面进步，为经济发展提供更好的制度保障和环境条件。习近平在庆祝中国共产党成立 95 周年大会上提出，要在推动经济发展的基础上，建设社会主义市场经济、民主政治、先进文化、生态文明、和谐社会，协同推进人民富裕、国家强盛、中国美丽。经过改革开放和社会主义建设，我国经济社会发展得到了持续、快速发展，人民生活水平得到明显提升，我国社会总体上是和谐的。但是，还存在一些不容忽视的不和谐问题，如由于城乡发展、地区发展、经济社会发展等方面不平衡、不充分，社会成员之间以收入分配为主的利益差距进一步扩大。同时，由于不同的社会阶层所处的社会地位、经济地位、生存状态等不同，表现出不同的、多样化的利益诉求，社会成员之间的利益矛盾也在一定范围内存在。社会的这些不和谐状况、矛盾利益冲突表现比较突出的，还是由于农村的生产生活条件落后，导致农村贫困问题尤为突出，贫困群众不能平等地享有改革开放和经济社会发展的成果，成为和谐社会发展中的不和谐因素，阻碍了全面建成小康社会的进程。我国要在21世纪中叶建成社会主义现代化强国，即“第二个百年”奋斗目标，就是要把我国建设成为富强、民主、文明、和谐、美丽的社会主义现代化强国，其中包括了“和谐”的奋斗目标。要推动构建和谐社会，首先必须加强农村和谐社会建设。农村和谐社会建设的基本目标，一是要缩小城乡差距，实现城乡均衡、融合发展；二是要增加农村人口的经济收入，丰富农村人口的精神文化生活，实现农村充分发展，满足农村人口日益增长的美好生活需要；三是推动农村社会共建共享，农村人口各尽所能、勤劳致富、精准脱贫，打赢脱贫攻坚战，全面建成小康社会，最终实现共享发展。建设社会主义和谐社会尤其是农村社会和谐，需要社会各方面、各阶层的共同努力。

和谐社会尤其是农村和谐社会建设的需求、要求、任务，为志愿服务提供了机遇和平台，推动志愿服务在促进社会和谐、共建和谐社会、促进社会文明进步中发挥应有作用和影响。志愿组织作为一种具有志愿精神的社会自组织，它开展的各种服务实践，就是在为社会和谐创造和提供信任、合作等社会资本，创造实现和谐社会的条件。参与农村扶贫志愿服务的大学生，在创造信任、合作等社会资本方面的作用非常明显，有效促进了社会和谐。首先，由于大学生扶贫志愿者的活动是志愿性的，是为实现农村社会公益目的的，他们的服务活动向人们昭示了一种“利他”的价值取向，能够增强人与人之间的友好、信任和信心，尤其是能增强农村贫困群众战胜贫困的信念和力量。大学生志愿者对贫困群众尤其是对孤残老人的走访慰问，为农村的这些特殊困难群体送去关怀和温暖，体现社会“以人为本”、人道主义价值理念，通过助学支教等活动，帮助贫困家庭儿童重返校园，使贫困儿童接受有质量的教育，使他们重新树立起对未来生活的信心和勇气。其次，大学生扶贫志愿服务作为一种基于志愿精神、公益精神的公民联合组织，它就是通过集体行动的力量来表达公民价值诉求、实现社会公共利益。合作意识和合作精神是大学生志愿者必须具备的基本素质之一，合作是大学生志愿者的核心，他们的扶贫志愿服务也就表现出明显的合作、互助的社会导向，这种合作精神能强烈地感染农村贫困群众，推动农村贫困群众在人际交往中、在社会生活中学会合作、坚持合作。这样，大学生志愿者在扶贫服务活动过程中展现出来的，就是行动目标有一致性、行动过程有协调性的一个合作组织的形象，也表现为一种关心、理解、尊重、交往等形象，给人们树立了一种道德榜样，增加了农村社会资本储量，促进了农村社会文明、和谐发展。同时，大学生扶贫志愿者通过深入贫困地区和贫困群众开展贫困状况调查、撰写调查报告，向驻村工作队或乡镇党政部门提出意见、建议，反馈贫困群众的愿望或诉求，建立贫困群众与政府管理部门的利益表达渠道或通道，减少群众与政府的矛盾与冲突；法律专业的大学生志愿者通过法律途径和手段为贫困群众维护正当权益，制止对贫困群众的侵权或伤害行为，保障贫困群众合法利益，减少贫困群众之间或贫困群众与政府之间的利益冲突，促进农村社会的安定团结。农村社会和谐发展作为共享发展的目标、内涵之一，其价值诉求、建设任务成为大学生扶贫志愿服务的价值引领和目标、任务导向，丰富了大学生志愿服务的途径和方式，推动大学生志愿者为农村脱贫攻坚、全面建成小康社会贡献力量。

3. 共享发展理念指导和引领大学生扶贫志愿者服务于农村贫困群众美好生活

人民美好生活是共享发展的出发点和落脚点，满足人民群众美好生活需求是共享发展的最终价值目标。共享发展理念倡导把人民作为发展的价值主体，奉行以人民的幸福、人民的利益和人民的美好生活为发展目的。坚持以人民为中心是唯物史观的根本立场，美好生活蕴含了唯物史观的人民立场和人民主体思想，是新时代人民美好生活的立足点，是习近平总书记“以人民为中心”发展思想的基本内涵。自古以来，人类一直向往并不断追求、创造美好生活，一部人类思想史归根结底就是一部对未来理想生活形态的探索史，一部人类历史发展史归根到底就是一部对美好生活的追求和奋斗史。古希腊哲学家苏格拉底追求的“至善的生活”，柏拉图提出的“理想国”，亚里士多德追求的“沉思生活”，中国传统文化中儒家所追求的“大同世界”，都是人类先哲对追求更高生活质量及“理想生活境界”的构想和概括。① 人类社会从低级阶段向高级阶段发展所进行的阶级斗争、社会革命，都是围绕物质利益而展开的，都是为争取经济、政治权利而进行的努力，最终目标是获得充分的生存权、发展权，为追求幸福生活、美好生活创造条件、铺平道路。中国近代以来，为了实现中华民族伟大复兴，多少仁人志士抛头颅、洒热血，前赴后继，就是为了推翻压在中国人民头上的“三座大山”，争取民族独立，实现国家富强、人民幸福。所以，习近平总书记在参观“复兴之路”展览时指出，近代以来中华民族最伟大的梦想，就是实现中华民族伟大复兴。要实现民族复兴，就要满足人民对美好生活的向往和追求，就要让人民群众尤其是农村贫困地区的贫困群众过上幸福、美满的生活。习近平在刚刚当选为中共中央总书记时就面向国内外新闻媒体深刻指出，人民群众对美好生活的向往就是我们的奋斗目标。之后，习近平在 2015 年春节团拜会、

① 王金磊、姚聪聪：《习近平关于人民美好生活重要论述的哲学意蕴》，载《广西社会科学》，2019 年第 6 期。

2015年庆祝“五一”国际劳动节大会、B20峰会开幕式、“一带一路”国际合作高峰论坛开幕式、庆祝中国共产党成立95周年大会、党的十九大、十九届一中全会、纪念马克思诞辰200周年大会，甚至出访国外等不同场合的讲话或演讲中，多次讲到“人民对美好生活的向往”“人民美好生活需要”的问题。2016年，习近平在庆祝中国共产党成立95周年大会上指出，我们要顺应人民群众对美好生活的向往，坚持以人民为中心的发展思想，以保障和改善民生为重点，发展各项社会事业，加大收入分配调节力度，打赢脱贫攻坚战。2017年，在党的十九大报告中，习近平又明确指出，中国特色社会主义进入新时代，社会主要矛盾已转化为人民日益增长的美好生活需要与发展不平衡不充分之间的矛盾。习近平在这里提到的美好生活，除了物质文化生活之外，还包括民主、法治、公平、正义、环境、安全等更高层次的生活需求。随着社会发展进步，人民群众的生活需求日益多样化、多元化，不再满足于物质生活需求，还有更高层次的精神需求。满足人民群众更加多元、更高层次的生活需求就成为我们党和国家奋斗的目标。中华人民共和国成立以来，我国实现了从站起来、富起来到强起来的伟大飞跃，从过去的一穷二白，到现在即将建成全面小康社会，人民群众的生活水平得到了极大提高，人民群众的美好生活需要得到了极大满足。但是，正如习近平总书记在十九大报告中讲到的，我国发展还不平衡、不充分，尤其是农村发展与城镇发展还存在不平衡，农村的教育、医疗、卫生、社会保障等发展还不充分。在我国贫困农村地区，贫困群众对美好生活的需求尤为强烈和迫切。所以，逐步消解城乡发展不平衡、农村发展不充分的问题，逐步解决农村的贫困与落后，推动农村走上共同富裕、共享发展的道路，满足农村贫困群众的美好生活需要，是新时代中国特色社会主义现代化建设事业、全面建成小康社会的重要战略目标。

满足农村贫困群众对美好生活的向往与追求也是大学生扶贫志愿服务的重要目标和内容。志愿服务的目标、宗旨是服务他人与社会，增加社会公共福利供给，在政府、市场“失灵”的情况下，满足人们对公共物品的多样化需求。志愿者重点关注社会困难群体的权益维护和保障，对贫困农村地区而言，志愿服务以其灵活性、基层性、低成本性等特点和优势，在医疗、卫生、教育、环保等方面提供帮扶，在一定程度上满足贫困群众的生产、生活需求。在志愿服务队伍中，大学生扶贫志愿服务是满足农村贫困群众美好生活需要、逐步消除发展不平衡不充分问题的重要“生力军”。农村贫困群众多元化生活需求成为大学生扶贫志愿服务的重要内容，使大学生扶贫志愿服务的内容更丰富、方式更多样。大学生志愿者以他们在智力、专业和数量等方面的突出优势，尽力满足贫困群众多元化的生活需求。在每年组织实施的“大学生志愿服务西部计划”中，大学生重点围绕基础教育、服务“三农”、医疗卫生、基层社会管理等与农村贫困群众生活、生产紧密相关的内容开展志愿服务。在每年组织实施的“三下乡”社会实践活动中，均组建了“理论普及宣讲团”“国情社情观察团”“科技支农帮扶团”“教育关爱服务团”“文化艺术服务团”“爱心医疗服务团”“美丽中国实践团”等志愿服务团队，开展扶贫政策宣讲、农村贫困调查、农技人员培训、农业科普讲座、先进农技推广及支教、支医、巡回演出、自然资源开发、自然灾害预防等提高贫困群众生产、生活能力的服务活动。在 2018、2019 年的“三下乡”社会实践活动中，还组织开展了“健康扶贫青春行”“推普脱贫攻坚”“筑梦新时代·奋斗新征程”等精准扶贫专项计划，满足贫困群众在健康管理、知识普及、红色文化、特色产品等医疗卫生、文化知识方面的愿望和需求。具体来说，针对习近平总书记在十九大报告中提出的民主、法治、公平、正义、环境等美好生活内涵和目标，大学生扶贫志愿者通过他们的特殊方式和手段，在一定程度上满足了农村贫困群众对民主、法治、公平、正义、环境等方面的不同需求：大学生扶贫志愿者通过为农村留守儿童、贫困学生开展义务支教、假期学习培训，为农村孤残老人提供捐赠和救助等，维护和促进社会公平正义；大学生扶贫志愿者通过为农村群众提供法律知识培训或法律援助，增强农民的法制观念和法治意识，维护贫困群众的合法、正当权益，促进社会公正与法治；大学生扶贫志愿者通过开展农村经济社会发展情况调研、调查贫困状况与贫困根源、脱贫途径等，为乡镇政府或农村村委会、驻村扶贫点队员提供政策建议、决策依据，推动政府民主治理；大学生扶贫志愿者通过在农村宣传环保知识、倡导生态环境保护、参与农村环境污染治理等，引导农村群众增强环境意识，满足贫困群众对优美环境的需求；通过直接参与贫困农村地区精准扶贫、精准脱贫，向贫困群众宣传国家扶贫政策、开展文艺演出，为贫困户开展创业就业技能培训，增强贫困群众的脱贫致富信心、勇气，提升贫困农户摆脱贫困的技能，满足贫困群众对精神生活、科学文化知识和技能等方面的需求。

第四章

“扶贫先扶志”：大学生志愿服务与“扶志”

在我国的一些贫困地区，有些贫困群众“人穷志短”，安于现状，“做一天和尚撞一天钟”，“等靠要”思想严重，对脱贫致富没有信心和勇气，有些贫困群众甚至以“贫”为荣，相互攀比谁更穷，相互攀比谁领取的救济款、救济物资多。俗话说，“人穷志不穷”，一个人虽然在经济上困难一点，但在气节、志向上不能比别人差，只要志向高远，勤奋努力，就能走出贫困，成就辉煌人生。对此，习近平总书记提出，“扶贫必先扶志”。要取得脱贫攻坚的最后胜利，必须首先从思想上扶贫，采取有效措施激发贫困群众的内生动力，帮助贫困群众树立脱贫致富的信心和勇气。国务院扶贫办、中央组织部、中央宣传部、中央文明办等十三个部委联合印发的《关于开展扶贫扶志行动的意见》指出，加强扶贫扶志，激发贫困群众内生动力，是中国特色扶贫开发的显著特征，是打赢脱贫攻坚战的重要举措。国务院印发的《“十三五”脱贫攻坚规划》明确提出，鼓励社会组织在贫困地区大力倡导现代文明理念和生活方式，努力满足贫困人口的精神文化需求，激发贫困人口自我发展的内生动力。大学生志愿者有思想、文化和服务热情，他们在贫困农村地区的扶贫志愿服务中，积极践行“扶贫先扶志”的精准扶贫理念，通过开展思想动员唤醒贫困群众脱贫斗志，通过扶贫政策宣传激发贫困群众内生动力，通过组织文体活动丰富贫困群众精神文化生活，为我国的脱贫攻坚事业奉献他们的知识和才干。

一、“扶志”的内涵及其对脱贫的重要意义

（一）“扶志”的内涵及贫困群众的“精神贫困”状况

1. “扶志”的基本内涵

“扶志”中的“志”，就是志气、勇气、信心，所谓“扶志”，就是从思想上、精神上把贫困群众自己主动脱贫的志气树立起来，增强贫困群众战胜贫困的勇气和信心，增强贫困群众脱贫致富的主观能动性。国务院扶贫办等部门2018年印发的《关于开展扶贫扶志行动的意见》虽然没有对“扶志”的内涵进行明确界定，但从中也可以分析其基本内涵。《关于开展扶贫扶志行动的意见》指出，脱贫攻坚以来，广大贫困群众脱贫致富信心、自我发展能力明显提高，精神面貌显著改变，但仍然存在部分贫困群众脱贫主体意识淡薄、“等靠要”思想突出、脱贫能力不足、帮扶工作中简单给钱给物和一些陈规陋习现象严重等问题。从这些表述中，可以分析得出，“扶志”的关键问题就是主体意识、自信心、精神面貌、自我发展能力等问题，“扶志”，就是要改变贫困群众的精神面貌，消除贫困群众的“等靠要”思想，通过开展扶志教育、加强技能培训、强化典型示范、改进帮扶方式等途径，增强贫困群众的脱贫致富主体意识、自信心，激发贫困群众内生动力，形成“有劳才有得”“多劳多得”的正向激励，树立“勤劳致富”“脱贫光荣”的价值取向和政策导向，凝聚打赢脱贫攻坚战强大精神力量，提高贫困群众的自我发展能力，确保贫困群众持续稳定脱贫。

2. 贫困群众的“精神贫困”状况

俗话说：“人穷最怕志短”“人穷穷一时，志短穷一世”，“志穷”“志短”反映出的是人的“精神贫困”问题。在扶贫过程中，有很多贫困户存在“等靠要”思想，更有甚者“脊背靠墙手伸展，就等政府救济款”，自己可以办的事情不愿办，等着政府和社会的救济和赞助，陷入严重的“精神贫困”。对此，一位大学生村官在他的扶贫日记里这样描述：“精准扶贫、精准脱贫工作正如火如荼进行，越来越多的贫困户生活有所改善。这一年里，我也走访了很多村里的贫困户，感触颇深，我看到有很多因残、因病致贫的群众通过自己的劳动增收，为生活努力打拼；但也有些贫困户缺乏脱贫致富的志气，甘心处于贫穷，有‘等靠要’的依赖思想。走访中，有几户家庭，明明有劳动能力，完全可以凭借自己的劳动创造财富，却在等待政府的救助，甚至会有因没有救助到政府上访的情况。诚然，这些家庭最初是因为天灾、因为子女学业等原因致贫，但这些情况都是可以通过自己的能力去改善的，贫困的主要原因还是不思进取，缺乏志气，依赖政府救助。每次走访时我都会认真记录贫困户的致贫原因、现状以及对未来生活的规划等，可每当看到甘于贫困，甚至因是贫困户身份而扬扬自得的群众，真是觉得又可气又可悲。”① 这些不以“贫”为耻、反以“贫”为荣的陈旧观念和习俗，犹如一道“精神枷锁”，严重地损伤了一些贫困户脱贫的意愿与动力，陷入了“越穷越扶、越扶越穷”的怪圈。为进一步调查贫困乡村村民“精神贫困”现状，2016 年暑假，课题组与湖南某师范学院的部分大学生志愿者来到湖南省娄底市双峰县白泥村进行调查。白泥村位于双峰县东南部，全村总面积 4852 亩。村辖 12 个村民小组，380 户 1457 人。根据调研走访，发现村中大多数房子没有人居住，有人居住的房子里多数也是爷爷奶奶带着孙子孙女一起，他们主要依靠子女外出务工的部分收入和自给自足的农作物生活。留在村中

① 桂圆轩：《一名大学生村官的扶贫工作感悟：扶贫当先扶志》，安徽新闻网，2016-10-13。

的16名年轻人中有一部分是身体残疾，基本无劳动能力，由年迈的父母亲照顾。整体来说，白泥村现居住人员老龄化较严重，知识水平较低，村支两委的最高学历水平仅有初中文化，而且年龄都比较大，对一些新观念很难接受，对一些不正确或不合适的观念很难改正。在对白泥村村民对扶贫政策的思想认识情况调查中，精准扶贫对象对扶贫政策的认识、了解程度比较高。从表1中可以看出，除5%的人对扶贫政策的了解程度为“一般”之外，其他人均为“非常了解”；对扶贫政策的认可程度也是达到了100%的“非常满意”；对当地农民脱贫致富的信心程度则有20%为“一般”，这20%的人中大多认为白泥村现在的扶贫工作队对大家的脱贫致富发挥了重要作用，但如果工作队离开之后，没有了外界的资金支持，一切又可能回到初始的状态。而非建档立卡户对扶贫政策的整体认识则显得参差不齐，他们对扶贫政策的了解程度大多为“一般”，只了解如低保制度等较基本的扶贫制度；对扶贫政策的认可程度，仅有24%的为“非常满意”，这与建档立卡户有很大的反差；对当地农民脱贫致富的信心程度基本是“一般”，处于一种无所谓的态度。

表1　白泥村村民对扶贫政策的思想认识情况

	建档立卡户			非建档立卡户		
	非常	一般	没有	非常	一般	没有
对扶贫政策的了解程度	95%	5%	0	34%	46%	20%
对扶贫政策的认可程度	100%	0	0	24%	38%	38%
对当地农民脱贫致富的信心程度	80%	20%	0	22%	64%	14%

在对“希望政府扶持类型”调查中（见表2），白泥村有48%的村民希望政府给予资金支持，希望扶贫就是多给每家一些钱，也就是希望能“授人以鱼”；希望给予技术扶持和提供就业机会的村民分别占28%和24%，人数相对较少，这和村中年轻人较少也有一定关系；而对于给予“文化扶持”的选项是0，调研组所发放的问卷中没有一位村民选择“文化扶持”这个选项。

表 2　白泥村村民希望政府扶持类型

希望政府扶持类型	百分比
资金扶持	48%
技术扶持	28%
就业机会	24%
文化扶持	0

在对“村民农闲时的主要休闲活动”情况调查走访中（见表 3），白泥村 68% 的村民在农闲时都是靠打牌来消磨时间，还有 32% 的居民选择了其他，通过访问得知一般都是宅在家中带小孩子、看电视来消磨无聊的时光。由于白泥村地处较偏僻，外出务工的村民一般都是长期在外，而在家的村民基本每个季节都会有相应的农作物，所以利用农闲时期外出务工的人数为 0。至于学习手艺，村里人几乎没有这一概念，学习手艺的都外出打工了。外出打工的靠手艺吃饭养家，而在家务农的村民，农闲时还是选择打麻将来消遣。

表 3　白泥村村民农闲时的主要休闲活动

主要休闲活动	百分比
学习手艺	0
利用休闲时间外出务工	0
打牌消磨时间	68%
其他	32%

通过调查，我们发现农村贫困群众在精神面貌、脱贫致富信心和主体意识、内生动力、自我发展能力等方面存在一些突出问题：一是贫困群众平时的精神文化生活比较单调、枯燥，缺乏积极、健康、向上的精神风貌，一些农村发家致富、就业创业的氛围不强、积极性不高，对脱贫攻坚缺乏勇气和信心；二是一些贫困群众对国家的扶贫政策掌握和了解得还不多，理解得还

不够深刻和透彻，还存在一些认识上的误区，比如，扶贫就是送钱、送物资，脱贫就是"等靠要"；三是有些贫困群众以被评为贫困户为荣，以拿低保为荣，甚至互相攀比谁的低保金多，还有一些贫困户达到了脱贫标准也不愿意脱贫；四是缺乏创业就业的途径和技能，脱贫致富的主体性不强，自我发展能力不足，内生动力未被有效激发，有很多的贫困群众在领取到救济物资和救济款项以后，并不是将这些救济款项用于发展生产，或者不是用于购买生产农具，更不是用于农业技术培训学习，而是用于购买生活物资，用于物质享受；五是在农村屡见不鲜的红白喜事中，群众之间不仅讲排场、铺张浪费，而且还相互攀比，高额彩礼使有些农村群众陷入"一婚十年穷"的现实困境。另外，有些农村地区存在的打牌、赌博等不良现象也阻碍了贫困群众脱贫致富的步伐。

（二）"扶志"对于农村脱贫攻坚的重要意义

第一，消除贫困群众"等靠要"思想意识。富兰克林曾经指出，在人的一生中，有一个如何正确对待贫穷的问题，有些人在思想观念中认为贫穷是自己命中注定，无法改变，只能认命，贫困一生；有些人认为贫穷并不可怕，只要勤奋努力，贫穷可以被我们消灭，换来美好的生活。富兰克林说的其实就是贫困者的思想意识问题。强调思想观念对人的行为的教育和引导，这就是我们常说的"思想是行动的先导"，不首先解决思想问题，难以有现实的行动。对于"扶志"的重要性，习近平总书记曾经在《摆脱贫困》中进行了阐述。习近平总书记在这本著作中指出："弱鸟可望先飞，至贫可能先富，但能否实现'先飞''先富'，首先要看我们头脑里有无这种意识。"习近平总书记在这段话中，用"弱鸟""至贫"描绘了贫困和贫穷问题，用"先飞""先富"描绘了脱贫致富问题，非常形象和生动。同时，在这段讲话中，习近平总书记着重强调了意识问题，也就是我们的思想、观念问题。如果在我们的意识中，树立了脱贫致富的观念，再通过勤奋努力，那么，无论我们如何贫穷，都可以走向幸福生活；如果在我们的意识中，害怕贫穷，向贫穷低头，认为命中注定，那么，我们可能永远也没有脱贫致富的那一天。所以，要想脱贫致富奔小康，我们必须牢牢树立“人穷志不穷”的理念，努力培养勤劳实干的精神和脱贫致富的决心。习近平在《摆脱贫困》中同时强调：“如果扶贫不扶志，扶贫的目的就难以达到，即使一度脱贫，也可能会再度返贫。”习近平总书记提出，要激发贫困群众的内生动力，充分调动贫困地区和贫困人口的积极性。习近平总书记进一步提出，人只要有信心、有信念，有必胜的勇气，就连“黄土”都有可能变成“黄金”。只要我们勤奋努力，美好生活一定能够实现。习近平总书记强调，我们要通过加强培训、教育和宣传，让贫困群众自力更生，艰苦奋斗，通过实干、苦干，努力改变贫穷落后的面貌。通过这种方式实现脱贫致富，就能确保贫困群众不再返贫，就算偶然返贫，贫困群众还是能够依靠自己的勤劳双手脱贫致富，过上幸福生活。习近平总书记强调，“没有比人更高的山，没有比脚更长的路”，在脱贫攻坚的征程中，只要我们树立必胜的信心，我们就一定能够翻越一座一座的高山，走过一段一段长长的泥泞烂路，夺取脱贫攻坚战略伟大胜利，实现全面建成小康社会的既定目标。因此，在脱贫攻坚中，我们如果不解决贫困者的思想观念问题，不帮助贫困者树立正确的思想观念，扶贫就难以取得成效，或者即使帮助脱了贫，也很容易返贫。扶贫扶一时，扶志扶一生，要从根本上脱贫，必须先扶志。要想取得扶贫成效，建立脱贫长效机制，首先就要消除“穷人心态”，使贫困户成为具有意愿和能力改变自身命运的独立个体。扶贫既要送温暖，更要送志气、送信心。不光要保投入，更要转变观念，不光要“输血”，更要“造血”，只有激发强大的内生动力，才能彻底脱贫。虽然物质投入是扶贫的必备手段，但若缺少精神引导，很容易让人产生依赖和懒惰心理。精准扶贫不是“给钱脱贫”，要想让贫困户在经济上“站得稳”，就必须让他们在精神上“站得稳”，努力培养贫困群众的“精气神”，帮助他们树立摆脱贫困的精神斗志和生活勇气，促使他们通过自己的勤劳双手，建设自己的美好生活。一名大学生村官在他的扶贫日记中着重指出：“扶贫当先扶志，只有他们自己在认识上改变观念，才是长久的扶贫。我们镇村干部要开展深入、广泛、形式多样的宣传，提高贫困户的认识，让贫困户成为‘政策明白人’，并将‘扶贫不扶懒’作为扶贫对象的一个条件，鼓励其依靠双手劳动脱贫，改善其精神面貌。同时，还要在镇村挖掘脱贫致富的典型案例，用群众身边真实的案例激发贫困户用勤劳的双手去创造美好生活。”① 在这位扶贫村官的日记中，强调了只有从思想意识上改变贫困群众的落后、保守观念，才能建立扶贫的长效机制，并提出，要通过开展扶贫政策宣讲，让贫困群众了解国家的扶贫政策，同时教育村民通过自己的勤劳双手脱贫致富，消除贫困群众只靠政府救济的传统思维，提高他们对脱贫致富方式的思想认识。在此基础上，进一步消除贫困户的“等靠要”思想、“等人送小康”的心态，坚持“授人以鱼不如授人以渔”的原则，将扶志放在扶贫的优先位置，从思想上、精神上、志气上帮助贫困，只有这样，才能确保贫困群众不再脱贫后返贫。

第二，激发贫困群众自我发展内生动力。毛泽东曾深刻指出，外因是变化的条件，内因是变化的根据，外因通过内因而起作用。贫困是一种可逆状态，很容易反弹。通过外力可以较快改变贫困状态，但仅仅依靠外力又会形成贫困群众的依赖性心理，从而弱化贫困地区的内生动力与活力。外力一旦改变或消失，脱贫的群众很快又会返贫。解决这一问题，关键是激发贫困群众的内在活力和内生动力。所以，农村脱贫攻坚必须充分激发贫困群众的内生动力，形成外部多元扶贫与内部自我脱贫的互动机制，调动贫困群众的积极性、主动性、创造性，让贫困群众的心热起来、手动起来，提高自我发展、主动脱贫能力。习近平总书记在多个场合强调激发贫困群众内生动力在扶贫中的地位和作用。2014 年 3 月 7 日，习近平总书记在参加十二届全国人

---

① 桂圆轩：《一名大学生村官的扶贫工作感悟：扶贫当先扶志》，安徽新闻网，2016 - 10 - 13。

大二次会议贵州代表团审议时指出，要坚持开发式扶贫方针，完善扶贫开发长效机制，不断增强内生动力，确保如期实现“两不愁、三保障”扶贫开发工作目标；2018 年 2 月 12 日，在打好精准脱贫攻坚战座谈会上，习近平总书记反复强调：“坚持群众主体，激发内生动力”“要加强扶贫同扶志、扶智相结合，激发贫困群众积极性和主动性，激励和引导他们靠自己的努力改变命运，使脱贫具有可持续的内生动力”；2019 年 4 月 16 日，在解决“两不愁三保障”突出问题座谈会上，习近平总书记强调：“要加强扶贫同扶志扶智相结合，让脱贫具有可持续的内生动力。”① 习近平总书记提出坚持群众主体地位、调动群众积极性和主动性等“扶志”手段在激发群众脱贫内生动力中的重要作用。据课题组调查，在十八洞村精准扶贫经验、启示中，有一条就是“坚持内因、外因相结合的发展思维，将扶贫与扶志、扶智相结合，不断激发内生动力”，不养一个懒汉，从找准“贫根”到开出“良方”，开创脱贫攻坚新路径。我国 2018 年印发的《关于开展扶贫扶志行动的意见》（以下简称《意见》）也对“扶志”在激发贫困群众内生动力中的重要意义作出了阐释。《意见》指出，加强扶贫“扶志”，激发贫困群众内生动力，是中国特色扶贫开发的显著特征，是打赢农村脱贫攻坚战的重要举措。《意见》将“扶志”提到了“中国特色扶贫开发显著特征”的高度，并提出了“扶志”的一些具体内容：对贫困群众加强思想道德教育，帮助贫困群众摆脱思想贫困、树立主体意识；大力宣传脱贫攻坚目标、现行扶贫标准和政策举措，让贫困群众知晓政策、更好地参与政策落实并获得帮扶；选树一批立足自身实现脱贫的奋进典型和带动他人共同脱贫的奉献典型，用榜样力量激发贫困群众脱贫信心和斗志，营造比学赶超的浓厚氛围；宣传脱贫致富先进典型，发布脱贫光荣榜，让贫困群众学有榜样、干有方向，形成自力更生、脱贫光荣的鲜明导向；减少简单发钱发物式帮扶，杜绝“保姆式”扶贫，杜绝政策

---

① 《习近平在解决“两不愁三保障”突出问题座谈会上的讲话》（2019 年 4 月 16 日），《求是》杂志，2019 年第 16 期。

“养懒汉”；推进移风易俗，加大贫困地区文化供给，组织文化下乡活动，引导贫困群众健康文明新风尚，提升乡风文明水平等。从这些内容来看，贫困群众的内生动力体现在群众的主体意识、脱贫信心和斗志、健康文明新风尚等方面，“扶志”的主要方式是思想政治教育、扶贫政策宣传、先进典型示范、文明风尚普及等，激发贫困群众自我发展的内生动力和脱贫致富的积极性、主动性。

二、大学生志愿者开展“扶志”服务活动的主要途径和方式

（一）开展思想动员，唤醒贫困群众脱贫斗志

思想是行动的先导。做任何工作，首先必须在思想意识上树立必胜的信念，才能在行动上勇往直前、所向披靡。在脱贫致富问题上，同样需要必胜的信念和一往无前的勇气，勇于向困难挑战，勇于向贫穷说“不”。然而，有些贫困地区的困难群众思想认识不到位，脱贫致富的勇气和决心不坚定，“靠着墙根晒太阳，等着别人送小康”“日日等着扶贫队员上门，天天盼着政府救济”，出现“干部着急，群众不急”“干部干，群众看”等不良现象。要想脱贫致富，必须首先帮助贫困群众淡化贫困意识，从思想意识上树立战胜贫困的信心和信念，直面问题和困难，通过勤劳双手，努力创造幸福美好生活。从高校严格选拔出来的大学生志愿者，具有较好的思想政治素质和文化理论功底，有些大学生志愿者还是学生干部、学生党员或是入党积极分子，这些大学生志愿者在参与扶贫的过程中，充分发挥他们在学校学习到的专业理论知识尤其是思想政治教育的理论和方法，采取多种形式和手段对贫困群众进行思想政治教育，引导贫困群众充分认识“等靠要”的危害性，从

思想上消除依赖思想和懒惰意识，调动贫困群众主体意识和主观能动性开展脱贫致富。

第一，对贫困群众进行思想道德教育和培训，激发贫困群众自尊、自爱、自强精神。大学生志愿者依托高校拥有的相关平台和资源，通过举办“农民夜校”“脱贫致富讲习所”和公开演讲等途径、方式，组织贫困群众学习、讨论习近平总书记《弱鸟如何先飞》《滴水穿石的启示》《困境的突破》等有关扶贫、脱贫的重要论述，对贫困群众进行思想、文化、道德、法律等方面的教育，使贫困群众增强“滴水穿石”“弱鸟先飞”“自力更生”思想意识，增强贫困群众在脱贫攻坚中的主体意识，消除贫困群众不劳而获和“等靠要”等不良习气。据课题组调查，2018 年暑假，湖南某学院“吾 + net”志愿服务队在湖南省怀化市溆浦县伍家湾开展精准扶贫过程中，为了帮助贫困群众提高思想认识，增强脱贫致富信心，志愿服务队挑选具有较强语言表达能力、具有感染力和表现力的志愿者，每人准备两篇有关脱贫攻坚、勤劳致富的演讲稿，通过在群众中开展公开演讲等方式，从思想上对贫困群众进行宣传教育和动员，坚定“脱贫攻坚是干出来的”“幸福是奋斗出来的”的信心和信念；湖南湘西某大学的大学生志愿者赴花垣县、龙山县、保靖县等贫困农村地区开展扶贫服务时，利用苗歌会、相亲会、赶秋节等传统苗族节日，向村民宣讲党的好政策、好举措，激励贫困群众树立勤劳致富的勇气和决心。

第二，组织举办脱贫攻坚先进事迹报告会，宣传脱贫致富先进典型，在贫困群众中形成“自力更生，脱贫光荣”的鲜明导向。在扶贫过程中，有些大学生志愿者善于利用致富带头人、脱贫模范的脱贫致富典型案例来引导和带动广大贫困群众激扬斗志。这些大学生志愿者通过调查走访，总结推广脱贫致富成功经验，利用乡村的宣传橱窗、“大喇叭”、微信群、QQ 群及远程教育平台等，制作扶贫宣传专栏，宣传脱贫致富先进事迹，用贫困群众的身边人、身边事教育引导贫困户，让贫困群众学有榜样、干有方向。有些大学生志愿服务队还积极协同乡镇政府、村委会、驻村扶贫队，通过探访并邀请脱贫户现身说法，讲述他们的“致富经”，鼓励非贫困户与贫困户之间开展生产生活互助合作，营造“比、学、赶、超”的浓厚氛围。据课题组调查，2017 年暑假，湖南某学院的“同心圆”志愿服务队在溆浦县伍家湾扶贫过程中，通过探访，发现一个通过承包村里荒山种植蜜橘、甜薯脱贫致富的典型，还有一个通过学习网络信息技术、建立电商平台销售家乡特色农产品脱贫致富的典型，“同心圆”志愿服务队对这两个脱贫致富贫困户进行详细调查、采访并总结之后，在村里的宣传橱窗进行宣传报道，还邀请通过承包荒山脱贫致富的户主在村里召开的群众大会上谈了经验、做法和体会，收到了较好的榜样示范效果。

第三，倡导乡风文明，弘扬艰苦奋斗、勤俭节约、勤劳致富、自尊自强、孝亲敬老、遵纪守法等优良传统。大学生扶贫志愿者通过宣传橱窗、悬挂横幅标语、文艺会演等，曝光攀比跟风、虚报冒领扶贫资金、争当贫困户、严重违反公序良俗等不良行为；通过调查走访，开展高额彩礼、薄养厚葬、子女不赡养老人、故意隐瞒个人和家庭重要信息申请建档立卡贫困户和社会救助等情况的调查摸底并提出整改建议；倡导并积极协助村委会、驻村工作队组织建立村民议事会、道德评议会、红白理事会、禁毒禁赌会等自治组织，推动文明家庭、星级文明户等创建活动，规劝制止陈规陋习，营造良好家风、淳朴民风，倡导科学文明的生活方式。据课题组调查，湖南湘西某大学的大学生志愿者赴湘西农村地区开展扶贫服务时，积极协助当地驻村扶贫队开设“道德讲堂”，开展“思想道德星级化”评比，在农村群众中形成“讲道德、遵道德、有道德”的浓厚氛围。另据报道，2016 年 7 月，石家庄铁道大学经济管理学院 7 名“90 后”大学生组建了一支“扶贫攻坚服务队”，赴河北省保定市顺平县进行文化帮扶，为当地建设“文化墙”，在“文化墙”上宣传农村的好人好事和勤劳致富的先进典型等，在贫困群众中树立文明先进典型，还积极开展新农村建设、法律知识、医疗卫生等方面的宣传，提高当地贫困群众的法律意识、道德文明意识和环境保护意识等。①2017年，河南洛阳师范学院的大学生志愿者在“三下乡”服务活动中，发现当地村民之间很不团结，经常吵架，严重影响了村民的生产生活。为改变这一现状，洛阳师范学院的扶贫志愿者充分发挥学校“孝道文化研究基地”“道德文化教育基地”在德育、孝道研究方面的理论成果，在村子里设立宣传橱窗，开展邻里团结、孝老爱亲、家庭和睦、尊老爱幼等中华传统美德宣传教育，对村民进行潜移默化的道德教育，民风有了好转，村民逐步将心思和精力转向发展生产、脱贫致富，村容村貌出现了新的变化。②

第四，提高贫困群众对扶贫项目、脱贫攻坚参与和管理的热情，增强贫困群众自我扶贫的主动性。大学生志愿者在扶贫期间，有些志愿者通过深入贫困群众家中调查和了解情况，通过与驻村工作队的交流和沟通，积极参与扶贫项目的组织实施，同时协助村委会、工作队，利用农村“大喇叭”、村内宣传栏、微信群、QQ群、移动客户端等平台，宣传、倡导、督促和协调贫困群众在脱贫攻坚中的知情权、选择权、管理权、监督权，引导贫困群众自己选择、实施、管理扶贫项目，主动参与脱贫攻坚项目实施的全过程，发挥贫困群众的主体作用，增强贫困群众的主体意识，推动贫困地区“保姆式”扶贫向“主动式”脱贫模式转变，增强贫困群众主动脱贫致富的意识和斗志。

（二）进行政策宣传，激发贫困群众内生动力

习近平总书记2013年在湖南湘西提出“精准扶贫”思想以来，我国加大了扶贫攻坚力度，并于2015年颁布了关于打赢脱贫攻坚战的决定，确定了2020年现行标准下农村贫困人口全部脱贫、建成全面小康社会的战略目标。

---

① 石维、陈瑞、张建新：《“90后”大学生组建“扶贫攻坚服务队”》，http://edu.hebnews.cn/zt/2014/2016-07/15/content_5657865_2.htm，2016-07-15。

② 张建华：《精准扶贫：一所大学的使命与担当》，载《河南日报》，2016年5月31日。

为了实现这一宏伟战略目标和战略任务，党和国家出台、颁布了一系列脱贫攻坚政策，大力推进我国脱贫攻坚战略。对这些扶贫政策及措施，党和国家通过多种途径、多种形式进行宣传，得到了社会各界的广泛关注和支持，对打赢脱贫攻坚战发挥了重要作用和影响。但是，由于我国贫困地区基本上都处于边远地区，交通不畅，信息闭塞，很多贫困地区贫困群众对扶贫政策了解不多、理解不透，在一定程度上影响了脱贫攻坚工作的进程和效果。因而，对扶贫政策的大力宣传和教育，是提高脱贫攻坚实效的有效途径和方式。在这个方面，参与扶贫的大学生志愿者具有得天独厚的优势。大学生志愿者数量多、规模大，能有效满足深入贫困山区开展扶贫政策宣传教育的基本要求。而且，有些参与扶贫的大学生志愿者，会说、会唱、会演，多才多艺，他们运用多种艺术形式进行政策宣讲，容易被贫困群众接受。每年暑假大学生“三下乡”活动中，有一项重要的活动内容，就是政策宣传，尤其是国家扶贫政策的宣传教育。大学生志愿者开展扶贫政策宣传内容丰富，形式多样，效果明显。

第一，宣传内容丰富。大学生参与扶贫宣传，主要是宣传脱贫攻坚目标、现行扶贫标准和政策举措，以及党的大政方针、政治理论、建设成效等，让贫困群众知晓政策、更好地参与政策落实并获得帮扶。为此，国家每一年的“三下乡”活动都会招募和组建“理论普及宣讲团”，开展宣讲报告、学习座谈、调查研究、政策宣传等活动。2017 年，招募、组建了 200 支“理论普及宣讲团”，深入农村乡镇，围绕习近平总书记系列重要讲话精神和治国理政新理念、新思想、新战略及习近平总书记关于精准扶贫、精准脱贫、构建大扶贫格局等重要论述开展形式多样的普及宣讲活动；2018 年，招募、组建了 1000 支宣讲团，深入农村、社区开展面对面宣讲交流，积极宣传解读习近平新时代中国特色社会主义思想及党的十九大报告中有关全面建成小康社会、社会主义现代化强国建设战略等；2019 年，继续招募、组建了 1500 支宣讲团开展“小我融入大我，青春献给祖国”主题实践教育活动及中华人民共和国成立70周年重大成就和我国改革开放以来国家扶贫开发巨大成就宣讲活动。另外，高校在寒假、暑假组织的扶贫志愿服务活动则会结合学校和所在省、市、区实际，开展有针对性的扶贫政策宣讲，通过大学生扶贫志愿者的宣讲，将省里的各项惠民政策送到千家万户。

第二，宣传形式多样。大学生志愿者在开展扶贫政策宣讲过程中，凭借其热情活泼、多才多艺的个性特征和专长，采取群众喜闻乐见的形式、方式和手段向贫困群众解读、宣传国家扶贫政策，帮助贫困群众加深对国家扶贫政策的理解和把握，使大家从心底里积极拥护党和国家的路线方针政策，切身感受到党和国家对贫困地区人民的关心和支持，增强贫困群众脱贫致富、共同建设美好家园的信心和决心。据课题组调查，2018年暑假，湖南某学院的“三下乡”志愿者，在服务乡村扶贫攻坚社会实践活动中，创新方式、方法，开展形式多样的理论普及宣讲活动，让政策宣讲在贫困群众中入脑入心。如该校马克思主义学院赴茶陵、醴陵、株洲、平江红色革命老区政策宣讲团的成员，开创性地利用艺术化宣讲的方式，通过自编、自导、自演，原创编排出舞蹈、合唱、音乐剧、情景剧、哑剧、群口演说、“三句半”等节目进行巡回演出，以轻松活泼的形式将党和国家政策接上“地气”，以春风化雨、润物无声的方式渗透进老百姓的心中；信息科学与工程学院赴汝城县教育帮扶关爱团以“政策惠民”为内容，以“新政策微宣讲”的方式，为农民细细解读十九大报告内容和国家惠民政策；外国语学院赴宁乡市夏铎铺镇长龙新村国情社情观察团提前编写并印制了《2018理论政策宣讲手册》，对其中与贫困群众密切相关的重点内容加以注释、解读，帮助当地村民增进扶贫政策的理解和把握。

第三，宣传效果明显。大学生志愿者在政策宣传方面具有鲜明特点和优势，这些特点和优势能极大地增强政策理论宣讲效果：首先，大学生志愿者多才多艺，能够通过艺术化的形式、以群众喜闻乐见的方式开展宣传，易于被群众理解和接受；其次，大学生志愿者人数多，能大规模地分散、深入贫困群众家里或田间地头开展面对面宣讲，使贫困群众对政策的理解和把握更准确、全面；最后，大学生志愿者热情、活泼，与贫困群众无直接的利害关系，农村群众对初来乍到的大学生充满新奇感，容易获得农村群众的欢迎和认可。在每年暑假组织开展的“三下乡”理论普及宣讲活动中，要求参与政策理论宣讲的志愿者走村串户、深入农村田间地头开展“小规模、互动式、有特色、接地气”的面对面宣讲交流，以增强宣讲效果。据报道，2016 年暑假，云南省 43 所高校共组建 294 支“三下乡”社会实践和志愿服务团队，奔赴云南 16 个州市乡镇开展政策宣讲、理论普及活动。这些大学生志愿者深入贫困农村，走村串户，深入田间地头向贫困群众发放扶贫政策宣传册，挨家挨户向贫困群众宣传国家的扶贫惠民政策。对那些不识字的村民，这些大学生志愿者耐心地为他们进行朗读和讲解，使他们透彻理解和掌握国家的扶贫政策。① 志愿服务队还结合社会调查和扶贫项目实施，积极开展国家扶贫政策和党的创新理论宣讲。据课题组调查，湖南某大学每年有大量的志愿组织或社会实践团队参与“三下乡”政策理论宣传普及活动。据统计，在 2016 年至 2018 年的暑假“三下乡”志愿服务活动中，该校大学生志愿者通过农村“大喇叭”、宣传橱窗、文化长廊、横幅标语及微信群、QQ 群、手机短信等途径和方式，向基层干部和贫困群众进行扶贫政策宣讲，共完成了 12 万份有关国家扶贫惠民政策、党的创新理论知识调查问卷，走访了 5000 多家贫困户。这些政策理论宣讲和调查走访活动，为贫困地区经济发展方式转变、产业布局调整、农村管理创新等提供了政策指导和理论依据，推动了农村脱贫攻坚健康发展。

（三）组织文体活动，丰富贫困群众精神生活

我国广大贫困地区尤其是深度贫困地区，地处边远，交通不便，信息闭

---

① 《云南大学生暑期“三下乡”助力扶贫攻坚》，云南青年信息网，http：//yn. youth. cn/gzdt/201609/t20160902_ 8619558. htm，2016 - 09 - 02。

塞，缺乏与外界的经济、文化交流。贫困地区的有些贫困群众，过着“日出而作，日落而息”的生活，生活、生产内容比较单一，平时缺乏精神文化活动，物质生活、精神生活均处于较为“贫困”的状态，缺乏积极向上的精神力量，缺乏克服贫穷、勤劳致富的“精气神”。为准确了解农民精神文化生活现状和农村文化服务体系建设情况，2017年暑假，课题组深入湖南省长沙宁乡市夏铎铺镇、浏阳市金刚镇开展调查研究。调查发现，城乡文化发展水平差距较大，农村现代公共文化服务体系建设工程虽在加强，但发展较慢，农村文化建设不够全面，没有完全深入到偏远农村，文化基础设施较为陈旧落后，精神文化生活贫乏，文化活动单调。农民平时的文化娱乐活动，主要就是看电视、打牌、打麻将、下棋（看电视占比64%，比例最高；其次是打牌、打麻将、下棋这几类活动，占比60%；跳舞、秧歌等活动排在第三，占比32%），读书看报、上网、看戏、健身活动、钓鱼等活动参加得比较少，农村整体的文化氛围不够浓厚。习近平总书记曾经明确指出：“扶贫既要富口袋，也要富脑袋。要坚持以促进人的全面发展的理念指导扶贫开发，丰富贫困地区文化活动，加强贫困地区社会建设，提升贫困群众教育、文化、健康水平和综合素质，振奋贫困地区和贫困群众精神风貌。”① 2014年，党中央、国务院提出大力加强贫困地区文化建设工作，丰富贫困农户的精神文化生活，形成积极向上的社会文化氛围。在广大农村扶贫攻坚“战场”，具有青春活力、多才多艺的大学生志愿者们，能够充分发挥出他们的优势，以文艺演出、文体培训等方式，丰富村民们的精神文化生活。

第一，举办文艺巡演。在每年的“三下乡”社会实践活动中，组建的“文化艺术服务团”通过精心编排贫困群众喜闻乐见、贴近农村生活实际的文艺节目到乡镇农村巡回演出，丰富贫困群众的精神文化生活。在国家层面，2017年，中宣部、中央文明办等部门依托全国高校各类学生艺术团队和

① 习近平：《在中央扶贫开发工作会议上的讲话》（2015年11月27日），《十八大以来重要文献选编》（下），中央文献出版社2018年版，第50页。

文艺类学生社团招募、组建了100支“文化艺术服务团”赴贫困山区开展了以弘扬时代精神、倡导文明新风为目标，以反映社会主义核心价值观为主要内容的文艺巡回演出；2018年、2019年，全国招募和组建的大学生“文化艺术服务团”重点围绕社会主义核心价值观培育和践行赴贫困山区开展惠民展演、文化普及等形式的社会实践活动。在学校层面，各高校通过招募和组建校级“文化艺术服务团”，积极为丰富贫困地区群众的精神文化生活贡献力量。据课题组调查，湖南湘西某大学的大学生志愿者在每年“三下乡”活动中，利用他们自己的优势和资源，结合湘西土家族苗族地区的民族特色和风土人情，在湘西少数民族贫困地区组织开展了大量具有民族特色的文艺活动，丰富了当地群众的精神文化生活。2016年暑假，该校大学生志愿服务团队和社会实践团队在扶贫志愿服务过程中，结合《土家族摆手舞》《马桑树搭灯台》、健美操等音舞、体育课程教学，精心编排了两台群众喜闻乐见、形式多样、贴近生活实际的文艺晚会，并与桑植团县委、洪家关白族乡人民政府联合举办“元帅故里·美丽乡村——纪念建党九十五周年暨吉首大学三下乡助力脱贫攻坚”大型文艺会演，受到当地群众的热烈欢迎。2017—2018年暑假，该校大学生志愿服务团队精心编排了11台具有浓厚民族特色的文艺晚会为村民巡回演出。2018年暑假，湖南某学院的“三下乡”大学生志愿者进驻到各帮扶乡村以后，除了带来新知识、新思维，还积极促进乡村文化发展繁荣，举办了34场文艺会演和成果汇报展。例如，该校志愿服务队赴红色革命老区株洲茶陵县沿河村举办了一场精彩的文艺会演。文艺志愿者以社会主义核心价值观、乡村振兴战略为主题，以舞蹈、歌曲、小品、情景剧等节目形式向村民进行汇报演出，其中的《向快乐出发》《夸夸十九大》《农民需求大于天》等与村民生产、生活紧密相关的歌舞赢得了村民的阵阵掌声。

第二，捐资援建体育文化设施和组织文体培训。在校的很多大学生能歌善舞，具有表演的天赋和才能，尤其是一些艺术专业的大学生，在歌舞表演方面更加突出。这些特长和优势为大学生志愿者赴贫困地区为村民开展文体培训提供了基础和条件。一是募集和整合资金、资源，助推贫困地区文化基础设施建设。为配合文化部实施的文化下乡工程，推动实现贫困乡村文化建设和网络信息化建设，一些高校积极发挥自身优势，将文化扶贫等作为切入点，通过选派大学生扶贫志愿者参与相关扶贫活动，帮助贫困地区建立业余文艺队、篮球队，帮助村民建立“文化书屋”等，丰富村民的业余生活。二是在贫困农村地区宣传体育科普知识，推广适合农村特点的健身方法，组织开展体育比赛或组织文体培训，增强贫困群众主动参与意识、合作精神。有些大学生志愿者尤其是体育专业的大学生志愿者积极协助乡镇开展“体育下乡”活动，为农村青年群体传授体育技能，指导他们进行科学锻炼，增进身心健康。有些大学生志愿服务队借助乡镇学校的场地和设施，组织农村的年轻人开展篮球、足球、乒乓球、羽毛球等友谊赛，或者组织中老年村民开展健身操、广场舞培训。据课题组调查，2018 年暑假，湖南某大学的大学生志愿者为当地群众组织开展了 6 场篮球、足球友谊赛，进行 700 多小时、1800 多人次群众的广场舞、健美操教学及体育健身指导。2019 年暑假，该校“印象红途”社会实践服务团在湘西自治州保靖县新码村为村民开展广场舞教学活动，手把手地为村民指导和示范舞蹈动作。一位参与学习的村民说：“跳广场舞让我们每天饭后有更多的活动，不仅锻炼了我们的身体，还丰富了我们的文化生活，我们脱贫的信心更足了，干劲更大了。”

第五章

“扶贫必扶智”：大学生志愿服务与“扶智”

教育扶贫是我国脱贫攻坚的优先任务。我国贫困农村地区一般地处偏远，交通闭塞，经济文化落后，尤其是师资短缺，教育水平较低，生活在贫困地区的孩子，得不到应有的、高质量的义务教育，有些适龄儿童辍学在家，造成贫困“代际传递”恶性循环，贫困群众的知识文化素养和劳动技能较差，生产方式简单、粗陋，缺乏必要的勤劳致富的本领。自从习近平总书记提出“精准扶贫”思想以来，扶贫攻坚从过去的“输血式”扶贫转变为如今的“造血式”扶贫，强调“扶贫必扶智”“治贫先治愚”，“重点帮助贫困人口子女接受教育，阻断贫困代际传递，让每一个孩子都对自己有信心、对未来有希望”。① 大学生在高校接受良好的科学文化知识教育和专业技能培养，具有从事脱贫攻坚“扶智”活动的有利条件，组织大学生志愿者赴贫困地区开展送学支教、创业技能培训、电商扶贫等服务活动，是推进教育扶贫、助力脱贫攻坚、阻止贫困代际传递、实现“扶贫必扶智”要求的有效途径和方式。

---

① 《习近平在北京市八一学校考察时的讲话》，载《人民日报》，2016 年 9 月 10 日。

一、"扶智"的基本内涵及其对脱贫的重要意义

（一）"扶智"的内涵及贫困地区师资短缺状况

1. "扶智"的内涵及"扶智"对象

"扶智"中的"智"，就是智力、智慧、科学文化知识，"扶智"就是扶知识、扶思路、扶技术，就是通过支教、教育扶贫等途径和方式，增加贫困地区学龄儿童受教育的机会，帮助贫困地区的儿童提高科学文化知识，推进教育公平，阻断贫困代际传递。同时，通过劳动技能培训等方式，对贫困群众开展针对性的知识教育与技能培训，帮助和指导贫困群众增强脱贫致富的技能和素质，帮助贫困群众具备"一技之长"，提高贫困群众的科学文化知识和创业就业技能，从根本上提高他们主动学习、适应社会的能力，最终依靠个人自我发展能力摆脱贫困。从这个意义上说，"扶智"是帮助贫困群众实现自立，获得脱贫之"渔"，完成从"我要脱贫"到"我能脱贫"的跨越。教育部、发展改革委、财政部、扶贫办、人力资源与社会保障部、公安部、农业部等七部委 2013 年 7 月联合颁布的《关于实施教育扶贫工程的意见》提出，教育扶贫要以提高人民群众基本文化素质和劳动者技术技能为重点，推进教育强民、技能富民、就业安民，为全面建成小康社会奠定坚实基础。教育扶贫有两方面的重点：一是提高人民群众的基本文化素质，二是提高劳动者的技术、技能。在农村"扶智"，其重点对象主要有两大类：一类是农村的留守儿童、失学儿童，当然也包括在校学习的农村贫困学生，对这类人群的帮扶，主要是通过助学、支教等方式进行，帮助他们获得高质量的教育，提高知识水平和文化素养，阻断贫困代际传递；另一类人群是具有劳动能力的贫困群众，主要是通过创业就业知识培训、农业技能培训等方式进

行，培养贫困群众的"一技之长"，增加贫困群众谋生的方式和手段，提高贫困群众脱贫致富的本领。

2. 贫困地区师资短缺状况

在我国一些边远贫困农村地区，由于受到师资等方面的条件限制，城乡教育不均衡发展，贫困家庭的孩子享受不到应有的受教育的权利，科学文化水平、自身能力素质难以与城镇学生相比，教育的公平正义得不到有效保障。从个体发展的角度来分析，未能享受优质教育资源的贫困儿童长大成人在农村务农之后，由于科学文化水平不高甚至是很低，劳动技能较差，谋生手段简单，导致致富门路不足，从而陷入贫穷，形成贫困代际传递，产生恶性循环，世世代代过着"日出而作、日落而息"的简单、贫困生活。所以，要改变偏远农村贫困落后状况，从文化教育这个角度来说，要从娃娃抓起，努力改善农村的教育教学条件，通过发展教育，逐步使贫困儿童也能受到高质量的文化教育，提高农村劳动力的科学文化素质和脱贫致富本领。然而，在我国广大农村地区，尤其是革命老区、边疆地区、少数民族地区等偏远贫困农村地区，教育教学条件受到多方面的限制，教育质量较为落后。《中国教育扶贫报告（2016）》指出，我国教育面临着贫困家庭无力使子女接受更多教育等六大问题。其中，师资力量严重不足是影响贫困地区贫穷家庭子女不能接受公平义务教育的最为突出的因素。在贫困农村地区，教师数量严重不足，优质师资留不住，留下来的基本上都是代课教师，师资结构极不合理，基本上都是没有教学经验的青年教师或是年弱体衰的老教师，教师数量不能满足教学需求，很多老师都是全科教师，语、数、外、音、体、美全部由一人承担，教学质量得不到保证。同时，农村学校的教师长期得不到外出培训、进修的机会，知识陈旧，观念落后，综合素质低，不能满足当今时代教育教学需求。① 落后的教学设施，加上落后的师资条件及落后的学习环境，

① 司树杰、王文静、李兴洲：《中国教育扶贫报告（2016）》，社会科学文献出版社2016年版，第44－45页。

农村贫困地区的孩子享受公平的、高质量的教育资源的梦想很难成为现实，教育公平很难得到保证。为具体了解农村地区的师资现状，2016 年暑假，课题组成员与湖南某学院的部分大学生志愿者对湖南省吉首市保靖县的农村部分教师进行了一次问卷调查和电话访谈。调研结果发现，农村教师在很多方面存在着巨大的压力，对农村教育教学的顺利推进和质量提高造成了一定影响。由于城乡福利待遇的差距，城乡生活、工作环境的差距，农村教师流失十分严重，存在“年轻教师留不住、老年教师下不去”的尴尬局面。一是农村教师年龄、学历结构不太合理。乡村教师年龄的两极分化较为严重，教龄在 5 年以下的占 44%，20 多岁的年轻教师和 40 岁以上的中年教师这两部分人占到了 75%，而年轻教师基本上都是在农村学校锻炼几年，然后找机会调到城里。在这些农村教师中，本科及以上学历的教师占到了 69%，但这些教师中，大部分没有安心在农村工作，没有长期扎根农村教育的人生信念和职业规划。二是农村教师全科教学比例大，教学任务繁重，教学质量得不到保证。由于教师流失严重，任课老师稀缺，在农村学校，一名老师大部分会担任多门课程教学。在“任课数”这项调查中，担任两门以上课程的教师占 69%，在一些更偏远的农村学校甚至是“一人一校”，一个老师带全校学生，讲授学生所学全部课程。在“周课时数”这项调查中，有 31% 的教师一周要上 10—15 节课，31% 的教师每周课时数达到了 20 节以上，每周 10 节以下课程的教师占 7%，绝大部分教师承受着巨大的教学任务压力，每周花在备课上的时间和精力非常多，基本上没有时间外出参加进修、培训，这在一定程度上导致教学质量的滑坡。

2017 年 7 月，湖南某学院公共管理学院“守护者”志愿服务队赴怀化市溆浦县黄茅园镇景江小学开展暑期“三下乡”社会实践活动，对黄茅园镇小学教育扶贫政策落实情况进行了调查。从调查和走访中了解到，溆浦县是国家武陵山区集中连片特困县，全县有各级各类学校 575 所，其中普通高中 7 所，初中 50 所，小学 33 所，教学点 330 个，职业中专、教师进修学校、特殊学校各1所，幼儿园132所，民办培训机构21个。该县师资队伍和教学条件存在一些难以解决的问题和困难：一是农村教师队伍年龄老化、工作量偏大。景江小学包括校长在内共2名教师，另一位是合同制聘用的教师。他们需要负责全校学生的教学任务，每个人几乎要承担小学所有科目的教学，同时还要承担学校其他方面的工作，工作量很大，工作十分繁重。二是农村教师的待遇与城镇相比，存在一定的差距。农村学校的各方面条件相对于城镇来说，要简陋和艰苦一些，有些农村地区信息闭塞，交通落后，人们的思想观念也比较落后。农村教师待遇与城镇教师相比存在的差距导致很多教师尤其是一些青年教师难以安心长期在农村学校任教，农村学校的优质师资流失比较严重。三是农村小学现有教学设施落后与教学手段现代化要求之间的矛盾。2017年，溆浦县为加快标准化学校建设，两年来共投入资金8652万元，用于174个标准化教学点建设（贫困村教学点95所）。然而，薄弱学校的基础设施依旧不足，教学设备落后，信息化水平低下。溆浦县的景江小学规模较小，教学楼只有3层，每层只有2间教室。学校多媒体资源稀缺，只有2个小话筒、1台风琴。信息化资源缺乏，没有投影仪、音响等常用教学设备，对教师的授课、学生的学习都有一定的影响。2018年暑假，课题组成员和湖南某学院的"麦浪"社会实践团来到湖南省宁乡市夏铎铺镇长龙新村龙潭小学进行教育扶贫调研。从调查的情况分析，86%的调查对象都认为教育扶贫十分重要，被走访的几户建档立卡贫困户和低保户都表示希望通过教育扶贫，为子女提供更好的学习、成长环境。课题组在调研中了解到，近两年时间以来，长龙新村龙潭小学在基础设施、师资等方面都有所提高和改善，还增加了2名镇村流动教师。学生流失现象还在一定程度上存在，龙潭小学的学生从2017年的54名减少至2018年的46名。为了激励适龄儿童发奋读书，长龙新村村委会设立了"雨露资助计划"项目，由村委会筹措资金，用于奖励村里考上大学的学生，考上本科的奖励2000元，考上研究生的也奖励2000元。这项奖励政策虽然有一定的激励作用，但是农村适龄儿童辍学、失学情况基本上发生在小学和初中阶段，长龙新村贫困学生流失率一直偏高。

（二）“扶智”在脱贫攻坚中的重要性

第一，有利于提高贫困地区留守儿童、失学儿童的科学文化知识，阻断贫困代际传递。“知识改变命运”。教育是培养科学文化知识的根本，是拔穷根、提高劳动者综合素质、打破贫困恶性循环、阻止贫困代际传递、改变贫穷命运的重要途径，教育对国家经济社会发展和人类文明进步的作用和意义不言而喻。德国古典哲学集大成者黑格尔曾经明确指出，如果缺乏良好的教育，一个人，一个社会，乃至一个国家，必将陷入贫困。黑格尔同时指出，穷人家的孩子，不能从他们的父母那里获得任何知识和技能。教育的缺失，将直接影响人的全面发展、经济社会的全面发展。英国前首相布朗也曾表示，想要真正脱贫，最重要的一个方法就是使他们和他们的孩子接受最好的教育。美国著名经济学家舒尔茨指出，要促进经济社会持续、健康发展，必须发展教育，用良好教育培育人力资本，用教育阻断贫困的恶性循环和贫困代际传递。① 在贫困地区，文化教育落后，贫穷的孩子得不到良好的文化教育，教育公平在贫困地区得不到有效体现和保障，贫困户“一穷穷三代”的现象比较普遍。脱贫攻坚战略实施以来，我国通过发展科学文化教育事业，通过大力发展和扶持基础教育，包括大力开展职业技术教育等方式，加快我国贫困地区的教育事业发展，取得了较大成就。然而，限于我国教育资源短缺、教育扶贫力量不足，在我国脱贫攻坚战中，教育扶贫始终是脱贫攻坚中的“短板”。对此，习近平总书记强调指出，“治贫先治愚”，“治愚”的根本途径和方式就是教育，“把贫困地区孩子培养出来，这才是根本的扶贫之

① 司树杰、王文静、李兴洲：《中国教育扶贫报告（2016）》，社会科学文献出版社2016年版，第3页。

策。”① “要推进教育精准脱贫，重点帮助贫困人口子女接受教育，阻断贫困代际传递，让每一个孩子都对自己有信心、对未来有希望。”② 习近平总书记强调要将下一代教育好、培养好，尤其是要为贫困地区贫穷家庭的下一代提供良好的教育环境和教育条件，为贫苦孩子的成长、成才和未来发展打好基础，阻断贫困代际传递；要保障贫困地区贫穷家庭孩子的教育权利，使贫穷家庭的孩子也能得到有质量的教育，消除贫困代际传递。③ 习近平总书记突出强调“扶贫要扶根本”，通过教育扶贫，斩断贫穷之“根”、切断贫穷之“源”。对基础教育的扶持、对农村贫困家庭孩子的教育帮扶，是斩贫穷之“根”、切贫穷之“源”之举。教育部、国务院扶贫办印发的《深度贫困地区教育脱贫攻坚实施方案（2018—2020 年）》对深度贫困地区义务教育保障、乡村教师队伍建设等提出具体对策、措施，对贫困家庭孩子实行从入学到毕业的全程全部资助，保障贫困家庭孩子都可以上学，不让一个学生因家庭经济困难而失学。在保障义务教育方面，要求统筹推进县域内城乡义务教育一体化改革发展，对贫困家庭子女、留守儿童、残疾儿童等特殊困难儿童接受义务教育实施全过程帮扶和管理，防止适龄儿童青少年失学辍学；在乡村教师队伍建设方面，加大边远贫困地区、边疆民族地区和革命老区人才支持计划、教师专项计划倾斜力度，优先向深度贫困地区选派急需的优秀支教教师，缓解深度贫困地区师资紧缺、优秀教师不足的矛盾。湖南省人民政府颁布的《湖南省教育扶贫规划（2015—2020 年）》提出，要提高贫困地区基础教育的普及程度和办学质量，找准最薄弱环节，采取针对性措施，扩充教育资源，优化教育结构，提高教育质量，到 2020 年，义务教育巩固率达到 97% 以上。为此，湖南省从 2015 年开始，启动实施贫困地区学生精准资助工

---

① 习近平：《在河北省阜平县考察扶贫开发工作时的讲话》（2012 年 12 月 29 日、30 日），《做焦裕禄式的县委书记》，中央文献出版社 2015 年版，第 24 页。

② 习近平：《在北京市八一学校考察时的讲话》，载《人民日报》，2016 年 9 月 10 日。

③ 习近平：《在河北省阜平县考察扶贫开发工作时的讲话》（2012 年 12 月 29 日、30 日），《做焦裕禄式的县委书记》，中央文献出版社 2015 年版，第 24 页。

程、基础教育发展工程、控辍保学工程、教师队伍建设工程等重点工程建设项目。比如，加大对家庭经济困难学生的资助力度，通过慈善助学、基金助学等多种途径对农村贫困生开展“一帮一”助学关爱等，加强对农村学校和贫困学生的帮扶力度，大力推进义务教育均衡发展，确保办好每一所学校，确保每一个贫困学生都能接受良好教育。这些对贫穷家庭孩子的教育帮扶，就是“扶本”之策，对于提高贫困地区贫困家庭孩子的科学文化知识，阻断贫困代际传递，增强贫困地区群众自我发展能力具有重要意义。

第二，有利于增强贫困群众创业就业技能，提高勤劳致富本领。摆脱贫困的命运，需要智慧，需要发家致富的知识和技能。然而，在我国很多贫困农村地区、少数民族地区、边疆地区、革命老区等地方，由于落后的教育教学条件和资源，很多村民从来没有上过学，科学文化素质低，综合素质差，有些村民甚至是文盲，生产、生活能力低下，劳动方式简单，劳动生产率低。据课题组调查，习近平总书记“精准扶贫”思想的首倡地十八洞村，当地文化教育较为落后，初中及以下文化程度的村民占比94.63%，高中及以上文化程度的仅占5.37%。同时，有些贫困地区的贫困群众由于长期缺乏相应的知识技能培训，缺乏必要的劳动技能，“能力短板”明显，制约了参与脱贫致富的积极性。传统的扶贫开发注重“输血”，然而，单纯依靠外部“输血式”的扶贫，不能从根本上拔掉穷根。要从根本上实现贫困地区的脱贫致富，必须从传统的送钱、送粮、送物资，转变为送观念、送知识、送技术，从传统的“物质扶贫”转变为“智力扶贫”，对贫困群众开展知识文化教育和生产生活技能培训，提高贫困群众的“造血功能”，提高贫困群众的综合素质，激发贫困群众的内生动力，提升贫困群众的自力更生能力和勤劳致富能力，依靠自身智慧和勤劳双手摆脱贫困。只有这样，才能真正实现脱贫致富。2012年12月29日，习近平总书记在河北省阜平县考察扶贫开发工作时指出：“贫困地区发展要靠内生动力，如果凭空救济出一个新村，简单改变村容村貌，内在活力不行，劳动力不能回流，没有经济上的持续来源，这个地方下一步发展还是有问题。一个地方必须有产业，有劳动力，内外结合才能发展。最后还是要能养活自己。”2016年7月20日，习近平总书记在东西部扶贫协作座谈会上指出：“扶贫必扶智，治贫先治愚。贫穷并不可怕，怕的是智力不足、头脑空空，怕的是知识匮乏、精神委顿。脱贫致富不仅要注意富口袋，更要注意富脑袋。”习近平总书记反复强调贫困群众智力提升、技能提升和自我发展能力提升在脱贫致富中的重要性，认为“扶智”才是保持勤劳致富持续性、防止脱贫返贫的根本途径。教育部等国家部委联合颁布实施的《关于实施教育扶贫工程的意见》指出，要充分发挥教育在扶贫开发中的重要作用，培养经济社会发展需要的各级各类人才，促进集中连片特殊困难地区从根本上摆脱贫困。该意见提出，要把教育扶贫作为扶贫攻坚的优先任务，以人民群众基本文化素质、劳动者技术技能提升为教育扶贫重点，推进教育强民、技能富民、就业安民，为全面建成小康社会奠定坚实基础，使教育对促进贫困地区人民群众脱贫致富、扩大中等收入群体、促进区域经济社会发展等方面的作用得到充分发挥。《深度贫困地区教育脱贫攻坚实施方案（2018—2020年）》对边远少数民族农村贫困群众的语言培训和技能培训专门作出安排部署，要求结合国家通用语言文字普及攻坚工程，结合深度贫困地区旅游服务、产业发展、劳务输出等需求，把普通话推广与职业技能培训相结合，对不具备普通话沟通能力的青壮年农牧民进行专项培训；组织教师、返乡大学生等对村民集中开展普通话专项培训，在每个行政村举办“人人通”推普脱贫培训班，带动推普工作进村、入户、到人，帮助贫困的少数民族地区青年农牧民学习、掌握、使用普通话，提升应用通用语言文字能力和职业技术技能水平，解决因语言不通而无法就业、创业、脱贫的问题。《湖南省教育扶贫规划（2015—2020年）》提出，要充分发挥教育在扶贫攻坚中的先导性、基础性作用，大力开展“功能型”“造血型”教育扶贫，为贫困地区传统产业改造升级、新兴产业培育发展等提供有效的人才支撑和智力支持，力争使有培训需求的劳动者都能得到职业技能培训。从2015年起，湖南省政府协同对接教育资助体系、“同心温暖工程”“雨露计划”和贫困地区劳动力素质提升培训计划的平台资源，面向省内51个贫困县市区建档立卡农村贫困家庭，实施“一户一产业工人”教育培训计划，重点对贫困地区农村的青壮年劳动力实施职业教育和技能培训，提升青年农民的就业创业能力，增强贫困群众脱贫致富的“造血”功能。

二、大学生志愿者开展“扶智”服务活动的主要途径和方式

（一）开展义务送学支教，推进农村义务教育均衡发展

农村留守儿童、贫困家庭子女、残疾儿童、孤儿等是农村特殊困难儿童。农村的这类群体中，建档立卡贫困家庭儿童、留守儿童等数量和规模较大。据民政部统计数据，2018年，全国农村有697万留守儿童。① 这个规模巨大的特殊群体，其教育问题是一个重要的社会问题。据课题组2016年对湖南省涟源市杨市镇蓉峰村和浏阳市澄潭江镇小源村两地留守儿童的调查数据显示，在父母外出打工情况的调查数据中，父亲外出打工的占67%，父母双方都外出打工的占25%，母亲外出打工的占8%；父母外出打工时间在半年以下的占18%，半年至一年的占37%，一年以上的占45%；父母外出打工对孩子学业造成的影响问卷调查中，有52%的调查对象表示，父母外出打工对孩子的学习影响很大。在调查中发现，留守儿童在家里能够得到辅导与帮助的仅占27%，其余73%的学生在家里不能得到学习上的辅导，有超过60%的学生表示对学习没兴趣。亲情陪伴、学习辅导、教育资源等方面的缺

① 《全国农村留守儿童数量下降》，载《浙江日报》，2018年10月31日。

失，造成农村留守儿童、贫困儿童不能享受应有的教育权利，这一方面需要政府大力推进义务教育均衡化发展，改善农村学校的教育教学条件，另一方面需要社会力量的参与，为农村留守儿童、贫困儿童提供多样化的教学资源和教育帮扶，助力他们健康成长成才。对此，教育部、国务院扶贫办印发的《深度贫困地区教育脱贫攻坚实施方案（2018—2020 年）》积极鼓励、支持社会团体、公益组织、企业和个人等社会组织和社会力量参与深度贫困地区教育扶贫。大学生志愿者通过送学支教等途径和方式，积极参与贫困地区的教育扶贫活动，在帮扶农村留守儿童、贫困家庭子女学习文化知识、开展心理辅导等方面大有用武之地。

第一，大学生志愿者开展送学支教的途径多种多样。从国家层面来看，大学生参与扶贫支教主要是通过“中国青年志愿者扶贫接力计划”“大学生志愿服务西部计划”“三下乡”等这样一些大规模的志愿服务行动项目来实施。其中，“大学生志愿服务西部计划”主要是面向西部农村，选拔在校大学生开展包括教育在内的扶贫志愿服务，“中国青年志愿者扶贫接力计划”和“三下乡”活动主要是面向全国范围内的农村贫困地区，开展教育、科技、卫生志愿服务活动。其他还有“为中国而教”“春雨工程”等项目。其中，“为中国而教”扶贫项目是招募优秀大学毕业生到贫困农村地区开展为期两年的教育扶贫；“春雨工程”扶贫项目旨在帮助贫困孩子“多认识一个字，多上一天学”，招募大学生志愿者赴贫困农村地区帮扶贫困地区失学儿童重返校园。另外还有“七彩假期”“农村留守儿童暑期班”等教育扶贫项目。从学校和社团层面来看，每年通过高校团委组织开展的或学生社团自主实施的送学支教扶贫项目也很多，比如课题组调查的湖南部分高校的团委及其学生社团，他们每年利用寒假、暑假或其他节假日，赴周边农村学校或贫困家庭开展教育帮扶、送学支教活动。

第二，大学生志愿者开展送学支教的数量和规模巨大。在“中国青年志愿者扶贫接力计划”“大学生志愿服务西部计划”“三下乡”等国家层面的大型扶贫项目中，招募和组建的大学生支教服务队数量、规模都非常大，影响面很广。2017—2019年，在全国高校实施的“三下乡”社会实践活动中，国家层面每年招募和组建100支“教育关爱服务团”，省级、校级、院系级都会按照要求招募和组建一定数量的支教队，总规模相当巨大。课题组调查的湖南部分高校每年组建的“三下乡”服务队，每一个服务队都有一定数量的义务支教服务项目。据课题组调查，湖南湘西某大学在每年组织的“三下乡”实践活动中，都会选派100余名志愿者随同服务队赴贫困乡村开展教育帮扶活动。据统计，在2016年暑假“三下乡”志愿服务活动中，该校共有5支大学生支教团队深入到永顺县老司城、吉首市联团村、古丈县岩头寨镇等地开展义务支教活动；在2017年暑假“三下乡”志愿服务活动中，该校共有6支大学生支教服务团队深入到永顺县慈爱园、吉首市联团村、永顺县塔卧镇等地开展义务支教活动；在2018年暑假“三下乡”志愿服务活动中，该校共有6支大学生支教服务团队深入到永顺县慈爱园、保靖县吕洞山乡、保靖县新码村、永顺县塔卧镇等地开展义务支教活动。

第三，大学生志愿者开展送学支教内容和形式丰富多彩。近几年的“三下乡”活动组建的“教育关爱服务团”，围绕“七彩假期”青年志愿者关爱农村留守儿童志愿服务项目和“情暖童心”关爱保护农村留守儿童工程，开展学业辅导、亲情陪伴、自护教育、素质拓展等方面的教育帮扶活动；“童心港湾·农村留守儿童暑期班”等扶贫项目，主要是组织大学生志愿者利用暑假在深度贫困地区开办农村留守儿童暑期班，围绕学业辅导、亲情陪伴、感受城市、自护教育、爱心捐赠、安全教育等内容对农村留守儿童开展教育关爱。高校团委组织开展或大学生社团自主组织开展的教育关爱和支教活动，其内容和形式更是丰富多彩。2018年暑假，湖南某师范学院的大学生志愿者实践支教团队和志愿服务团队，根据支教工作和志愿服务工作的任务、目标和要求，立足师范办学特色和优势，针对乡村教育资源匮乏、教育形式单一的特点，重点关注农村留守儿童，以多种形式开展贫困村基础教育帮扶实践。如娄底市双峰县石牛乡支教团建立了长丰村留守儿童信息档案，对40名留守儿童基本情况及学习、心理、行为变化进行登记，通过“点对点，一帮二”教育帮扶模式（即1名志愿者联系2名留守儿童）对其学习、生活、心理、安全等进行教育引导；赴娄底双峰县井字镇的文化艺术支教团以“传承国粹弘扬国学”为主题，采用“主修+辅修”的自选课程模式，开设国学经典诵读、礼仪课堂、对联鉴赏、书法、诗词鉴赏、剪纸艺术等深入浅出、寓教于乐的课程，在乡村掀起传承传统文化的热潮；赴益阳安化小淹镇的教育关爱志愿服务团以“培养创新意识”为主题，开设3D打印体验课、VR虚拟现实体验、空气动力学小课堂、思维导图、四大发明体验等12门课程，激发学生的创造力和想象力，培养学生的创新思维；赴汝城县的教育帮扶关爱服务团以“e启新时代”为活动主题，积极探索翻转课堂这一新兴教学模式，开设机器人、科学搭建等10余门课程，点亮乡村孩子的科技梦；赴永州双牌蔡里口村的文化艺术志愿服务团结合当地少数民族和女书文化，普及民族民间艺术教育，通过书法、刺绣、拓印等形式开展课程教学，培养孩子们的艺术兴趣，传播民间民族艺术。

第四，大学生志愿者开展的送学支教活动效果明显。大学生志愿者利用自己的专业特长和文化理论功底，对农村留守儿童、贫困学生进行的教育帮扶影响较为广泛，成效较为明显。据课题组调查和统计，湖南湘西某大学在2016年的“三下乡”志愿服务活动中，“教育关爱服务团队”为197名学生进行教育培训，累计捐赠体育用品340件、学习用品与书籍2400余件；在2017年“三下乡”志愿服务活动中，为352名学生进行教育培训，累计捐赠体育用品230件、学习用品与书籍2600余件；在2018年暑假“三下乡”志愿服务活动中，为457名学生进行教育培训，累计捐赠体育用品560件、学习用品与书籍2100余件。大学生志愿者开展的这些教育关爱行动，得到了当地学生和群众的认可。根据课题组的调查，这些帮扶成效主要表现在：一是大学生支教对农村学生的学习发挥了重要作用。有超过60%的家长认为，大学生暑期支教活动能够提高学生学习兴趣，增强学习动力，增加对外界的了解，同时能够引起社会的关注，增强对当地教育的扶持，有超过70%的家长认为大学生暑期支教能够为当地教学提供新的思路与方式，有超过90%的家长赞成大学生开展暑期支教活动。二是大学生支教对丰富农村学生课余生活、提高学生学习兴趣、增强学生自信具有重要作用，有57.5%的家长认为大学生暑期支教的主要作用是对孩子们的生活、学习习惯积极进行引导，有超过50%的家长认为大学生义务支教对改变留守儿童孤僻性格有一定作用。三是农村学生非常欢迎大学生志愿者来支教。有97.5%的学生表示非常喜欢大学生来学校支教，超过85%的学生认为支教活动中给他们带去了新的知识。

（二）组织创业技能培训，提高贫困群众勤劳致富本领

贫困群众致贫的一个重要原因，就是他们没有“一技之长”，没有谋生的技能或门路，家庭没有稳定的经济收入。尤其是那些建档立卡贫困户，普遍存在知识文化层次较低、掌握的生产技术较简单、参加在职培训的机会较少等问题。这些贫困群众从事的大多是简单劳动，从事的行业主要局限在传统农业，很大程度上靠天吃饭，缺乏应对各类生产生活困难的科技手段。并且，传统的扶贫主要是从“硬件”上面进行帮扶，比如修建道路、兴修水利、捐赠物资等，对贫困农民开展农业知识普及、农业技能培训比较少。这种“输血”式扶贫有它的必要性和积极作用。但是，随着脱贫攻坚战的持续深入，仅靠“硬件”建设已难以满足扶贫工作的需要，必须从“软件”上开展精准扶贫，进行“造血”式扶贫。对大多数贫困农户来说，他们更需要从技能上得到指导和培训，需要培训他们的“一技之长”，帮助他们指明致富的思路和方向，这样才是扶贫的治本之策。因此，新时期脱贫致富的根本出路在于通过技能扶贫提高人口素质，使贫困地区群众增强脱贫致富的自我“造血”能力，在素质提升上下功夫，把有限的资源投入到更为迫切的技能培训上，促使贫困地区经济增长点转移到提高劳动者素质的轨道上来，做到

技术培训到户、提高能力到户、就业脱贫到户，切实增强贫困群众的自我发展能力和勤劳致富本领。中共中央、国务院印发的《关于打赢脱贫攻坚战的决定》明确将“技能脱贫”作为一项重要举措；国务院扶贫办、教育部、人力资源和社会保障部印发的《关于加强雨露计划支持农村贫困家庭新成长劳动力接受职业教育的意见》，旨在通过政策扶持，使贫困家庭的孩子学会一项有用技能，提升创业就业能力，实现“一人长期就业，全家稳定脱贫”目标；人力资源和社会保障部、财政部、国务院扶贫办印发的《关于切实做好就业扶贫工作的指导意见》，要求以就业为导向，围绕贫困地区产业发展和企业用工需求，组织贫困劳动力参加劳动预备制培训、岗前培训、订单培训和岗位技能提升培训；人力资源和社会保障部、国务院扶贫办2016年组织开展的“技能脱贫千校行动”，通过从“授鱼”到“授渔”的转变，实现精准技能脱贫。其他还有精准扶贫十大工程中的“职业教育培训工程”“贫困村创业致富带头人培训工程”，其目的就是要通过有针对性的教育培训，提高贫困群众的脱贫能力。教育部等国家部委2013年7月联合颁布实施的《关于实施教育扶贫工程的意见》提出，鼓励和支持公益组织积极参与教育扶贫，引导和鼓励志愿者到贫困地区扶贫支教、培训当地技术技能人才。大学生志愿者具有智力和专业优势，在贫困群众科学文化教育和技能培训方面，能够发挥优势特长，助力贫困群众文化素养和职业技能提升。

第一，大学生志愿者对贫困群众开展科学文化知识教育，提升贫困群众的科学文化素养。在我国每年实施的“大学生志愿服务西部计划”“中国青年志愿者扶贫接力计划”“三下乡”等扶贫活动中，都会针对贫困地区贫困群众科学文化知识水平低的问题，安排专门项目和人员对贫困群众进行科学文化知识教育，提高其科学文化素养和政策理论水平。大学生志愿者在农村面向贫困群众尤其是农村青年开办的“农民夜校”“脱贫致富讲习所”，主要是对贫困群众进行科学文化知识教育和教训；近两年“三下乡”活动中，中宣部、教育部等组织开展了“互联网＋教育”进乡村大学生暑期社会实践专项活动，招募、组建的大学生志愿服务团队深入贫困地区面向贫困群众开展网络信息化知识普及；在“推普脱贫攻坚”全国大学生暑期社会实践专项活动中，全国师范类专业大学生志愿者组建的服务团队深入贫困地区尤其是偏远少数民族地区开展普通话口语培训、普通话标准宣讲等，帮助贫困群众提高普通话水平；大学生扶贫志愿者还依托高校资源和平台，通过捐赠农业科技图书建设“农家书屋”等方式，方便贫困地区群众能够有机会利用农闲时间自觉学习科学文化或农业知识。

第二，大学生志愿者对贫困群众开展专业技能培训，提升贫困群众的职业技能。这种形式的志愿服务活动较为普遍，受到贫困地区群众的普遍欢迎。每年的“大学生志愿服务西部计划”“中国青年志愿者扶贫接力计划”和“三下乡”社会实践，以及高校团委组织开展的和大学生社团自主组织实施的扶贫志愿服务活动，都会选拔一定数量的、有专业特长的大学生志愿者赴贫困地区农村开展农业科普讲座、农技培训和推广活动。每年暑假“三下乡”活动中，招募和组建的大学生“科技支农帮扶团”围绕脱贫攻坚和乡村振兴开展农技培训推广、农业科普讲座、金融知识下乡、乡村规划引领等服务活动。在教育培训过程中，大学生扶贫志愿者采取理论与实践、课堂与田间相结合的方法，充分发挥自己的专业、技能优势，深入到贫困地区，向农户传授种养殖技术，根据培训需要，免费发放技术培训资料。据报道，2016年7月12日至16日，广西大学农学院组织3支大学生扶贫志愿服务小分队奔赴广西那坡县、三江县等地举办中草药、食用菌种植技术讲座，结合当地的自然环境及产业发展需要为那坡县农业局技术骨干、种植大户讲解中草药、食用菌的发展前景，传授最新的种植管理技术。志愿服务小分队还向那坡县白林村捐赠200株中药材“牛大力”种苗，并在田间地头为农户现场示范“牛大力”栽培技术。[①] 2018年暑假，湖南某学院参与“三下乡”的大学

① 左向蕾：《点亮心灯筑梦前行：广西大学大学生志愿服务实践与探索》，科学出版社2017年版，第63页。

生志愿服务团队专门针对乡村发展特色，为乡村青年开设“创客”课堂，助力乡村创业平台建设：该校商学院赴益阳安化小淹镇教育关爱服务团利用学科专业优势，以18位在国家级和省级创新创业赛事中获奖的学生为主力，组建实践团队，开设“乡村创客训练营”和“创客沙龙”，开设商业画布、电商平台搭建及营销、特色旅游营销策划等课程，将特色小镇、旅游发展、电子商务等与“农创”建设相结合，帮助农民整合优质资源，打造农民创新创业就业的新平台；该校外国语学院赴宁乡市夏铎铺镇长龙新村国情社情观察团开办“农民夜校”，对农民进行涉农惠农政策、农村淘宝、全域旅游等方面的培训，激发贫困群众的创新潜力。2019年暑假，湖南某学院的大学生志愿者，利用“三下乡”的机会深入贫困地区开展扶贫调研，结合当地产业特色，对贫困农户进行帮扶和相关农技培训：该校公共管理学院“守护者”调研队、工商管理学院“远辰”志愿服务队分别前往湖南益阳安化文昌阁、湘西凤凰县部分乡镇，以当地黑茶产业发展为新的切入点，通过访谈和实地考察，为开拓黑茶市场营销渠道和提高物流能力进行讲解和培训，为企业改进营销策略及营销活动提出建议；“先锋”创客研学旅游志愿服务队“IT益行”志愿服务、“星辰”志愿队等重点围绕脱贫攻坚和乡村振兴，以农业科普宣讲和新型农业发展模式推广为主要形式，分别在祁阳龙凼村、益阳株木潭村、怀化牛溪村及张家界永定区罗水乡开展相关产业调研和培训活动，其中，“先锋”创客研学旅游志愿服务队对张家界旅游管理人员进行旅游宣传片制作技术培训和指导。

（三）普及网络信息技术，推动贫困地区电商精准扶贫

随着互联网技术的发展和普及，“互联网+”在经济社会发展中的运用越来越广泛，发挥的作用也越来越受人关注。对城镇来说，互联网信息技术已经相当普及，与人们的日常生活密不可分，为人们的工作、生活带来了极大便利。但是，我国贫困农村地区电子商务发展仍处于起步阶段，互联网资

源还极其贫乏，电子商务基础设施建设滞后，互联网技术还没有得到广泛应用，影响了农村贫困群众通过电子商务就业创业和增收脱贫的步伐。对此，国务院印发的《“十三五”脱贫攻坚规划》提出，要将农村电子商务作为精准扶贫的重要载体，把电子商务纳入扶贫开发工作体系，以建档立卡贫困村为工作重点，积极培育农村电子商务市场主体，提升贫困户运用电子商务创业增收的能力。2015 年，电商扶贫被列为精准扶贫“十大工程”之一，通过在贫困农村地区建立和普及互联网，发挥互联网在农产品销售中的作用，建立“互联网 +”农产品销售模式，为贫困农村地区发展经济提供平台和渠道，助推精准脱贫。① 2016 年 10 月，中央网信办、国家发展改革委、国务院扶贫办联合印发《网络扶贫行动计划》提出，通过实施农村电商工程、信息服务工程等方面的建设，实现“让更多困难群众用上互联网，让农产品通过互联网走出乡村”的网络扶贫目标；2016 年 11 月，国务院扶贫办、发展改革委、中央网信办等 16 个部委联合印发《关于促进电商精准扶贫的指导意见》提出，整合各类培训资源开展电商扶贫培训，到 2020 年完成 1000 万人次以上电商知识和技能培训，培养 100 万名以上农村青年电商高端人才，实现每个贫困村至少有 1 名电商扶贫高级人才，形成一支懂信息技术、会电商经营、能带动脱贫的本土电商扶贫队伍；2018 年 5 月，工业和信息化部印发《关于推进网络扶贫的实施方案（2018—2020 年）》提出，要让更多建档立卡贫困群众有机会通过农村电商等享受优质公共服务、实现家庭脱贫，不断缩小城乡“数字鸿沟”。伴随着乡村振兴战略的深入实施，2019 年 5 月，中共中央办公厅、国务院办公厅印发《数字乡村发展战略纲要》，农村的互联网信息技术大大普及，“互联网 +”成为农村经济发展的重要推动力量和产业发展平台，尤其是近年来在农村出现的“直播带货”等电商活动，农村的特色农产品通过网络电商平台走向全国。作为“互联网 + 精准扶贫”的结合

① 武汉大学、中国国际扶贫中心、华中师范大学：《中国反贫困发展报告：市场主体参与扶贫专题（2015）》，华中科技大学出版社 2015 年版，第 14 页。

点，电商扶贫工程通过互联网技术开发贫困地区的特色资源，销售贫困地区的特色产品，顺应了互联网时代的生产方式变革趋势，有效地把信息化建设成果转化为全面建成小康社会成果。从课题组在湖南省浏阳市小河乡、娄底市双峰县长丰村、怀化市溆浦市黄茅镇等贫困地区进行的贫困群众对国家电商政策的了解程度、学习和运用电商平台助力脱贫攻坚的意愿等调研数据分析，当地贫困群众对国家电商扶贫相关政策熟悉和了解的占比21%，不清楚、不了解的占比79%，支持并愿意尝试将互联网与农业相结合发展个体经济的占比54%。调研数据说明，一方面，政府在电商扶贫方面的力度还要进一步加大，相关政策宣传教育还要进一步加强；另一方面，要进一步动员群众积极推动电商与农业经济发展的深度融合，要进一步加强对村民的教育培训力度，使村民进一步熟悉和掌握网络信息技术应用，加快建设农村电商平台，大力促进电商农业经济发展。高校派出的大学生扶贫志愿者，在学校基本上学习过计算机操作技术和网络信息技术，平时接触新媒体比较多，尤其是一些与计算机科学、数据应用技术、电子信息工程、人工智能等相关的专业，在互联网技术、信息技术和电商平台建设方面的经验更加丰富，技术更加熟练，这些大学生志愿者参与农村扶贫攻坚，对于推广和应用互联网技术、发展农村电商平台能发挥重要作用和影响。

第一，运用所学专业知识和网络信息技术，为贫困群众开发或培训使用电商移动应用程序App。一些计算机理论知识和网络信息技术较高的大学生志愿者或志愿服务团队，积极参与国家组织开展的“N+1”网络公益扶贫活动（由若干个网民帮扶一个贫困户），根据贫困农村地区经济社会发展特点和贫困群众具体需求，为贫困群众开发电商应用程序App，开设特色农产品网上销售平台。例如，湖南某大学志愿者在湖南江华县进行电商扶贫时，设计研发了电商应用程序“惠购宝”App，通过“惠购宝”App销售当地特色农产品。同时，大学生志愿者对贫困群众积极开展应用程序App及网络销售平台使用方法、技巧培训，帮助贫困群众通过应用程序App参与网络博览会，通过网络博览会展示、推介、交易特色农产品、手工艺品和名胜产品，推进实施网上“一村一品”产业行动工程。

第二，运用所学计算机应用技术和所拥有的社会资源，在贫困地区开展电商平台建设和电商人才培训。大学生志愿者在参与网络扶贫志愿服务的过程中，积极参与国家实施的“一店带多户”“一店带一村”的扶贫模式，通过对有一定网络信息技术和经验的农村青年致富带头人等开展网络技能培训，进一步丰富他们的网络专业知识，提高他们的信息技术应用能力。在此基础上积极引导贫困户依托电商平台开网店，掌握市场信息，拓宽销售渠道，促进农产品进城和工业品、农业生产资料下乡以及休闲农业发展，带动贫困户增收获益。据报道，山东省平邑县“三支一扶”大学生志愿者高璐璐在沂蒙山腹地的一个偏远小村庄扶贫时，积极推进电商进村，精心指导和培训贫困群众电商知识和技能。在她的帮助下，村里的很多年轻人开起了淘宝店，全村淘宝店发展到40多家，日发单量1000单以上，销售额突破300万元；另有大学生志愿者魏益扣，积极引导村民发展花卉苗木产业，全村专业从事花卉苗木生产的有30余家，成立专业苗木合作社6家。在此基础上，他利用专业知识，建立村级网络信息平台，不仅实现了花卉苗木的网上销售，还大大增强了该村花卉苗木的知名度，使该村的经济效益得到很大提升。① 另据报道，河北工业大学有一个通过电商平台帮助贫困地区农民销售农产品的大学生志愿组织，他们以“我为家乡代言”为宗旨，不仅帮助贫困群众建立农产品网上销售平台，还与当地政府部门联合，启动实施“新农人培训计划”，开设电商知识、农业知识和农技应用课程，对当地村民开展电商运用培训，帮助当地村民提高网络操作技能和水平，引导他们自己搭建电商平台开展网上农产品销售。② 2016年，在河南省洛宁扶贫攻坚一线，80多名本土

① 王金川：《要发挥好大学生在精准扶贫工作中的作用》，搜狐新闻网，http：//www. sohu. com/a/82535554_ 119685，2016－06－12。

② 吴宏：《“我为家乡代言”：一群大学生的扶贫梦想》，天津北方网，http：//news. enorth. com. cn/system/2016/11/28/031360690. shtml，2016－12－03。

大学生志愿者自发成立洛宁县大学生扶贫联谊协会，为帮助关庙村的村民打开金珠沙梨销路，协会志愿者帮助关庙村设立电子商务服务站，利用电子商务平台将金珠沙梨销往一线城市。① 同一年，中南大学志愿者组织启动“情系江华·赢在中南”大学生农村电商创业实战计划，学校投入40万元立项支持100支学生创业团队奔赴湖南江华县开展电商扶贫。江华县山清水秀、农产品丰富，但是这些农产品却很少卖出大山。针对当地农产品销售困境，大学生志愿者利用自身的专业技能优势，积极帮助当地贫困群众发展农村电商，促进当地脱贫致富。当地大圩镇兴仁村村民曾照清夫妇种植了170多亩金橘，年年收成很好。但是，由于兴仁村地理位置偏僻，交通闭塞，金橘很难销售出去。为帮助村民解决这个难题，该校大学生志愿者利用自主研发的“惠购宝”App，将兴仁村的金橘全部上线，通过网络平台进行销售，为兴仁村的村民们解决了金橘销售难题，还将村民自己熏制的腊鱼、腊肉上线销售，村民获得网上销售收入5万多元。除此之后，中南大学的40多支脱贫帮扶团队通过淘宝、微店等电商平台，为村民建立网上销售渠道，将村里的特色农产品全部上线销售，村民获得网上销售收入20多万元。②

---

① 白云飞、赵笑菊：《洛宁有群“扶贫大学生”》，载《洛阳日报》，2016年9月5日。
② 宁成明、洪克非：《一所大学的精准扶贫》，载《中国青年报》，2016年8月27日。

第六章

“扶贫重扶弱”：大学生志愿服务与“扶弱”

在我国农村贫困地区，有这样一个特殊困难群体，他们或是老人、妇女、儿童，或是孤残人员，这些困难群体在物质上、精神上更需要社会的特殊关注和扶助。对社会困难群体尤其是农村这类特殊困难群体的关怀与帮扶，是推进社会公平正义的重要体现，是社会文明进步的重要标志，是实现社会公平正义孜孜以求的价值理想。大学生志愿者有爱心、同情心和正义感，对农村这类特殊困难群体的帮扶和资助，历来是大学生扶贫志愿者重点开展的服务活动之一。他们通过关爱帮扶、捐资助学、走访慰问等行动扶助农村的孤残老人、贫困儿童、特困人员等特殊困难群体，改善他们的生存处境和生活环境，推进社会公平正义。

一、“扶弱”的内涵及其对脱贫的重要意义

（一）“扶弱”的内涵及农村困难群体贫困状况

1. “扶弱”的内涵及“扶弱”的对象

“扶弱”即扶助社会困难群体，从物质上、精神上对社会困难群体进行

帮扶、资助和慰问，帮助困难群体走出生存、生活困境，推进社会公平正义。社会困难群体是一个相对概念。农村中的孤残老人、贫困儿童、特困人员是农村中相对于其他贫困人口更贫穷、更困难的群体，是农村的特殊困难群体。本课题研究的农村困难群体，主要就是指三类人员：第一类：农村孤残老人，主要包括农村的孤寡老人、留守老人、残疾老人、高龄老人等；第二类：农村贫困儿童，主要包括农村的贫困家庭子女、留守儿童、孤儿、残疾儿童等；第三类：农村特困人员，主要包括农村中无劳动能力、无生活来源、无法定赡养抚养扶养义务人或者其法定义务人无履行义务能力的老年人、残疾人以及未满16周岁的未成年人（根据国务院《关于进一步健全特困人员救助供养制度的意见》、民政部《特困人员认定办法》对“特困人员”的界定）。农村的这三类人群是本课题所指的农村困难群体，是大学生扶贫志愿服务“扶弱”的重点对象。当然，这三类人员在对象上有交叉和重叠。

2. 农村困难群体贫困状况

由于自身年龄、生理等方面的限制或缺陷，农村的留守老人、残疾老人、高龄老人等孤残老人和留守儿童、贫困家庭子女、特困人员等特殊困难群体在经济收入、权益保障、社会资源、发展机会等方面处于更为不利地位，生活处于更加困难处境。据统计，2012年，我国农村有2000万以上的贫困残疾人，农村的这些残疾人口贫困程度深、致贫原因复杂、脱贫难度大。我国人口老龄化快速发展，《国家统计局公报》显示，我国60岁以上人口近2.5亿人，占全国总人数的17.85%，其中，65岁以上人口超过1.66亿人。老龄人口数每年以3.28%的速度增长，到2030年，我国老龄人口数将达到3亿。在城乡老龄人口当中，空巢老人占老人总数的50%以上。① 另外，一些农村家庭因病致贫、因病返贫导致家庭子女也陷入贫困状态，他们在求

① 《中国空巢老人现状和未来》，人民网，http://www.people.com.cn/32306/366956/369444/。

学或就业创业等方面陷入困境。为准确了解和掌握农村特殊困难群体的生活、发展状况，2018 年暑假，课题组与湖南湘西某大学的部分志愿者赴湖南省湘西土家族苗族自治州保靖县迁陵镇新码村进行调研和走访。课题组选取该村孤残老人（包括留守老人）为重点对象进行走访调研。该村有 6 个村民小组，286 户村民。全村 80 岁以上的有 60—70 人，50—70 岁的有 400 多人。通过调查和走访，调研组了解到孤残老人在生活中面临的一些突出问题：一是生活不能自理，生活质量差。在调查和走访中，我们发现，部分自理或完全不能自理的老人占老人总数的很大比例，大部分老人存在体力下降及或多或少的身体疾病。对健康人群来说，穿衣、吃饭是最普通、最简单不过的事情，但是，对年迈体衰的老人尤其是对患有残疾的老人来说，日常生活中的这些小事就变得非常艰难。二是家庭收入低，经济来源不稳定，国家为农村老人提供的新农村养老保险、新农村合作医疗等社会保障制度还不能从根本上解决农村老人的养老保障和看病贵等问题，一些贫困孤残老人微薄的经济收入只能勉强维持日常生计；三是随着年龄的增长，农村老人身体健康状况逐渐下降，患高血压、关节炎和呼吸道疾病的比例增大，看病吃药的支出成为沉重的经济负担；四是精神生活单调，每天独自过日子，生活中缺少亲人的照料和帮助，很难感受到亲情温暖，精神上无以慰藉。为了解和掌握农村贫困儿童的学习和生活状况，课题组与湖南某学院的大学生志愿者赴湖南省张家界市慈利县三合镇开展调查，对贫困学生家庭开展走访。农村儿童尚不具备完全的劳动能力，家庭贫困是导致儿童贫困的最直接原因。从调查走访的总体情况来看，随着国家扶贫政策的贯彻落实，尤其是农村义务教育均衡发展的不断推进和经费保障机制改革的大力实施，以及农村生活水平的逐步提高、物质条件的不断改善，农村适龄儿童的贫困状况逐步得到改善，生活、学习条件不断好转，受教育的权利逐步得到保障。但是，在部分深度贫困地区，贫困学生的数量还是比较多，身陷贫困的农村儿童，大多缺乏足够营养物质的摄入，有的甚至连基本生活都不能保障，容易导致生长发育不良、疾病，因病致贫是农村儿童面临的巨大困境；经济十分困难的农村家庭儿童有的还会陷入失学的境地，受教育权利得不到有效保障，失学、辍学现象时有发生，上不起学、上不好学的情况还在一定范围内存在。

（二）“扶弱”在脱贫攻坚中的必要性分析

第一，农村困难群体是脱贫攻坚的重要对象。一个社会的发展进步和文明程度，很大部分体现在社会困难群体的生存、生活质量的改善状况，一个国家的人权状况和人权保障水平，很大部分也体现在社会困难群体的生存发展状况及他们的人权保障状况。农村困难群体人口规模较大、贫困程度较深，尤其是农村孤残老人、贫困儿童、特困人员等特殊困难群体，扶贫、脱贫难度大。在精准扶贫、全面建成小康社会的进程中，加强农村困难群体尤其是特殊困难群体的帮扶和救助，让困难群体能够有平等的机会参与社会事务管理，能够公平地享有社会福利、社会资源和改革发展成果，这是共享发展理念以及“以人民为中心”发展思想追求的最高境界，也是精准扶贫的必要环节和核心内容。农村的孤残老人、贫困儿童、特困人员等困难群体具有不同于一般贫困群众的特点。要实现这类群体的精准脱贫，需要精准识别他们的致贫原因，帮扶措施也要更加契合他们的贫困特点和差异化需求。因而，这类群体是农村精准扶贫、精准脱贫的重要对象，成为我国脱贫攻坚战略的重点内容。中共中央、国务院颁布实施的《关于打赢脱贫攻坚战的决定》提出，要健全留守儿童、留守妇女、留守老人和残疾人关爱服务体系；建立家庭、学校、基层组织、政府和社会力量相衔接的留守儿童关爱服务网络；健全孤儿、事实无人抚养儿童、低收入家庭重病重残等困境儿童的福利保障体系；加大贫困残疾人康复工程、特殊教育、技能培训、托养服务实施力度，全面建立困难残疾人生活补贴和重度残疾人护理补贴制度；提高老年人、未成年人、重度残疾人等重点救助对象的救助水平，确保其基本生活；鼓励职业院校和技工学校招收贫困家庭子女，加快实施教育扶贫工程，让贫困家庭子女都能接受公平有质量的教育。该指导性文件还积极引导和鼓励社会力量参与这类特殊群体的关爱服务工作，形成全社会参加关爱服务的体制机制。民政部、国务院扶贫办印发的《社会救助兜底脱贫行动方案》提出，要加强农村特殊困难群体关爱帮扶，多措并举关爱帮扶特殊困难群体，完善困难残疾人生活补贴和重度残疾人护理补贴制度，深入开展贫困残疾人照护服务工作，妥善解决特殊困难群体个案性困难。中共中央、国务院近年来先后出台的《农村残疾人扶贫开发纲要（2011—2020 年）》《贫困残疾人脱贫攻坚行动计划（2016—2020 年）》《关于加快推进残疾人小康进程的意见》等将农村贫困残疾人列为脱贫攻坚重要对象，加大对贫困残疾人脱贫的扶持，确保现行标准下建档立卡贫困残疾人如期实现脱贫。

第二，对农村困难群体帮扶和救助是完成脱贫攻坚任务的重要保证。我国在 2020 年要如期实现现有标准下农村贫困人口全部脱贫。农村脱贫不能让一个人掉队，必须是全体人民一同迈入小康。农村的孤残老人、贫困儿童、特困人员等特殊困难群体具有数量多、贫困程度深的特点，脱贫的难度也更大，这类群体的如期脱贫成为整个脱贫攻坚战取胜的关键，是农村脱贫攻坚取得胜利的重要保证。国务院《关于进一步健全特困人员救助供养制度的意见》指出，保障农村特困人员基本生活，是完善社会救助体系、编密织牢民生安全网的重要举措，是坚持共享发展、保障和改善民生的应有之义，也是打赢脱贫攻坚战、全面建成小康社会的必然要求；国务院《关于加快推进残疾人小康进程的意见》指出，我国还有 1230 万农村残疾人尚未脱贫，“没有残疾人的小康，就不是真正意义上的全面小康”，加快推进残疾人扶贫、脱贫，是全面建成小康社会、实现共同富裕、促进社会公平正义的必然要求；《贫困残疾人脱贫攻坚行动计划（2016—2020 年）》指出，贫困残疾人脱贫攻坚面临人口数量多、贫困程度深、致贫原因复杂、脱贫难度大等突出困难和问题，任务艰巨，形势严峻，是打赢脱贫攻坚战的重点和难点所在，事关广大贫困残疾人的切身利益，事关国家脱贫攻坚战的最后胜利，事关全面建成小康社会目标的实现。党和国家将农村残疾人、老年人和贫困家庭未成年人列入脱贫攻坚重点对象，并从打赢脱贫攻坚战、全面建成小康社会、实现共同富裕、促进社会公平正义的高度认识和把握农村特殊困难、特殊困难群体的帮扶和救助问题，彰显了困难群体脱贫致富在农村脱贫攻坚战略中的重要意义和价值。

第三，农村困难群体脱贫是检验脱贫攻坚政策效果的重要内容和依据。我国实施扶贫开发、脱贫攻坚战略以来，为了加强对农村特殊困难群体的救助和帮扶，国家先后制定了一系列针对农村特殊贫困人口的普遍性帮扶政策，出台了一批针对农村老人、妇女、儿童、残疾人等困难群体的专门性帮扶政策。国务院印发的《“十三五”脱贫攻坚规划》提出，要健全社会救助体系，健全“三留守”人员和残疾人关爱服务体系；民政部等部门印发的《关于做好农村最低生活保障制度与扶贫开发政策有效衔接指导意见》的通知要求，对农村低保家庭中的老年人、未成年人、重度残疾人、重病患者等重点救助对象，要采取多种措施提高救助水平，保障其基本生活，严格落实困难残疾人生活补贴制度和重度残疾人护理补贴制度；民政部等部门联合印发的《关于在脱贫攻坚中做好贫困重度残疾人照护服务工作的通知》，要求精准确定贫困重度残疾人照护服务对象和服务内容，依托和整合现有公共服务设施开展集中照护服务、推动开展贫困重度残疾人社会化照护服务、加大贫困重度残疾人康复工作力度，同时积极开展各种形式的贫困重度残疾人康复公益项目，助力贫困重度残疾人脱贫攻坚。在扶贫攻坚中，这些政策能否回应农村老人、妇女、儿童、残疾人的特殊帮扶需求，政策是否得到有效落实，实施以后的帮扶成效如何，成为检验精准扶贫政策效果的重要内容和关键指标。事实上，从改革开放以来，我国在农村特殊困难群体帮扶和救助方面取得了较为明显的成效。比如在残疾人的救助方面，从 2001 年至 2012 年，国家通过实施《中国农村扶贫开发纲要（2001—2010 年）》《农村残疾人扶贫开发计划（2001—2010 年）》，累计扶持农村残疾人 2015.7 万人次，1318

万名残疾人摆脱贫困，54.6万个农村贫困残疾人家庭改善了居住条件，868万名贫困残疾人接受农村实用技术培训，残疾人家庭收入水平稳步提高，生活状况明显改善。① 为了加强对农村困难群体帮扶成效的考核和评价，国务院扶贫办专门印发《脱贫攻坚责任制实施办法》。该办法规定，各定点扶贫单位应当紧盯建档立卡贫困人口，细化实化帮扶措施，督促政策落实和工作到位，切实做到扶真贫、真扶贫，不脱贫不脱钩。作为脱贫攻坚战略重要对象和重点领域的农村特殊困难群体的精准扶贫、精准脱贫问题，是必须紧盯的重点人群，是检验扶贫成效的重要指标和核心内容，必须予以保证，否则，就不是扶真贫、真扶贫，也不是脱真贫、真脱贫。国务院扶贫办印发的《扶贫开发工作考核办法（试行）》及其考核指标，对农村特殊贫困群体的收入增长、住房、医疗、教育等方面的扶贫成效还有明确的考核指标和标准，农村困难群体的帮扶和救助成效成为检验脱贫攻坚成效的重要内容和依据。

二、大学生志愿者开展“扶弱”服务活动的主要途径和方式

（一）开展关爱帮扶，为孤残老人留住欢乐幸福

在我国农村地区生活着一些孤残老人，他们要么没有子女陪伴，生活孤独寂寞；要么身患残疾，行动不便，生活艰难无助。对这部分人的关爱与扶助，是社会共同的责任与义务。扶助孤残老人是中华民族世代相承的传统美德。党的十九大报告提出要完善社会救助、社会福利、慈善事业、优抚安置等制度，建立健全孤残老人关爱服务体系。在扶持和资助农村孤残老人的队

① 《国务院办公厅〈关于印发农村残疾人扶贫开发纲要（2011—2020年）〉的通知》（国办发〔2012〕1号），2012年1月3日。

伍中，大学生志愿者是既活跃又具影响力、号召力的群体。大学生志愿者利用周末、寒暑假的空闲时间，以个体、班级或社团等形式深入农村贫困孤残老人家中，为他们开展关爱、帮扶服务，协助照料他们日常起居生活，为孤残老人们送去温暖和欢笑。

第一，对农村贫困残疾人进行关爱和帮扶。据统计，2015 年，我国 8500 万残疾人中，有 1230 万农村残疾人尚未脱贫，农村残疾人家庭人均收入与社会平均水平差距比较大。我国开展脱贫攻坚以来，先后出台了《农村残疾人扶贫开发纲要（2011—2020 年）》《国务院关于加快推进残疾人小康进程的意见》《贫困残疾人脱贫攻坚行动计划（2016—2020 年）》等，加大对农村贫困残疾群体的精准扶贫、精准脱贫力度，并提出要在发挥政府主导作用的基础上，充分发挥社会组织、社会力量、社会资源推进贫困残疾人脱贫攻坚。大学生志愿者在参与“大学生志愿服务西部计划”“中国青年志愿者扶贫接力计划”“三下乡”社会实践及其他扶贫志愿服务活动中，依托高校资源、平台和自身专业知识、特长，对贫困残疾人开展关爱和帮扶服务。一是医学、康复、卫生等专业的大学生志愿者赴贫困农村地区面向贫困残疾人开展“志愿助残阳光行动”，宣传、普及疾病预防和保健知识，提高农村贫困残疾人的健康意识，帮助贫困残疾人开展医疗保健、功能训练等个性化康复服务，推动健身活动逐步融入贫困残疾人的日常生活，提高贫困残疾人的生活自理能力。二是积极参与国家实施的“阳光工程”和“雨露计划”等服务项目，具有不同专业知识、技能和特长的大学生志愿者赴贫困地区面向贫困残疾人开展实用技术培训和职业技能培训，帮助那些具有勤劳致富愿望和劳动能力的贫困残疾人掌握一些实用增收技术或技能，增加贫困残疾人家庭的生产经营和就业收入。三是赴贫困地区对一些具有身体缺陷、行动不便、起居困难的农村贫困残疾人提供爱心捐赠、日常护理、托养照料、亲情陪伴等服务，为残疾人奉献爱心，提供慈善帮扶。四是在贫困农村开展文艺会演，组织文体活动，引导和帮助农村贫困残疾人积极参加公共文化体育活动，丰富他们的精神文化生活，提高贫困残疾人的社会适应能力。五是积极为农村贫困残疾人提供法律援助和法律服务，维护和保障贫困残疾人的正当、合法权益。近年来有很多法律专业的大学生志愿者赴西藏、新疆、青海等西部地区开展法律援助“1+1”行动，为当地农村残疾人提供法律援助服务。①

第二，对农村孤寡老人进行关爱和帮扶。大学生扶贫志愿者在平时周末或节假日的空闲时间来到农村，通过陪同老人聊天、娱乐，帮助老人打扫卫生、做家务、劳动等方式，为农村的孤寡老人提供生活照料、爱心陪伴等服务，为孤寡老人带来欢乐和幸福。据报道，2019 年 5 月 12 日，贵州凯里学院理学院青年志愿者联合分会在全省范围内发起“关爱孤寡老人，传送社会正能量”志愿服务行动，招募大学生志愿者参与扶助孤寡老人志愿行动。在招募令中，有这样一段文字倡议：“有这样一群人，他们走路颤颤巍巍，前行艰难；有这样一群人，他们‘出门一把锁，进门一盏灯’；有这样一群人，他们老无所依，终无所养。他们就是孤寡老人，他们有的孤独一人，有的疾病缠身，有的无亲无友，有的经济困难。或许你已习惯了在爷爷奶奶的膝下承欢，已习惯了一家人共享天伦之乐，可你是否想过这些孤寂的老人，想过他们面对的清冷生活。这些老人曾经为国家和社会创造过无数财富和光辉历史，关爱老人，关系着千家万户的幸福，更关系着社会的和谐与稳定，同时也是在时刻考问着社会文明程度的高低。数以万计的孤寡老人，需要情感和生活的关心和抚慰。”志愿者帮扶的对象是贵州省凯里市箐口村的孤寡老人，活动时间是 2019 年 8 月 18 日。这份志愿服务倡议，对农村孤寡老人的生活困难状况进行了具体描述。在我国正是由于有这样一群需要救助和帮扶的农村孤残老人，吸引和聚焦了无数志愿者为他们付出和奉献。据《扬州晚报》报道，扬州大学阳光协会的大学生志愿者从 2011 年开始，每年都利用周末或寒暑假来到孤残老人吕少庭、李自扬家中，给老人打扫卫生，陪老人聊天或

---

① 《800 名律师和大学生志愿者走进中西部 19 个省份　近百万受援人受益法律援助“1+1”行动》，载《法制日报》，2012 年 11 月 22 日。

过节，还从经济上给予老人资助，长年坚持，从不间断。该协会的大学生志愿者表示，一定会把爱心接力棒一直传递下去，将老人的生活照顾好，为弘扬爱老孝亲优良传统贡献力量。① 据《盐城今周刊》报道，2015 年 8 月 28 日，南京大学的 7 名志愿者利用暑假空闲时间来到江苏大丰区草庙镇境内的麻风村，来到 9 位身体患有疾病、生活无子女照料的老人身边，与他们同吃、同住、同劳动一周时间，给这些孤独的老人们送来欢乐和温暖。据悉，这已经是南京大学青年志愿者帮助这些孤残老人的第五个年头了，那些已经毕业的志愿者，将爱心接力棒交给他们的学弟、学妹们，使帮扶孤残老人的爱心行动在南京大学的志愿者们中间持续地传递下来。② 2016 年 10 月 15 日，石家庄铁道大学交通运输学院“天虹”青年志愿者协会的大学生志愿者来到石家庄市进德“老年之家”，开展以“敬老爱幼”为主题的敬老爱老活动。在活动过程中，大学生志愿者有的认真帮老人们打扫卫生，有的一边陪老人聊天一边为他们捶背，有的给老人唱歌、跳舞，为老人献上了精心准备的节目。③ 2017 年 8 月 4 日，重庆邮电大学的 15 名志愿者来到渝北区兴隆镇徐堡村开展志愿服务。志愿者们买好蔬菜、水果、鱼肉之后，分组来到村里的 8 位孤寡老人家中，给他们煮爱心餐，为他们分担家务，陪他们聊天，为这些孤寡老人提供生活照料和暖心陪伴服务。④

（二）开展捐资助学，为贫困儿童提供成才条件

在贫困农村地区还有一类特殊群体，他们就是贫困家庭的孩子。这些孩子们正是求学、长知识的年龄。但是，由于家庭贫穷，有些适龄儿童上不起学，只能辍学在家，帮助家里干农活。有些贫困家庭的孩子虽坚持上学，但

---

① 司新利：《扬大学子坚持 5 年照顾孤残老人》，载《扬州晚报》，2015 年 3 月 6 日。
② 《南大学子与 9 位孤残老人同吃同住一周》，载《盐城今周刊》，2015 年 8 月 28 日。
③ 田思雨、殷姿：《石家庄市大学生志愿者走进老年之家》，载《石家庄日报》，2016 年 10 月 19 日。
④ 蒋婧：《志愿者走村入户 温暖孤残老人心》，载《渝北时报》，2017 年 8 月 4 日。

学习用品缺乏，必要的学习条件得不到保证。贫困家庭的这些孩子，非常需要社会的关心和帮助。从2003年开始，我国实施“中国青年志愿者扶贫接力计划”，招募青年志愿者尤其是大学生志愿者赴贫困地区尤其是西部贫困地区开展扶贫志愿服务，其中有一项重要内容就是对贫困家庭子女的关爱和资助。近年来，国家、省市教育部门积极倡导社会组织、社会力量参与贫困地区捐资助学，共同推动城乡义务教育均衡发展。教育部《关于实施教育扶贫工程的意见》、湖南省人民政府《湖南省教育扶贫规划（2015—2020年)》、共青团中央《关于共青团助力脱贫攻坚战的实施意见》提出，要引导各类企业、社会团体、非政府组织及共青团组织等在贫困地区开展捐资助学活动，促进贫困地区青少年健康成长。大学生扶贫志愿者不仅是贫困地区送学支教的重要力量，而且是捐资助学的重要力量，通过大学生志愿者的捐资助学，对贫困儿童进行资助和关爱，对贫困农村学校进行捐资办学，在一定程度上改善、优化了农村贫困家庭适龄儿童成长成才环境。

第一，对贫困家庭儿童进行资助和关爱，帮助贫困适龄儿童完成学业。大学生扶贫志愿者对农村贫困儿童的帮扶，除了前文已经介绍过的送学支教之外，还对贫困儿童进行捐资助学，通过向高校及社会企业倡议和募集资金、物资，向贫困家庭适龄儿童提供助学金和学习、生活用品支持，防止贫困家庭适龄儿童因经济困难而失学、辍学。据课题组调查，2017年暑假，湖南某学院“三下乡”的大学生志愿者，向全校师生发出向贫困地区的孩子们捐赠的倡议书。倡议书的主要内容是：“亲爱的同学们：又到一年暑假，‘三下乡’活动也将如期而至。这个暑假，可能会因为你，让一些小朋友爱上这个假期。我们也曾经是孩子，渴望能被人关注，期待能被人疼爱。可是并不是所有的孩子都能得到他们需要的文具，看到他们想看的课外书。我们也大多来自农村，深刻明白知识是一种很神奇的极具诱惑的力量。正是对知识的追求，我们才能成为今天这个不一样的、更好的自己。赠人玫瑰，手有余香；奉献爱心，收获希望。捐赠对象：‘三下乡’所在学校的孩子们。助学金及捐赠物品：助学金，适合小学生使用的文具，适合小学生阅读的书籍。图书包括：字典、词典、中外名著、青少儿中文或英文读物、绘本等符合青少儿阅读认知范围的图书；文具包括：笔、橡皮、文具盒、练习本、书包、文体用品等。一支笔，一本书，暖人心。秉承‘团结互助，博爱奉献’的口号，弘扬‘奉献、友爱、合作、进步’的志愿精神，让我们都献出一份爱，贡献一份力量，帮助贫困家庭的孩子完成他们的求学梦想，给贫困家庭的孩子插上奋飞的翅膀，为国家和民族培养明天的希望，为中华民族伟大复兴的中国梦增添一分光彩！”这个倡议行动获得了全校师生的广泛关注和支持，共募集 2 万多元资金及大量少儿图书、学习用品等，全部用于该学院“三下乡”时资助贫困孩子们完成“求学梦”。比如，该校信息与工程学院的“三下乡”教育关爱服务团志愿者为长沙县望城完小的 4 名贫困学生每人捐赠了 1000 元的助学金。另据报道，武汉理工大学长年组织志愿者通过募集资金、衣物鞋子、课外读本、学习用品等，依托“三下乡”“中国青年志愿者扶贫接力计划”“大学生志愿服务西部计划”等志愿服务和社会实践项目为贫困家庭孩子进行物质上的资助和帮扶。2012 年，该校志愿者为凌智小学捐赠募集而来的 1200 多件日常生活用品、1800 多件日常学习用品。该校志愿者还通过网络平台募集 8 万多元现金和价值 47 万多元的生活物资，面向贵州省黔南州龙里县贫困学生设立“理工 · 滴滴 GO”助学金，帮助因家庭贫困而失学、辍学的孩子继续上学。① 2017 年 6 月 23 日，武汉理工大学志愿服务队来到都江镇交德小学，向全校学生发放了 200 本崭新书籍、200 双棉袜，还为几位品学兼优的贫困学生发放了“理工 · 滴滴 GO”助学金。② 其他类似的资助、帮扶活动还很多。据中国青年网报道，2019 年 4 月 13 日，西南大学的学生志愿者来到重庆市巫山县双龙镇花竹村进行帮扶活动，为村里的贫困

① 共青团中央青年志愿者工作部：《共青团关爱农民工子女志愿服务行动工作案例》，中国青年出版社 2011 年版，第 239 页。

② 《武汉理工研支团开展捐资助学鼓励学子勇敢追梦》，中国青年网，http：//xibu. youth. cn/gzdt/gddt/201706/t20170623_ 10155694. htm，2017 - 06 - 23。

学生送来5000多元现金及价值1000多元的学习、生活用品;① 据腾讯网报道，2020年4月26日，河北沧州河间市10多名返乡大学生志愿者来到贫困户家中开展关爱贫困儿童志愿服务活动，为建档立卡贫困家庭学生送去爱心书包、铅笔、钢笔、衣服、运动鞋等学习和生活用品。② 还有一些高校派出的扶贫志愿者，善于把学科专业优势转化为对农村贫困家庭子女的关爱帮扶优势。华北电力大学立足于能源电力特色，充分利用他们在学校学到的专业知识和技能，针对贫困农村地区实际，研发高效太阳能灶、沼气罐等科技产品无偿供给贫困家庭使用，为贫困儿童“点亮”夜晚的黑暗。③

第二，对贫困农村地区学校进行捐资助学，改善农村学校的办学条件。大学生社团通过申请高校支持和社会赞助等方式，在社会募集资金和物资、设备的基础上，向农村学校捐赠募集的图书资料、教学仪器设备、多媒体远程教学设备、体育卫生、艺术教育器材等。据报道，河南省洛阳市洛宁县属于国家扶贫开发重点县，当地县高中教学条件非常艰苦，教学设施落后。为帮助洛宁县中学改善教学条件，洛阳师范学院的大学生志愿者通过多种途径争取洛阳师范学院和社会爱心企业家的大力支持，为洛宁县中学募集和捐赠了价值100多万元的教学仪器设备，建立网络教室、录播教室，支持洛宁县中学开展多媒体教学。2017年7月19日，湖南某师范学院教育关爱服务团的志愿者为长沙县梅城镇望城完小捐赠了价值16000余元的文具、体育用品和精品图书等物资。有些大学生志愿者还积极参与农村义务教育学生“营养改善计划”实施，募集社会资金向农村学校学生提供营养早餐，提高农村贫困学生的营养健康水平。2017年暑假，武汉理工大学的“三下乡”志愿者向

---

① 《西南大学研支团走访特困生家庭开展捐款慰问》，中国青年志愿者网，http://xibu.youth.cn/gzdt/gddt/201904/t20190416_11928223.htm，2019-04-16。

② 《大学生志愿者为贫困群体送温暖》，腾讯网，https://new.qq.com/omn/20200426/20200426A0IQR600.html?pc，2020-4-26。

③ 共青团中央青年志愿者工作部:《共青团关爱农民工子女志愿服务行动工作案例》，中国青年出版社2011年版，第14-15页。

学校、企业募集了2.5万多元资金，为武汉凌智小学的贫困学生提供营养早餐。此外，有些大学生志愿者针对农村基础教育网络信息化教育滞后状况，积极参与推进农村学校的数字教育资源建设。湖南的大学生志愿者在高校团委的支持下，积极参与湖南省教育厅等部门组织实施的"基础性资源普惠工程"，将个人收集、整理或制作的课程学习资源、教学备课资源上传至"资源云""湖南微课网"等网络信息平台，让贫困地区农村教师教学和学生学习分享、受益。

（三）开展走访慰问，为特困人员送去救济物资

我国城乡尤其是农村还存在一定数量的特困人员。按照国务院2016年2月印发的《关于进一步健全特困人员救助供养制度的意见》和民政部2016年10月印发的《特困人员认定办法》，特困人员是指无劳动能力，无生活来源，无法定赡养、抚养、扶养义务人或者其法定义务人无履行义务能力的城乡老年人、残疾人以及未满16周岁的未成年人。符合特困人员认定条件和标准的即纳入特困人员救助供养范围。截至2019年3月底，全国共有特困人员478.2万人，其中农村特困人员449.6万人，农村特困人员占全国特困人员总数的94%。① 保障特困人员基本生活，是坚持共享发展、打赢脱贫攻坚战、全面建成小康社会的必然要求，必须坚持政府主导，发挥社会力量作用，通过多种途径和方式解决特困人员突出困难、满足城乡特困人员基本需求、维护特困人员的基本生活权益。国务院《关于进一步健全特困人员救助供养制度的意见》和民政部、国务院扶贫办《社会救助兜底脱贫行动方案》提出，要引导、激励公益慈善组织、社会工作服务机构及社会力量举办的养老、医疗等服务机构，为特困人员提供专业化个性化服务；引导社会组织、慈善、社会工作、志愿服务力量参与等方式，妥善解决特殊困难群体个案性

---

① 中国新闻网，http：//www.chinanews.com/gn/2019/07－29/8910126.shtml，2019年7月29日。

困难。大学生扶贫志愿者是为农村特困人员提供帮扶服务的重要社会力量。参与扶贫的高校大学生志愿者和志愿社团组织，以“三下乡”集中组织或以志愿者、社团分散组织等方式，赴边远贫困山区特困农户家庭，对他们进行走访慰问，为特困人员提供服务和帮扶，形成全社会关心、支持、参与特困人员救助供养服务的良好氛围。大学生志愿者对农村特困人员的帮扶，主要通过两个方式进行：

第一，为农村特困人员提供基本生活、日常照料、医疗陪护等方面服务。大学生志愿者在农村开展扶贫服务过程中，特别关注和重视对农村特困人员的关爱和帮扶，对那些生活不能自理的特困人员提供力所能及的日常看护、生活照料、医疗陪护等服务。据课题组调查，2016 年至 2019 年，湖南高校的大学生志愿者，在赴农村开展扶贫志愿服务时，均以团队的形式对那些无家人照顾、行动不便、生活不能自理的老年人或残疾人轮流开展生活照料、看护等方面的服务。湖南湘西某大学医学院医学、护理等专业的大学生志愿者还对身患残疾的农村特困人员开展医疗陪护、康复训练等服务。例如，在湖南湘西保靖县吕洞山镇夯沙乡排拔村有一位患类风湿、关节炎、肝病等多种疾病的老人，常年卧床不起，生活全靠政府救济。2017 年暑假，该校“爱心 1 + 1”大学生志愿服务队安排志愿者轮流来到这位老人的家中开展生活照料和身体护理服务，使老人深受感动。

第二，为农村特困人员捐赠救济物资改善基本生活条件。大学生志愿者依托高校资源或社会爱心人士募集资金和物资，在农村扶贫过程中，通过对农村特困人员进行走访并提供副食品、粮油、服装、被褥等日常生活用品和零用钱，对农村特困人员进行关爱和慰问。据中国青年网报道，2017 年 1 月 13 日，参与“大学生志愿服务西部计划”的大学生志愿者与县残联工作人员来到广西壮族自治区凤山县凤城镇松仁村特困户家庭开展走访慰问活动，为特困户送上慰问金及棉被、电饭煲、粮油面等慰问物品。慰问活动中，大学生志愿者们还利用自带的清扫工具，帮助特困户家庭清洁厨房、整理家具、清洗被褥，将特困人员的家收拾得干净、整洁。有的志愿者还给老人理发、剃胡须，使特困老人的精神面貌“焕然一新”。① 2017 年暑假，重庆人文科技学院工商学院大学生志愿者组成的“爱心服务团”来到合川区大庙村孤寡老人陈长点家里和因中风偏瘫的李洪群家里开展走访和慰问，给两户老人家捐赠大米、食用油、保健品等，详细询问了两位老人的生活、身体情况。志愿者们表示，他们今后还会常来开展帮扶服务，尽力协助两位老人解决生活中的问题和困难。② 2017 年 7 月 10 日至 16 日，吉首大学国际教育学院“凤之翼”团队 20 名志愿者对湖南湘西保靖县吕洞山镇夯沙乡大风村、排拔村、夯沙村、夯吉村、吕洞村等村里的特困老人进行走访慰问，为老人们捐赠募集的慰问金、菜籽油、大米、衣物等，还与老人们坐着聊天，听老人们聊他们自己年轻时候的故事。2018 年 5 月 21 日，山西农业大学信息学院经济与管理学院的大学生志愿者来到临猗县卓里区武村开展帮扶志愿行动。志愿者们在村长的带领下，来到村里的 3 户特困老人家中，详细了解和查看了老人的饮食起居、健康状况、生活需求等情况，并将慰问金捐赠给了 3 位老人。③据山东新泰文明网报道，2018 年 8 月 10 日，新泰市翟镇东梁庄村 10 余名大学生志愿者自发组织开展走访慰问该村特困户活动，为该村的特困户送去大米、食用油、面条等生活物资，还帮助他们理发、打扫卫生，与老人们拉家常，为老人们宣传和讲解国家惠民政策，了解老人们的诉求，倾听老人们的心声。④ 2018 年寒假，山东理工大学交通学院志愿者宋培傲、魏义伟、孙振博 3 人组成“冬阳温暖”慰问小分队来到阳谷县狮子楼村走访和慰问特困户

① 《凤山县志愿者开展走访慰问点燃贫困户生活希望》，中国青年志愿者网，http：//xibu. youth. cn/gzdt/gddt/201701/t20170116_ 9039840. htm，2017 - 01 - 16。

② 《“三下乡”扶贫帮困大学生阳光行动》，华龙网，http：//say. cqnews. net/html/2017 - 07/13/content_ 42252563. htm，2017 - 07 - 13。

③ 马永红：《大学生志愿者温情帮扶孤残老人》，晋中新闻网，http：//www. cn360cn. com/n1126126. htm，2018 - 5 - 21。

④ 《大学生志愿者走访慰问贫困户》，新泰文明网，http：//sdxt. wenming. cn/zhiyuan-fuwu/201808/t20180810_ 2924270. html，2018 - 08 - 10。

王巧荣。王巧荣的丈夫多年前因病去世，自己的身体也有残疾，孩子还在上学，家庭无经济来源，生活十分贫困。“冬阳温暖”慰问小分队来到王巧荣家里，给她带去食用油和大米，并详细询问和了解她家里的其他困难和小孩在学校的学习情况。活动结束后，大学生志愿者深有感触地说：“村里的这些特困人员就像我们自己的爷爷奶奶一样，他们年轻的时候为家庭、为社会付出了很多，现在年纪大了、老了，身体患有疾病生活不能自理了，我们这些晚辈应该多尽孝心、多献爱心，为这些特困老人提供力所能及的帮扶，让他们安度晚年，让他们感受来自社会的阳光和温暖。”①

---

① 布双起、商贺、朱艳荣：《“青春扶贫　益暖齐鲁”：青年大学生积极参与扶贫工作》，载《聊城日报》，2018年2月28日。

第七章

大学生扶贫志愿服务对大学生思想政治教育的实践价值及其理论机理

从现代思想政治教育原理分析，大学生扶贫志愿服务是一项重要的思想政治教育实践活动，在丰富、拓展、优化大学生思想政治教育内容、载体、方法等方面具有重要的实践意义和价值。大学生扶贫志愿服务发挥思想政治教育作用，有其深刻的理论机理。主体间性思想政治教育理论、思想政治教育活动理论、思想政治教育社会化理论等分别从增强大学生在思想政治教育中的主体地位、大学生思想政治教育应具有多样化活动模式和大学生思想政治教育应融入“生活世界”等方面，为大学生扶贫志愿服务在大学生思想政治教育中的实践价值提供理论依据和学理支撑。

一、大学生扶贫志愿服务对大学生思想政治教育的实践价值

（一）强化大学生思想政治教育的核心内容

现代教育学原理认为，思想政治教育包含丰富的内容，有着完整的内容

体系。一般来说，思想政治教育的基本内容，包括思想教育、政治教育、道德教育、心理教育。思想政治教育的具体内容包括世界观、方法论教育；政治理想、信念、方向、立场教育及政治观点、情感、方法、纪律教育，还包括道德观念、道德情感和道德素质教育及心理健康教育和指导等，思想政治教育的内容广泛而深刻。其中，理想信念教育、道德教育、心理教育等是大学生思想政治教育的核心内容。对参与扶贫志愿服务的大学生志愿者来说，他们的扶贫志愿服务，能够强化大学生思想政治教育的核心内容，对大学生发挥重要的教育作用。

一是大学生理想信念教育。在思想政治教育内容体系中，其核心内容之一是理想信念教育，使受教育者牢固树立建设中国特色社会主义的共同理想和共产主义的远大理想，为建设中国特色社会主义，把我国建设成为富强、民主、文明、和谐、美丽的社会主义现代化国家而奋斗。党的十五大首次提出“两个一百年”奋斗目标，十八大描绘了全面建成小康社会、加快推进社会主义现代化的宏伟蓝图，十九大进一步提出了全面建成社会主义现代化强国的时间表、路线图。其中，“第一个百年”奋斗目标和宏伟蓝图是在2020年现行标准下农村贫困人口实现脱贫，贫困县全部摘帽，全面建成小康社会。参与扶贫志愿服务的大学生志愿者，用自己的实际行动，亲身参与“第一个百年”奋斗目标的实现，亲身参与精准扶贫、脱贫攻坚战略，亲身参与全面建成小康社会，这是为建设中国特色社会主义共同理想、中华民族伟大复兴“中国梦”实现作出的不懈努力，对大学生来说，就是一场生动的理想信念教育，能够帮助大学生坚定理想信念，并努力为实现理想信念不懈奋斗。大学生志愿者通过参与“理论普及宣讲团”“国情社情观察团”等志愿服务团队及“筑梦新时代·奋斗新征程”“追寻青春足迹·红色筑梦之旅”“乡村稼穑情·振兴中国梦”“情系北大荒·建功新时代”“扶贫一线体验行”等专项社会实践行动，与贫困地区干部群众同吃、同住、同劳动，积极宣传国家扶贫政策、惠民政策及党的创新理论，深入观察和调研脱贫攻坚、全面建成小康社会等国情社情及改革开放40年、中华人民共和国成立70年等取得的巨大成就，近距离感受扶贫干部的奉献精神，现场耳闻目睹贫困群众的艰苦奋斗，在切实感受乡村巨变的生动实践中升华爱国情怀，增强对中国特色社会主义共同理想的价值认同，增强对中国特色社会主义的道路自信、理论自信、制度自信、文化自信，促使大学生勇担时代责任，贡献青春力量。

二是大学生道德观念和道德情感教育。为人民服务是社会主义道德建设的核心，集体主义是社会主义道德建设的原则，服务群众、奉献社会、团结协作、友爱互助等是基本的道德规范，勤劳勇敢、求真务实、艰苦奋斗、勤俭节约、尊老爱幼、扶贫济困等是公民必备的道德品质和道德素质，形式主义、享乐主义、奢靡之风等是可耻的不道德行为。这些道德原则、道德规范、道德品质、道德素质，是高校大学生必须遵守和养成的，也是大学生必须接受的道德教育。参与扶贫志愿服务的大学生，在深入农村贫困地区的扶贫服务活动中，通过他们的自身行动，积极践行为人民服务、集体主义、服务群众、奉献社会等道德规范，同时在社会广泛倡导这些道德行为，弘扬社会文明新风，提高社会道德水平。参与“三下乡”文化艺术服务的大学生扶贫志愿者，围绕培育和践行社会主义核心价值观开展艺术创作、惠民展演、文化普及等形式的志愿服务活动，一方面使大学生志愿者自身受到社会主义核心价值观教育，培育其爱国、敬业、诚信、友善的优良道德品质，另一方面让社会主义核心价值观深入农村、教育村民，在农村地区形成民主、文明、和谐、自由、平等、公正、法治的时代新风尚；大学生志愿者在扶贫服务活动中，通过捐赠、奉献爱心、支教、扶助农村贫困群众，帮助偏远农村发展生产，帮助贫困家庭脱贫致富，亲身体验农村生活的艰辛，增进与劳动人民的真挚情感，培育大学生的艰苦奋斗、勤俭节约的优良道德品质，增强大学生克服形式主义、享乐主义、奢靡之风的自觉性；大学生扶贫志愿者运用所学专业知识、专业技能对贫困群众开展知识普及、技能培训，培养大学生的勤奋努力、求真务实的优良品质，提高大学生的动手、动脑能力和实践操作、社会活动能力；大学生扶贫志愿者对农村孤残老人、贫困儿童、特困人员开展关爱帮扶、捐资助学、走访慰问，弘扬“一方有难，八方支援”、互帮互助的优良道德传统，培养大学生尊老爱幼、扶贫济困的优良道德品质；大学生志愿者在扶贫活动中团结互助、相互合作，帮助大学生养成团结协作、相互尊重、相互关心、遵纪守法的优良作风，增强大学生集体主义道德观念和荣誉感。

三是大学生心理健康教育。心理教育也是思想政治教育的重要内容。帮助大学生提高心理承受能力、消除心理疾病，使他们形成良好的个性、健全的人格、健康的情感、乐观的心态、坚强的意志，以及不怕挫折、勇于进取、自立自强、艰苦创业的意志品质和能力，是高校思想政治教育的重要内容和任务。① 大学生开展志愿服务公益行动，既是对大学生社会实践能力的有效培养和锻炼，也是对大学生心理素质、心理健康的有效锻炼和教育。大学生志愿者深入革命老区、边疆地区、少数民族地区等偏远贫困地区开展扶贫活动，面临的工作、生活环境是陌生的、艰苦的，要完成的任务有时也是比较艰巨的。大学生志愿者必须克服畏惧、懦弱、懒散及贪图享乐、不思进取等不良心理，全力以赴攻坚克难、开拓创新，想方设法完成既定的扶贫目标与任务；在开展扶贫志愿服务过程中，大学生志愿者既要与同学团结协作，也要与指导老师打交道，还要与贫困地区的干部群众进行多方面的联系、沟通、交流，这就要求大学生志愿者克服胆怯、害羞和我行我素、独立孤行等不良心理和行为，以开放、豁达、合作的心态与人打交道，这有利于克服许多在校大学生存在的自闭、孤独、抑郁等不良心理。在扶贫过程中，大学生志愿者在贫困地区组织开展的文体活动、文艺巡演等，有利于培养大学生活泼开朗、乐观向上、开拓进取的个性；那些参与支教的大学生志愿

---

① 张耀灿、郑永廷、吴潜涛、骆郁廷，等，著：《现代思想政治教育学》，人民出版社 2006 年版，第 262 页。

者，在对农村留守儿童、贫困家庭子女等进行课程辅导的同时，还要开展心理辅导、亲情陪伴等方面的服务，在对农村孤寡老人、残疾人员进行物质资助和帮扶的同时，还要陪他们聊天、引他们开心，慰藉他们孤独、伤残的心灵，这些活动有利于涵育大学生志愿者自身健康、阳光的心理；深入偏远贫困农村的大学生志愿者，通过国家扶贫政策宣讲、国情社情观察、农村生活状况调研等活动，亲眼目睹、现场体验新中国从站起来，到富起来，再到强起来的伟大飞跃，以及农村地区由贫穷落后迈向全面小康的历史巨变，也会在大学生心中树立起以天下为己任、发愤图强、献身中华民族伟大复兴的强大信心、决心。

（二）拓展大学生思想政治教育的活动载体

思想政治教育载体在现代思想政治教育原理中是一个极为重要的概念。在传统思想政治教育研究中，往往将思想政治教育载体归属于思想政治教育方法论范畴，未赋予其相对独立的内容体系。① 随着思想政治教育社会化趋势的日益彰显，思想政治教育载体论日益凸显在理论工作者和实践工作者面前，对其内涵、类型、特征、功能及其开发利用等问题进行深入研究和探讨，有效促进了思想政治教育工作的时代性与实效性。对高校大学生思想政治教育来说，根据大学生思想认识和行为实践的特点，积极开发、拓展大学生思想政治教育载体，有利于推进大学生思想政治教育方式、方法创新。一般来说，大学生思想政治教育的载体主要有文化载体、活动载体、传媒载体、网络载体等几种类型。从本课题研究的对象与内容来说，组织、指导大学生开展志愿服务（包括扶贫志愿服务）是充分开发和利用活动载体的典型表现。具体来说，高校组织开展的大学生扶贫等各种形式的社会公益服务活动，从其活动形式、内容、影响及对大学生的思想政治教育效果来说，主要

---

① 张耀灿、郑永廷、吴潜涛、骆郁廷，等，著：《现代思想政治教育学》，人民出版社 2006 年版，第 391 页。

表现为以下几种活动载体形式。

一是大学生社团活动载体。在每个高校都有大量的各种类型的社团组织。这些大学生社团是为了共同目标和满足大学生兴趣爱好而自愿组成的群众性学生组织。社团组织开展的社团活动可以活跃学习氛围，提高学生自我管理能力，丰富学生课余生活。大学生在校内外开展的各种志愿服务活动，绝大部分是以社团为载体的集体行动。高校大学生社团已经成为大学生志愿服务的有效组织形式和主要活动载体，也是高校开展大学生思想政治教育的重要平台和载体。据课题组调研，湖南某财经学院有“繁星”“大拇指”“同心圆”“齐心筑梦”“远辰”“筑梦”“微笑慢天使”“守护者”“南岭”“心连心”“吾 + net”等 20 多支志愿服务团队或社会实践团队，湖南湘西某大学有“凤之翼”“灯塔”“爱心 1 + 1”“医路同行”“大医精诚”“当代知青”“高望界”“爱在联团”“反家暴妇女儿童法律援助”“云上学堂”等 30 多支志愿服务队或社会实践团队。在其他各高校，也成立了大量的大学生社团组织。在这些社团组织中，有很多社团的宗旨就是扶贫助困、爱心捐助、救助困难群体等。每年暑假开展的“三下乡”等活动，参与扶贫志愿服务的大学生绝大多数也是来自校园内的社团组织。这些志愿服务团队或社会实践团队基本上每年都会以扶贫项目的形式参加学校团委组织的扶贫志愿服务活动。高校社团赴贫困农村地区开展扶贫志愿服务，能有效地发挥社团在大学生思想政治教育中的载体功能，增强大学生的团队意识、合作意识，培养大学生团结协作、开拓进取、奉献社会的高尚品德与崇高精神。

二是社会调研活动载体。社会调查是大学生接触和了解社会、提高社会适应能力和增强社会责任意识、忧患意识、奉献意识的重要途径和方式。在大学生扶贫志愿服务中，有一项重要的活动内容就是农村贫困状况调查。2017 年全国“三下乡”活动中的“国情社情观察团”大学生志愿者赴农村开展脱贫攻坚、全面建成小康社会的调查研究，了解和掌握农村经济社会发展的新面貌、新成就，“美丽中国实践团”的大学生志愿者赴农村基层、县域城镇等地方围绕环境污染、水资源保护、垃圾处理、气候观测、资源开发、自然灾害预防等开展社会调查研究和建言献策等活动，推进美丽中国建设；2018 年全国“三下乡”活动中的“国情社情观察团”大学生志愿者重点围绕改革开放 40 年来的历史性成就、“十三五”规划实施情况等开展参观考察、国情调研活动，还组织“青年观察家”改革开放 40 周年专项调研活动，组织大学生志愿者聚焦改革开放 40 年来的重大事件、重要地点、重点区域开展参观考察、国情调研、专项走访活动，以及组织医药类专业学生开展“健康扶贫青春行”、组织信息类专业学生开展“互联网 + 教育”等专项实践活动，围绕健康中国、基础教育信息化等专题，赴农村进行医疗卫生现状、乡村校园教育信息化现状调研活动；2019 年全国“三下乡”活动中的“历史成就观察团”“青年观察家”等社会实践团的大学生志愿者围绕国家发展的重大事件、主要成就、重要地点、重点区域开展国情调研和社情、民情走访活动。除国家层面组织的这些专项调研活动之外，高校团委或大学生社团自主组织的调研活动也多种多样。比如，贫困群众贫困现状及致贫原因调查，了解和掌握贫困群众贫困现状、贫困发生的原因及消除贫困的对策建议；对农村失学儿童、留守儿童学习、生活等方面的调查，开展有针对性的教育帮扶；对农村特色产业发展现状、农村网络信息化和数字化发展现状等方面的调查，帮助贫困地区发展特色产业、建设电商平台等，这些调研既增加了大学生对农村社会的认识和了解，也培养了大学生扎根基层、实事求是、一丝不苟、吃苦耐劳的作风，成为大学生思想政治教育的重要载体和平台。

三是政策理论宣讲活动载体。大学生是开展政策理论宣讲的重要力量。大学生通过在校期间的文化学习和专业训练，具备较为扎实的文化理论功底。经过专门的培训之后，能快速熟悉、掌握党和国家的大政方针。开展政策理论宣讲，一方面能进一步丰富、检验、巩固大学生的专业知识、理论知识，促进大学生理论学习与社会实践相结合；另一方面，大学生通过对党和国家政策理论的学习、研讨和宣讲，从思想上受到教育和启迪，提升自身的政策理论水平和思想政治素质，使政策理论宣讲成为大学生思想政治教育的重要载体之一。自从习近平总书记提出精准扶贫思想以来，党和国家制定出台了一系列脱贫攻坚的制度、措施、方案，也出台了一系列保障和改善民生、增加民生福祉的惠民政策。大学生通过多种途径和方式宣讲国家扶贫政策，成为政策宣传的重要力量。很多大学生志愿者走进贫困群众家中宣传、解读与基层群众密切相关的方针、政策，宣传十八大、十九大精神及习近平新时代中国特色社会主义思想，宣讲法律知识、卫生健康知识、农业知识、金融财政知识等，还通过图片展览、宣传橱窗、横幅标语等方式宣传改革开放和中华人民共和国成立以来的巨大成就，通过微信、QQ、短信等电子媒体、移动终端宣传农村的好人好事及脱贫致富典型，增强农村基层群众对党和国家扶贫政策、大政方针的了解和把握，增进贫困群众与扶贫工作队、村委会、乡镇政府的了解与信任，调动贫困群众脱贫致富的积极性和主动性。这些宣讲活动，在提高大学生自身政策理论水平、思想认识水平的同时，密切了大学生与人民群众的沟通和联络，增进了与人民群众的感情，培养了大学生爱党、爱国、爱人民、爱社会主义的真挚情感。

四是文艺巡演活动载体。思想政治教育需要形式多样、多姿多彩，需要有吸引力、感染力、影响力。文体活动、文艺演出等即是一种群众性的、富有吸引力、影响力、感召力的思想政治教育活动，是提高大学生思想政治教育实效性的重要活动载体。大学生在农村开展扶贫志愿服务，在宣传党和国家大政方针及国家扶贫、惠民政策的时候，或者是在宣传农村的好人好事、脱贫致富先进典型的时候，或者在宣扬社会公德、职业道德、家庭美德的时候，都需要形式多样、生动直观、寓教于乐的方式。参与扶贫志愿服务的大学生当中，有很多大学生多才多艺、能歌善舞，他们在贫困农村地区积极组织开展文体活动、文艺巡演。在每年的“三下乡”社会实践活动中，都会招募和组建“文化艺术服务团”，参与其中的大学生志愿者围绕培育和践行社会主义核心价值观、尊老爱幼、邻里互助或农村文明新风、乡规民约等开展文化普及、艺术创作和惠民展演，还通过举办“农民文化艺术节”等方式，吸引贫困群众参与其中，丰富贫困群众的文化、体育活动。许多大学生志愿者还在寒暑假积极参加“我们的中国梦——文化进万家”等文化下乡活动，深入贫困地区的田间地头开展慰问演出，通过歌舞、相声、小品、快板等形式，演唱脱贫攻坚的巨大成就，演绎贫困群众走向小康路的喜悦心情。大学生扶贫志愿者在农村地区开展的这些文艺活动，一方面，可以丰富群众的精神文化生活，让党和国家的惠民政策在“春风化雨”中滋润贫困群众的心田，让偏远的贫困地区充满欢歌笑语；另一方面，可以锻炼和提高大学生的艺术才能，拉近大学生与基层群众的距离，培养大学生热爱农村、献身乡村振兴的思想情感。

五是爱心帮扶活动载体。培养大学生高尚的道德品质和道德情操是大学生思想政治教育的重要内容。道德教育的途径多种、载体多样。在大学生扶贫志愿服务中，爱心帮扶是最为重要的服务活动之一，也是对大学生进行道德教育、思想政治教育的重要途径和载体。爱心帮扶主要包括扶助孤残老人、帮扶贫困失学儿童和留守儿童及家庭贫困、需要资助的特困户等，采取的方式主要有捐钱、捐物、支教、助学及走访慰问、爱心陪伴等。在农村有大量孤残老人，他们的日常生活不能得到有效照料和陪伴，有些孤残老人除政府补贴之外，缺少经济来源，生活很贫困，非常需要予以照顾或资助。大学生志愿者利用扶贫的机会，对孤残老人给予精神上的慰藉，有时还会通过捐赠的方式，对特殊困难的老人从经济上给予扶助；对农村留守儿童或失学儿童，大学生志愿者会利用寒假、暑假等节假日，将这些孩子召集起来，给他们上课，有时还会给他们赠送一些课外书籍和学习用品，帮助他们完成学业；对那些因病、因残致贫的特困户，大学生志愿者会通过向社会募集资金予以救济；对那些缺少劳动技能、缺乏致富门路的贫困群众，大学生志愿者会上门走访调研，与他们一起探讨脱贫致富的方法，那些计算机、信息技术、商务贸易、农业机械等专业的大学生志愿者还会将他们所学专业知识和技能传授给贫困群众，帮助他们寻找脱贫致富的途径。这些爱心帮扶活动，在帮助贫困群众脱贫的同时，也培养了大学生的爱心、善心、责任心，能够收到在大学课堂所没有的思想政治教育效果。

（三）优化大学生思想政治教育的原则方法

思想政治教育目标能否有效实现，思想政治教育是否有成效，离不开方法论指导，离不开正确的思想政治教育方法。现代思想政治教育面临着传统思想政治教育完全不同的时代背景和社会环境条件，新时代的大学生有着明显不同的思想活动特点与思想道德实际，这就要求我们必须与时俱进，不断丰富、拓展、创新思想政治教育方法、途径，确保大学生思想政治教育始终保持生机活力及效果。在高校普遍开展的大学生志愿服务，包括各种形式的扶贫志愿服务，从思想政治教育方法论上分析，是对大学生思想政治教育原则方法的极大优化。

一是理论与实际相结合的原则方法。理论与实际相结合是提升思想政治教育的有效途径之一，是现代思想政治教育工作者必须掌握的原则方法之一。坚持理论联系实际，要求既要注重理论教育，又要注重实践教育，强调知行合一。并且，这一教育方法侧重实践教育，要求理论教育结合社会实际进行，与实践环节相配合，实践的内容要贴近实际，贴近生活，贴近群众，力求丰富多彩、形式多样。大学生扶贫志愿服务的开展，有利于拓展理论联系实际思想政治教育原则方法。大学生在日常学习过程中，最主要的是进行理论学习。理论学习是必不可少的，理论教育可以帮助大学生用科学理论武装头脑，为大学生成长成才提供专业基石和理论基础。在学习理论的基础上，组织和指导学生走出课堂，进入社会，从现实社会出发，理论联系实际，实事求是，在社会实践中提高大学生的思想觉悟和认识能力，这是大学生专业学习的必要环节，也是大学生思想政治教育的必要环节。每年暑假开展的“三下乡”活动，或者是大学生参加的“中国青年志愿者扶贫接力计划”“大学生志愿服务西部计划”，或者是大学生利用周末等节假日开展的扶贫助弱、爱心支教等志愿服务活动，为大学生步入社会、深入群众、理论联系实际提供了条件和机会。大学生志愿者通过参与扶贫活动，深入农村开展贫困状况调查、国家扶贫政策宣传、爱心捐助、支教助教、农技培训等服务活动，一方面是对所学理论知识、专业知识的实践、检验和运用，另一方面可以帮助大学生了解农村、了解社会，体察人民疾苦、关心群众生活，从而正确认识社会，使大学生从思想上受到教育，珍惜来之不易的美好生活，提高大学生的政治思想观念和道德水平。

二是教育与自我教育相统一的原则方法。现代思想政治教育实践表明，人们思想觉悟的提高离不开思想政治教育工作的有效引导、指导，但教育的效果最终还是要通过受教育者自身的学习、内省和实践来实现。教育只是提高人们思想政治素质和道德水平的外因，自我教育才是提高思想政治素质和道德水平的内因。教育与自我教育相结合的方法，就是要求在思想政治教育过程中，既注重发挥教育者的作用，又注重发挥教育对象的能动作用。① 大学教育的一个重要理念，就是要培养大学生的自我教育能力，通过组织、引导大学生自主学习、自觉参与、自我思想改造等，不断提高大学生的思想素质和道德能力。志愿者、志愿组织的一个重要特征就是志愿性、自愿性、独立性、自主性，大学生志愿者或大学社团，也基本上具有这些特征。大学志愿者或大学社团开展各种形式的志愿服务，对于参与其中的大学生来说，一方面，这是一种社会实践，是一种学习和锻炼，有利于增强大学生的实践能力和社会适应能力，有利于理论联系实际，检验和提升专业能力和水平；另一方面，这种志愿服务活动也是一种典型的自我教育活动，能让参与其中的大学生受到人格上的有益熏陶、思想上的良好洗礼，实现自我教育、自我提

① 张耀灿、郑永廷、吴潜涛、骆郁廷，等，著：《现代思想政治教育学》，人民出版社 2006 年版，第 372 页。

高之目的。参加贫困地区农村支教的大学生志愿者，在支教的过程中，通过亲身的言传身教，能体会到教师职业的崇高及艰辛，从而培养大学生尊师重教的道德品质；在贫困地区参与国家扶贫政策宣传的大学生志愿者，通过宣讲国家惠民政策、扶贫政策等，体会到党和国家“以人民为中心”、以人为本、人道主义及维护群众利益、增加社会福祉的执政理念，从而培养大学生爱党、爱国、爱人民的道德情感；开展农村贫困状况调查的大学生志愿者，耳闻目睹、亲身感受农村的贫困落后，在他们心里便会产生出勤奋努力、奋发有为、奉献社会、报效祖国的高尚情感，树立起为国家的繁荣富强、兴旺发达贡献力量和发愤图强的远大理想。

三是学校主导性教育与社会多样化教育相结合的原则方法。主导性与多样性是一个古老的哲学命题，是任何事物发展的基本样态。现代世界是一个文化多元化世界，丰富多彩的社会文化为思想政治教育提供了鲜活的素材和资源。大学校园内外，也是两个迥然不同的世界。大学校园之外的多彩世界，强烈地吸引着大学生求知的目光和探索的脚步。学校主导性教育与社会多样化教育方法，就是要克服传统教育内容单一化、简单化和枯燥性等缺陷，把学校主导教育内容的方向性与丰富多彩的现实社会生活多样性、鲜活性相结合，组织、引导大学生勇敢地走出校园，积极参与社会治理和社会服务，勇于“读无字之书”，在多彩的现实社会中接受社会再教育，提高思想政治教育的生活性、生动性、实效性。大学生在学校接受的主导性教育，主要是用中国化的马克思主义理论武装头脑，用社会主义意识形态占领头脑，用中华民族优秀传统文化滋润心田，唱响爱国主义、集体主义、社会主义教育的主旋律。学校的这些主导性教育是必需和必要的。然而，大学生还必须接受社会多样化教育。马克思主义指出，人的本质不是单个人所固有的抽象物，在其现实性上，它是一切社会关系的总和。大学生作为一个社会人，处在各种社会关系之中，多样性的现实社会生活对大学生思想素质和道德品质的形成具有重要影响。大学生接受社会多样化的社会教育，主要就是要贯穿

"生活即德育"的理念，让大学生践行"德化的生活""过有爱心的生活，做有爱心的人"。大学生志愿服务的核心理念是志愿精神，即"奉献、友爱、互助、进步"，大学生参与或组织开展志愿服务，尤其是通过"三下乡""中国青年志愿者扶贫接力计划""大学生志愿服务西部计划"等扶贫志愿服务项目，就是一种参与社会生活、接受多样化社会生活教育、"过有爱心的生活，做有爱心的人"的典型表现。大学生志愿者利用节假日走出校园，走入贫困农村社会，亲身体验农村生活的"酸甜苦辣"。在开展扶贫志愿服务的过程中，会接触到很多的贫困群众，包括孤残老人、留守老人、留守儿童、失学儿童等农村困难群体，为了帮助这些困难群体走出困境，大学生志愿者会开展爱心捐赠、爱心陪伴及支教助学等服务活动，在为这些农村的困难群体送去温暖、阳光的同时，大学生志愿者自己也会受到教育，培养道德情感，增强道德责任。当然，大学生扶贫还有很多其他方式，如走访慰问、贫困学生资助、国家扶贫政策宣传、贫困状况调查、创业就业技能培训、文艺表演等，丰富多彩的扶贫活动、农村的风土人情、社会的发展变化等，都能让走出校园的大学生受到社会生活的熏陶和教育，促进大学生在思想认识上更加成熟，在社会实践能力上更加突出。

二、大学生扶贫志愿服务发挥思想政治教育功能的理论机理

（一）主体间性思想政治教育理论：大学生思想政治教育应发挥受教育者的主体积极性

培植、弘扬人的主体性，是现代思想政治教育追求的理想目标。从上述分析和阐述的有关内容来看，大学生扶贫志愿服务发挥思想政治教育的实践

意义和价值，在很大程度上说明了一个问题，即突出大学生自身在思想政治教育中的主体作用，发挥大学生在思想政治教育活动中的主体地位。大学生在扶贫活动中开展的社会调查、政策宣传、爱心帮扶等活动，都是大学生作为一个活动主体予以实施，在活动中锻炼能力，受到教育。从传统思想政治教育学来分析，大学生作为思想政治教育的对象，是属于受教育者，属于客体。现在，作为教育对象，其身份从客体转换为主体，在现代思想政治教育学原理当中，可以用思想政治教育主体间性原理或理论来分析。现代思想政治教育学理论指出："由主客二分的主体性思想政治教育向主体间性思想政治教育转向，是现代哲学在思想政治教育中的具体运用，是解决当前思想政治教育中存在的诸多问题和局限性的客观要求。"① 由主体性思想政治教育转向主体间性思想政治教育，不是对传统主体性思想政治教育的否定，而是在继承的基础上对主体性思想政治教育的创新和发展，有利于增强思想政治教育的实效性。那么，何谓主体间性呢？现代思想政治教育理论指出，主体间性是主体间关系的规定性，指主体与主体之间的相关性、统一性、协调性。② 从思想政治教育的主体角度来说，有两个主体：一个是教育者，这是我们传统所认为的思想政治教育主体；另一个主体是教育对象、受教育者，这是我们传统所认为的教育客体。以高校思想政治教育来说，高校教师、辅导员及其他思想政治工作者是教育主体，而大学生是教育客体。主体间性思想政治教育理论认为，教育对象、受教育者不仅是教育客体，也是教育主体。也就是说，在高校，高校教师、辅导员及其他思想政治工作者和大学生都可以成为主体，教育者与受教育者构成了"主体－主体"的关系。在主体间性思想政治教育理论中，在教育者与教育对象构成的"主体－主体"关系中，每一个主体作为对方的对象性存在，同时具有一定程度的客体性和主体性，"无论从认识论还是从实践论上来说，他人不只是客体，但也不是纯粹

① 张耀灿，等，著：《思想政治教育学前沿》，人民出版社 2006 年版，第 342 页。
② 张耀灿，等，著：《思想政治教育学前沿》，人民出版社 2006 年版，第 342 页。

的主体，而是主体与主体的有机统一体。”① 所以谓之“主体间性”。

主体间性思想政治教育突出了教育对象、受教育者在思想政治教育中的主体地位与作用，体现了对受教育者的尊重，有利于发挥受教育者的积极性、主动性、创造性。这一理论为大学生思想政治教育提供了理论基础和依据，尤其是对于走出校园、深入贫困农村地区开展各种帮扶活动的大学生志愿者来说，广泛开展的扶贫活动凸显了大学生在思想政治教育中的主体地位，是主体间性思想政治教育理论在实践中的有效运用：第一，大学生参与学校的社团组织，在每年开展的“三下乡”社会实践活动或平时开展的社团活动中，以社团形式赴农村开展政策理论宣讲、教育资助、特困人员帮扶、农业科技培训等扶贫志愿服务活动，在服务农村基层、贫困群众的活动中主动接受锻炼和思想教育，是一种主动式的受教育过程，体现了大学生在思想政治教育的主体性地位；第二，大学生主动走出课堂、走出校园，进入农村社会，开展服务村民、奉献农村的公益活动，与村民同吃、同住、同劳动，而不是仅仅是在课堂上、校园内接受教育，表现为从被动接受到主动学习的过程，从这一点上，同样体现了大学生在思想政治教育中的主体性地位；第三，大学生走进社区，或者是来到农村开展扶贫志愿服务，进行环保宣传、困难群体救助、国家扶贫政策宣传、农村创业就业培训、文化艺术表演等服务活动，亲身体验社会生活，主动接受社会锻炼，能够学习到、体验到书本上、课堂上所没有的社会知识，从而产生思想上的共鸣，受到思想上的深刻教育，这也是大学生作为一种主体性参与者所获得的自我锻炼和自我教育，是主体间性思想政治教育理论在实践应用中的典型表现。

（二）思想政治教育活动理论：大学生思想政治教育应依托多样化的实践活动模式

活动是人的存在和发展方式，这是马克思主义的一个基本观点。大学生

① 张耀灿，等，著：《思想政治教育学前沿》，人民出版社 2006 年版，第 359 页。

扶贫志愿服务活动，从思想政治教育的视角审视，也表现为一种思想政治教育活动。那么，作为一项教育活动，大学生志愿者开展的各种社会公益实践活动，包括扶贫助弱、环境保护、支教、法律援助、灾害救援、大型赛事庆典等志愿服务活动，如前面所分析的，对于拓展大学生思想政治教育活动载体、提高大学生实践活动能力、培育大学生家国情怀、奉献精神、高尚品质具有积极促进作用。那么，大学生开展扶贫等社会公益活动在大学生思想政治教育中发挥作用的理论机理是什么呢？对于这问题，可以从思想政治教育活动理论的视野来进行初步阐释。现代教育学原理提出，从人的活动的视角研究思想政治教育，把思想政治教育看作是人类的一种主体性活动，既是实践发展的客观需要，又是深化思想政治教育工作研究和思想政治教育实践的需要。① 实践活动在思想政治教育的方式、方法及载体运用中占据重要地位，是提升思想政治教育实效性的有效方式和途径。一般认为，人的思想品德是在实践活动中形成和发展的。这个观点揭示了人的思想政治素质形成、发展的唯物主义根源，而人的实践活动是人存在和发展的基本方式。② 实践是马克思主义的首要观点、基本观点。马克思主义认为，现实的人是活动着的人，人们通过自己的活动创造自己的实际生活和历史，有目的的活动就是表现和实现人们自己存在和发展的根本方式。之所以需要通过实践活动的方式，这是因为唯有通过社会实践，才能创造出物质财富和精神财富，才能获得人类生存和发展的生产、生活资料。历史不过是追求着自己目的的人的活动而已，这是马克思对人类实践意义的充分肯定。马克思、恩格斯从不把社会现象看成是没有生命、没有活力的既成事实，而是把实践活动看成是人类社会发展变化的动力根源，从人的实践活动角度揭示各种历史现象和历史规律。

思想政治教育活动理论就是把思想政治教育看作是关乎人类生存和发展

① 张耀灿，等，著：《思想政治教育学前沿》，人民出版社 2006 年版，第 299 页。

② 郭湛：《人活动的效率》，人民出版社 1990 年版，第 5 - 6 页。

的一种主体性活动，是人的存在和发展方式。在思想政治教育过程中，人的活动本质上就是思想政治和道德品质建构过程，人的思想政治素质和道德品质发展植根于人所具有的生存、发展需要及其本质力量，并表现为满足生存、发展需要和实现其本质力量而开展的各种活动之中。① 在思想政治教育活动中，有两方面的基本活动：一种是思想政治教育者的活动，另外一种是思想政治教育受教育者的活动。比如，在高校思想政治教育工作中，高校教师、辅导员等是教育者，大学生是受教育者。这两种教育主体，都有自己不同的实践活动方式。高校教师、辅导员等教育工作者，通过对大学生进行马克思主义理论教育、中国特色社会主义共同理想教育及世界观、人生观、价值观教育等活动，对大学生思想品德形成施加教育和影响；对大学生来说，接受教育者的理论教育、思想教育本身就是一种活动，而通过组织开展或参与包括志愿服务在内的各种实践活动，更是一种接受思想政治教育的活动，具有更突出的教育效果。从现代思想政治教育学原理分析，人的思想道德素质是通过活动来生成和形成的。教育者施加在教育对象身上的作用与影响，只有真正为教育对象所认识，才能真正对教育对象起作用，才能真正促进人的成长成才。而要受教育者真正“内化于心”，必须要“外化于行”，必须切实身体力行，付诸实践，才能真正促进受教育者的思想转化和道德素质提升。德国教育家第斯多惠认为，“发展与培养不能给予人或传播给人。谁要享有发展与培养，必须用自己内部的活动和努力来获得”。② 这个观点与思想政治教育强调实践活动在受教育主体活动中的重要性是一致的，更加凸显了活动在思想政治教育中的重要地位与作用，亦为大学生扶贫志愿服务发挥思想政治教育作用与影响提供了理论支撑：其一，从教育者的角度来看，大学生扶贫志愿服务活动的组织开展，是思想政治教育方式的改革创新，强化教育当中的实践养成，能有效促进大学生思想政治教育的针对性、实效性。

---

① 张耀灿，等，著：《思想政治教育学前沿》，人民出版社 2006 年版，第 332、334 页。
② 第斯多惠：《德国教师培养指南》，人民教育出版社 1990 年版，第 78 页。

在传统的大学生思想政治教育中，重视说教和灌输，重视教育者在大学生思想政治教育中的主导、主体作用，忽视大学生的主体实践和感受。从思想政治教育活动理论来看，强调多样化的实践活动在思想政治教育中的运用，是思想政治教育理论和实践发展的必然趋势。高校主要由团委负责大学生志愿者、社团组织的日常管理，高校开展的很多社团活动、志愿服务活动都由团委组织实施，比如由高校团委每年组织实施的“三下乡”“中国青年志愿者扶贫接力计划”“大学生志愿服务西部计划”及近年来启动的“青年大学习行动”“投身脱贫攻坚”“投身乡村振兴”专项志愿服务行动，高校学生管理部门依托这些社会实践和志愿服务活动增强大学生思想政治教育的生动性、实效性。其二，从主体间性思想政治教育视角来看，作为扶贫志愿服务主体的大学生志愿者，也是思想政治教育的主体，大学生志愿者组织在贫困农村地区开展的政策理论宣讲、农村贫困状况调研、文化艺术会演、农业技能培训等扶贫活动，是一种主体活动，是在校大学生学习、生活必需，是课堂学习、理论学习的延伸，通过校外各种实践活动，丰富大学生的学习、生活，使大学生在实践活动中“身体受锻炼，思想受洗礼”，促进大学生成长、成才。2017 年，参与共青团中央组织开展的“井冈情 · 中国梦”专项行动的大学生志愿者赴井冈山开展党史学习、红色教育、实践锻炼等活动；参与“红色基因代代传 · 青春喜迎十九大”专项活动的大学生志愿者赴贵州遵义重走长征路，开展社会实践观察、践行红色文化、争做合格共青团员活动；2018 年，参与共青团中央组织开展的“知行促进计划”专项活动的大学生志愿者赴农村贫困地区开展乡村调研、贫困学生帮扶、减贫脱贫行动、助学支教等服务活动；2019 年，参与共青团中央组织开展的“青年观察家”专项调研活动的大学生志愿者通过向书本学、向实践学、向群众学，切实感受祖国发展变化，培养大学生的爱国情怀；参与“追寻红色足迹 · 情系圣地发展”专项活动的大学生志愿者赴革命老区、红色圣地延安开展红色教育、创新创业、助学支教、志愿关爱和帮扶活动。这些大规模的社会实践、志愿服务行动，为大学生主动学习、主动锻炼、主动受教育、主动成才提供了良好平台和载体。

（三）思想政治教育社会化理论：大学生思想政治教育应融入“生活世界”

大学生扶贫志愿服务是服务他人、奉献社会、致力于农村脱贫攻坚的公益活动，同时是大学生主动走出校园、走向社会、向人民群众学习、适应社会发展变化的社会化过程。从思想政治教育视角分析，这是大学生思想政治教育融入“生活世界”、接受社会生活再教育的过程，是大学生思想政治教育社会化的突出表现，有利于克服思想政治教育僵化、孤立化倾向，增强思想政治教育实效。由当代中国著名教育理论家鲁洁作序、人民出版社出版的《生活德育论》（高德胜著）、《德化的生活》（汪凤炎等著）等著作，从思想道德教育与生活的密切关系、思想道德教育如何回归生活等问题进行理论探讨，建构起生活德育理论；现代思想政治教育学原理提出“生活世界”理念，认为思想政治教育应介入社会生活领域，与个体的具体生活实际密切相连，从而打破思想政治教育的狭隘视界，实现个体思想行为与社会生活相统一。① 这里提出的生活德育理论与“生活世界”理念，具有紧密的内在一致性，其本质是一样的，都是倡导思想政治教育和道德品质培养要面向社会、回归社会，渗透到社会生活的各个领域，探索与社会生活各领域相结合的方式和规律，使思想政治教育真正贴近生活、贴近群众、贴近实际，培育真正具有开拓创新理念、具有社会适应能力、敢于直面现实问题的中国特色社会主义现代化事业的建设者。人从出生的那一刻起，就经历着从自然人到社会人的变化发展过程。社会学中的社会化，就是指人不断适应社会、获得社会性的过程。社会化是一种双向的、动态的过程，它一方面表现为人与现实社

---

① 张耀灿、郑永廷、吴潜涛、骆郁廷，等，著：《现代思想政治教育学》，人民出版社 2006 年版，第 89 页。

会相适应的过程，另一方面，又表现为人改造和发展现实社会的过程。美国心理学家巴克指出："在当今世界迅速变迁的社会里，主要的生活抉择在整个成年时期都是未定的。社会化不再局限于童年，而是一个无限的、自我定向的过程。"① 在日新月异的社会发展过程中，每一个人都需要从现实社会中获取知识和技能，每时每刻都需要接受社会生活的锻炼和考验，正是在这样的社会生活中，培养人的道德情感，提升人的思想素质。思想政治教育同样需要实现社会化。思想政治教育社会化，表现在两个方面：一是教育者与教育对象共同参与社会活动，在双方相互作用下，双方增强现实社会体验；二是教育者将思想政治和道德规范及要求传递给受教育者，通过受教育者参与社会活动，体验社会生活，促使受教育者将思想政治和道德规范内化为思想情感，并进一步外化为受教育者回报社会、奉献祖国的高尚道德行为。思想政治教育社会化理论提出，思想政治教育社会化既是一个适应社会，也是一个改造社会、发展社会的过程，它是在思想政治教育主体的共同参与下，通过组织开展或参与社会活动，引导受教育对象体验社会生活、内化社会规范、培养道德情感、外化高尚行为、奉献社会发展的过程。由此可见，大学生思想政治教育社会化的基本内涵，就是在高校思想政治教育工作者和大学生的共同参与、配合下，通过高校组织开展或大学生自主开展各种社会实践活动，将专业理论知识与社会基本生活规范或社会实践相结合，引导大学生体验社会生活，促使大学生在"生活世界"中经受锻炼，提高大学生的社会适应能力，培养大学生高尚的道德品质和家国情怀，坚定大学生服务社会、奉献人民的信心和决心。

英国数学家、哲学家和教育理论家阿弗烈·诺夫·怀特海（Alfred North Whitehead）曾指出："教育只有一种教材，那就是生活的一切方面。"② 对大

① ［美］巴克主编：《社会心理学》，南开大学出版社1984年版，第74页。

② 华中师范大学教育系、杭州师范大学教育系编：《现代西方资产阶级教育思想流派论著选》，人民出版社1980年版，第116页。

学生思想政治教育来说，也是如此。大学生思想政治教育理应以社会生活为基础，融入“生活世界”，在现实社会生活中培养大学生高尚的思想道德情操，增强大学生服务他人、奉献社会、报效祖国的思想意识和能力水平。大学生扶贫志愿服务是一项社会公益行动，从其实质来说，就是一种融入“生活世界”的思想政治教育实践，是思想政治教育社会化理论在大学生思想政治教育工作中的应用。大学生扶贫志愿服务的内容源于农村生活、取材于农村生活，服务活动贴近农村社会、贴近农村生活。组织、参与农村精准扶贫活动的大学生，不再囿于校园内的课堂学习、理论学习，而是走出校园，进入社会，进入农村的现实生活，通过陪伴孤残老人、与留守儿童或失学儿童一起读书学习、为村民表演文艺节目，甚至是与贫困群众一起下田干活，亲身参与、体验真实的农村生活，感受贫困农村的贫穷生活状态，亲身体验农村贫困群众日常生活的酸甜苦辣，感受农村社会的发展变迁。在这种体验式的学习、实践中，从思想政治教育的视角分析，表现出“生活世界”的鲜明特点：从学校理论教育走向社会生活实践，从单纯强调认知能力教育走向重视情感、行为能力培养，从生硬的知识灌输走向重视向社会生活的全面渗透，注重从真实的社会生活中选取具有实践意义的思想政治教育内容、规范来培养大学生的思想道德情感，注重从社会现实的情境中体验、感受、理解和践行美德，以农村社会的生动现实、农村典型的“生活世界”、农村特有的生活资源作为大学生思想政治教育资源和素材，使大学生思想政治教育从概念化的、知识化的“理论世界”重返真实的“生活世界”，实现思想政治教育向社会生活和现实世界回归。

第八章

大学生扶贫志愿服务存在的主要问题及消解对策

大学生志愿服务是新时期脱贫攻坚战中的一道亮丽“风景线”，在“扶志”“扶智”“扶弱”等扶贫重点领域发挥着一定作用，从“应然性”上来说，对农村人口精准扶贫、精准脱贫和全面建成小康社会具有一定的推动作用。但是，从“实然性”上来分析，大学生扶贫志愿服务还存在一定的问题与不足，在一定程度上制约和影响了服务活动的实际效果。为此，必须采取切实有效措施消解这些问题与不足，推动大学生扶贫志愿服务高效开展，为农村经济社会发展尤其是农村脱贫攻坚贡献应有力量。

一、大学生扶贫志愿服务存在的主要问题

（一）自身能力和素质欠缺，影响大学生扶贫志愿服务特色优势发挥

大学生志愿者作为青年当中的一个特殊群体，在知识、能力、素质方面具有一定优势，在参与精准扶贫、精准脱贫过程中，表现出知识、专业、技能等方面的特色、特长。但同时，大学生志愿者自身也存在一定的缺陷与不

足，在一定程度上影响和制约了扶贫志愿服务的实效。这些不足主要表现在：

一是大学生志愿者的社会实践能力欠缺。大学校园具有相对独立性和封闭性，学校环境和大学生平时的学习、生活相对比较单纯、单一，平时在大学校园里学习、生活，与社会接触少，社会知识少，对社会的了解不够，他们一旦走出校园，进入偏远的农村贫困地区，生活在陌生的环境里，与不熟悉的贫困群众打交道时，有些大学生志愿者就表现出畏缩、胆怯甚至是恐惧，不敢大胆开展工作，影响扶贫服务的深入推进。同时，由于志愿服务是一种针对特定对象、特定需要而实施的具体活动，志愿者与服务对象需要注重语言表达、沟通技巧和情感交流。而在这些方面，由于有些大学生志愿者自身素质方面存在的不足，难以达到预想的效果。有些大学生在开展贫困状况调查时，与村民在语言沟通上存在困难，志愿者的行动不能得到村民的有效配合，村民的利益诉求也难以为大学生所理解；还有些志愿者在言行上表现出一种很浓的“学生腔”，难以为村民所接受，与村民在心理上、情感上产生距离，影响扶贫活动的广泛、深入推进。在调查中，课题组还发现，由于农村的偏远、闭塞和生活条件、交通条件差，在参与扶贫志愿服务的过程当中，有些志愿者由于意志力、身体素质、生活自理能力较差，在服务活动中经不起跋山涉水、风吹日晒的辛苦，有些志愿者打起“退堂鼓”，有些志愿者甚至一病不起，扶贫不成，反而成了指导老师和其他同学的“扶贫”对象。

二是大学生志愿者受到的专业培训和指导欠缺。服务专业化日渐成为志愿服务活动的发展方向。作为社会治理的一支重要力量，大学生志愿者也应该受到专业化的培训和指导，使大学生明确志愿者在社会组织、社会治理中的地位与角色，并掌握相应的服务方法和技能，真正发挥大学生志愿者的治理力量，更好地为服务对象提供高质量的服务。但由于各种原因，其专业化培训往往难以得到有效开展。那些由高校团委或学生管理部门组织开展的扶贫志愿服务，由于规模较大，参与的学生人数多，活动组织部门往往只举行动员大会，强调活动的人员安排、纪律要求，分门别类地开展服务技能、技巧培训则比较少。与志愿者一起参与活动的带队教师，也主要是负责大学生的安全、生活及沟通、协调等工作，专业性指导也比较欠缺。那些由大学生社团自行组织开展的扶贫志愿服务，则更难以安排专门的培训。在被访谈的大学生志愿者当中，有37.5%的志愿者表示，由于事前没有接受专业化的培训，对困难、问题准备不足，在开展贫困状况调查、支教、政策宣讲等扶贫活动过程中，经常会遇到一些棘手的、自己不知如何处理和解决的难题，有些志愿者的工作得不到贫困群众的理解、支持、配合，扶贫项目推进缓慢，成效不明显。

三是大学生志愿者不能将所学专业与所开展的扶贫活动很好地结合起来。知识型、专业性是大学生开展扶贫活动的突出优势。若能充分发挥志愿者在扶贫中的专业优势，一方面，可以在推动贫困地区产业发展、贫困群众创业就业技能提升等方面发挥重要作用，另一方面，能很好地推动大学生的专业理论学习与实践活动很好结合，提升理论联系实际能力。但是，接受访谈的大学生志愿者表示，在学校学到的专业知识和专业技能，能够运用到扶贫志愿服务活动中的并不多。调研显示，服务项目和服务对象单一、活动领域狭窄是目前大学生扶贫志愿服务活动中较为普遍的现象。在课题组所访谈的大学生志愿者当中，75.6%的志愿者服务对象为农村的留守儿童或孤寡老人，68.5%的志愿者是为农村的贫困群众提供物资捐赠、开展贫困状况调查等活动项目，能够结合所学专业开展志愿服务的并不多。湖南某财经学院的会计学、财政学、金融学专业的几位志愿者告诉课题组调查人员，他们非常希望学校团委在组织开展扶贫志愿服务时，能够结合他们所学专业分门别类地组织开展相关扶贫活动，以便能充分发挥他们的专业特长和优势，更好地为贫困地区脱贫致富贡献力量，而目前他们参加的扶贫活动，与所学专业的相关性并不是很强，这既不利于他们发挥专业优势，也不利于他们的专业学习和专业实践。

（二）持续性和连贯性不够，影响大学生扶贫志愿服务持续常态开展

只有常态化的志愿服务项目才能真正促进服务对象的成长，促进社会良性运行。高校大学生群体有其特殊性。在开展扶贫志愿服务过程中，有其特殊优势，也存在的一定的缺陷与不足。其中，服务活动的持续性、连贯性问题，就是大学生扶贫志愿服务活动存在的一个突出问题，这一问题导致大学生扶贫志愿服务不能得到常态化开展，影响服务的成效。大学生扶贫志愿服务缺乏持续性、连贯性问题，主要表现为：

一是缺乏持续性参与热情。有些大学生志愿者不能持久地坚持参加志愿服务，容易浅尝辄止，中途退出进行中的志愿服务。还有些志愿者在大一、大二的时候热情高，到大三、大四的时候就很少参加活动了。还有部分大学生对志愿精神没有真正理解和领会，没有将志愿服务内化为自觉行动，缺乏必要的奉献精神和合作意识。他们参与志愿服务的动机，仅仅是为了获得必需的实践学分，为了获得志愿服务的经历，或者是为完成学校、老师安排的实践活动任务，或是为了评先评优等功利目标，没有真正树立服务贫困地区、奉献贫困群众的意识，使志愿服务活动丧失志愿精神底蕴和价值追求。所以，在参与志愿服务尤其是赴边远贫困农村地区开展志愿服务的过程中，一旦不能适应艰苦的生活、工作环境，或者是不能胜任分配的扶贫工作时，很容易打“退堂鼓”，不能持续、有效地开展扶贫工作。据湖南某师范学院团委一位负责“三下乡”活动的老师介绍，在第一年暑假参加“三下乡”志愿服务的大学生，在第二年暑假再组织活动时，有些志愿者便不愿意继续参与，尤其是有些去过偏远贫困地区的大学生志愿者，由于缺乏持续的毅力、勇气和服务热情，不再愿意参加或者不愿再去那些偏远、艰苦的山区进行扶贫。

二是缺乏持久性服务项目或持续性接力服务规划。由于平时学习任务

重，比如专业学习、见习、实习、毕业设计等，占据了大学生的几乎所有时间，平时很难抽得出时间参加扶贫服务，只能是周末、节假日尤其是寒暑假。一般来说，由于周末只有两天时间，如果组织开展扶贫活动，也只能是在学校周边地区，而不能去偏远的农村或外地，这就不能满足偏远贫困地区的扶贫需求。并且，周末的时间太短，只能组织开展一些简单的、短期性的服务活动。深入偏远贫困农村地区开展扶贫志愿服务，一般都是在寒暑假时间。这个时间段的服务活动相对来说集中一些，帮扶活动的时间也会长一些（一般是 7 天至 1 个月时间）。但是，有些大学生志愿者在开展扶贫活动时，未作长远规划，也只是临时性的服务，这次在一个贫困地方的活动结束了，下次换另外一个地方或另外一些扶贫项目。比如，大学生志愿者开展得比较多的支教活动，如果能持续地围绕一个贫困农村的一批贫困失学儿童或留守儿童年复一年地进行接力培养和教育，就能最终达成促进该地区农村留守儿童或贫困家庭失学儿童健康成长的目的。但是，很多大学生志愿者赴农村开展支教活动纯粹是为了完成任务，没有形成教育接力，有的支教仅仅三五天时间，今年暑假面向这个农村的贫困儿童，明年暑假又去了另外一个村子，这种短期的、没有持续性的支教活动，对农村贫困儿童或留守儿童的成长成才所发挥的效果是微乎其微的，只有持续的教育和帮助才会真正有利于他们的成长。在课题组所调查的很多支教服务队，都存在这样一种短期行为现象。还有在其他一些对贫困家庭的培训或创业项目中，缺乏深入调研和长期规划，也存在短期性、临时性行为，很难为贫困地区的产业发展带来真正的扶助，也很难为贫困地区带来实质性的改变，难以获得贫困群众的认可。

三是形式主义、运动化倾向较为突出。有些扶贫志愿服务活动不考虑实际情况，不追求实际成效，热衷于“走过场”“抓眼球”“摆拍走秀”，甚至有些将它变成了到农村观光旅游。在调查中，课题组发现，有些大学生扶贫志愿服务队到了农村之后，不管搞什么活动，首先是拉横幅、拍照、摄影，其次是写新闻稿，发微博、微信、QQ，向报刊、新闻网投稿，想方设法到处宣传，通过各种途径扩大影响。然而，真正入乡入户切实帮扶贫困群众的具体措施和行动却很少，存在宣传多、服务少，形式多、内容少，活动多、实效少等问题，给当地的贫困群众造成“雷声大，雨点小”“摆花架子”“一阵风”等不良印象，损害了大学生志愿者在贫困群众中的形象。

（三）主体性和独立性不强，影响大学生扶贫志愿服务广泛深入推进

大学生社团组织或志愿组织属于我国青年志愿组织的一部分，是青年志愿服务体系的重要构成力量。然而，正如其他志愿组织一样，大学生社团组织也受到我国行政化思想的影响和高校管理模式的制约，其主体性、独立性不强，在一定程度上影响了大学生扶贫志愿服务的深入推进和活动效果。

一是受行政化思想影响和干预较多。自主性、主体性是志愿者开展服务行动的突出特征，也是志愿服务的突出优势。从国外的经验和理论上分析，志愿组织开展的志愿服务活动，不受行政的、官方的限制或干预，它依据服务对象的需要及状况自主地开展活动，发挥志愿组织不同于政府、市场的功能优势。但是，我国是一个封建专制统治长达两千多年的国家，封建专制思想根深蒂固，影响了人们的思维方式和行为习惯。与西方国家相比，我国志愿服务具有“先天性不足”，志愿组织长期以来介于“社会化”与“行政化”之间，带有浓厚的行政化色彩，志愿组织的建立、志愿组织的运作模式、志愿组织的服务活动受行政、官方的干预或限制较多，缺乏自主性和主体性。高校大学生志愿组织作为我国志愿组织类型之一，其志愿服务活动同样缺乏自主性、主体性，表现出较大的被动性，在一定程度上影响和限制了大学生扶贫志愿服务的广泛、深入推进。

二是受高校管理模式限制和约束较多。在我国，大学生社团组织或者说大学生志愿组织直接受高校团委管理。一般来说，大学生志愿组织大致可分为三类：第一类是由学校团委、学工处等管理部门由上至下主导建立，机构、人员都由学校设置和安排，具有校园“官方”组织性质。以这种方式设

立的大学生志愿组织，其志愿服务活动基本上由学校团委、学工处统一组织和安排，经费由学校统一提供。第二类是由大学生自发成立，在学校团委或学生管理部门登记注册，接受学校管理、指导和部分经费资助，兼具学生自组织特征和校园“半官方”组织性质。以这种方式设立的大学生志愿组织，具有一定的行动自主性、灵活性，但是，绝大部分志愿服务项目或服务行动是由学校主管部门安排或设立的。第三类是由学生自主成立，其人员组成和活动内容既未在学校备案，也不受学校管理影响，自行开展或直接参加校外各类志愿服务活动，具有校园“草根”组织特征。以这种方式设立的大学生志愿组织具有比较强的独立性，基本上能根据社团自身性质、宗旨自主开展服务活动，受学校团委、学工处等学生管理部门的限制和约束较少。但是，以这种方式设立的大学生社团组织数量少、规模小、影响小，服务活动受到制约和局限。① 在高校，以第一、第二种方式设立的大学生志愿组织最为普遍，数量和规模也最大。每年寒假或暑假开展的大规模扶贫志愿服务活动，也以第一类、第二类参与得最多。与社会自治组织不同，第一类、第二类大学志愿组织的注册和管理基本参照了学生会干部组织的管理规定和要求，是高校学生管理部门的下属机构和管理对象，各志愿组织要开展的服务活动必须及时上报工作计划才能得到学校在政策、经费和物资方面的支持，在志愿服务的项目选择、人员安排上往往也不得不服从于学校管理目标的需要。② 正因为如此，大学生志愿者在得到学校管理指导和运行资助的同时，在很大程度上丧失了大学生志愿组织应有的独立性、自主性、灵活性，影响了大学生扶贫志愿服务的广泛、深入推进。在我国农村贫困地区，贫困群众数量多，在很多方面急需得到社会的帮扶和救助。高校团委组织大学生志愿者集中性、大规模参与扶贫活动，主要是在每年的暑假，通过“三下乡”等方式

---

① 梁辰、张庆：《大学生志愿服务失灵及其矫正》，载《黑龙江高教研究》，2013 年第 9 期。

② 梁辰、张庆：《大学生志愿服务失灵及其矫正》，载《黑龙江高教研究》，2013 年第 9 期。

进行，而在平时，这种大规模、集中性的扶贫活动很少开展。所以，能够深入到偏远贫困乡村进行的扶贫志愿服务，主要集中在寒暑假，尤其是集中在暑假。平时的周末或节假日，很少组织开展大学生扶贫志愿服务。并且，即使在寒假或暑假期间，由高校团委组织的扶贫活动，大学生参与面也有限，能够有机会参与农村扶贫的大学生志愿者占全校学生总数的10%左右，绝大部分大学生志愿者没有机会参与到“三下乡”等大型服务活动之中。并且，由高校团委等部门组织的扶贫志愿服务，活动的时间、地点、帮扶对象及活动的内容、服务项目等事先都已经确定，大学生志愿者自主开展服务活动的空间比较小。高校中自主成立的“草根”大学生志愿组织，如果要组织开展校外扶贫志愿服务，一般也需要经过学校的学生管理部门审批，经批准后才能实施。并且，基本上也会要求有带队教师参加才能成行，这就导致不能充分利用高校人力资源及时、有效回应和满足贫困群众的应急性、多元化帮扶或救助需求，影响大学生扶贫志愿服务的广泛、深入推进。

（四）激励和保障机制缺失，影响大学生扶贫志愿服务积极性主动性

志愿服务是一种不计报酬奉献他人与社会，推动人类文明发展、进步的公益活动。作为志愿者，也应享有精神、物质激励或奖励的权利。志愿者权益保障和支持力度，是影响大学生志愿服务积极性的重要因素，加强激励和保障可以强化志愿者的信念、信心，促使志愿者更为深入、持久地奉献和付出。然而，当前大学生参与志愿服务的激励、保障机制不够完善，权益保护的相关制度性安排还不成体系，影响了大学生参与扶贫志愿服务的积极性、主动性。

一是激励机制不够健全。教育部2015年颁布的《学生志愿服务管理暂行办法》提出，高校要将大学生志愿者开展服务的情况进行记录，依据志愿服务的时间、影响等情况记入大学生的实践学分。同时，根据大学生开展志愿服务的表现及其累计服务时间进行“星级”认证。教育部的这个规定，是

对大学生志愿者开展志愿服务的一个有效的激励措施，如果能够得到落实，确实能极大激发大学生的参与热情。但是，从课题组所调查的几所学校来看，这些激励政策还没有得到有效落实。其中，志愿服务实践学分主要由高校教学管理部门实施，但由于有些高校的学生管理部门与教学管理部门没有进行充分沟通，在教学管理部门制定的教学管理文件中，没有将大学生志愿服务纳入实践学分认定，有些高校即使在教学管理文件中将志愿服务纳入实践学分认定，但由于在认定程序上未能与参与志愿服务的学生或学生管理部门进行沟通、协调，很多大学生志愿者开展的志愿服务未能真正予以认定。在服务时间“星级”认证方面，在课题组调查的3所二本院校中，有1所做得比较好，其他2所没有很好地落实到位，基本上没有开展相应的服务时间累计和认证，而是以评先、评优等方式代替“星级”认证。这种方式有一定的激励作用，但评先、评优的范围比较小，绝大部分参与扶贫志愿服务的大学生未能评先、评优，有些志愿者的积极性受到打击，慢慢就会退出志愿服务。当然，对大学生扶贫志愿服务的激励措施不仅限于实践学分认定、“星级”认证，还有比如就业、创业优惠政策，考研、考公务员、专升本考试的优惠政策等，这些激励政策还尚未完全制度化、规范化、程序化，在有些地方还没有完全落实。

二是保障机制不够健全。志愿服务的保障机制主要体现在经费保障和志愿者的人身安全保障、合法权益保障等方面。首先，在经费方面，大学生社团组织有限的活动经费是其开展服务活动的“瓶颈”。由于大学生本身还是消费阶层，自身没有任何经济收入，相对于那些已经参加工作有稳定经济收入的社会志愿者来说，大学生志愿者很难通过自我捐赠筹集志愿服务所需经费。所以，经费短缺是大学生志愿服务普遍面临的一个问题。在课题组所调查的3所二本院校中，不管是学校注册成立的“官方”“半官方”大学生志愿组织，还是未在学校注册或备案的大学生志愿组织，均未安排专门的活动经费，经费来源主要是志愿者个人交纳的会员费、校外企业或爱心人士提供的赞助费或捐赠费，以及志愿者开展的募捐、爱心义卖进行筹集，通过这些方式获得的经费非常有限，这就限制了大学生志愿者深入贫困地区开展扶贫的能力，而只能在学校周边地区开展一些形式简单、不需要多少经费支持的志愿活动。一位社团负责同学告诉课题调查组，大学生到社会上开展募捐或拉赞助的能力、影响力有限，很多企业或爱心人士不相信大学生的帮扶能力，每次募集到的资金非常有限，有时候学校甚至不支持学生社团到校外搞募捐。所以，高校学生社团开展的扶贫志愿服务真正有影响、有成效的还是直接由学校团委直接组织开展的集中性扶贫活动，因为这些扶贫活动的经费由学校全部提供，不需要参与活动的志愿者进行募集。那些由大学生社团单独、自行组织的扶贫志愿服务开展得比较少，深入偏远贫困山区的更少。其次，在志愿者人身安全、合法权益保障方面的政策、措施、法规还不够完善或没有得到有效落实。教育部印发的《学生志愿服务管理暂行办法》明确规定，学生志愿者在开展志愿服务时，志愿者所在学校、志愿者服务的对象，以及志愿者本人，三方应签订相关的协议或合同，明确志愿服务的时间、地点、服务内容及各方的权利、义务等。该办法还规定，学生志愿者所在的学校，对学生志愿者要开展安全教育和风险防范服务，在必要时或可预见风险情况下，学校应为志愿者购买相关保险。这些条款规定对大学生开展志愿服务活动提供了一定的法律依据。但是，从所调查的几所本科院校来看，基本上没有完全按照教育部规定的办法执行或落实。最后，专门的立法保障还比较缺乏。近年来，我国在志愿服务法律法规体系建设方面，取得了一定成效，陆续制定和颁布了相关的法律法规，成为志愿组织、志愿服务的根本遵循，尤其是我国于2017年颁布的《志愿服务条例》，对志愿者、志愿组织和志愿服务活动进行了明确规定，对志愿服务的促进措施、法律责任等问题提出了明确要求。各省市也相应颁布了一些地方性的法规或制度措施，包括志愿者参与脱贫攻坚的一些实施意见等，对志愿者和志愿组织参与脱贫攻坚提供了一定的法律保障和支撑。但总体来看，我国志愿服务的相关法律法规还不够健全，还需要进一步加强立法，形成对志愿服务的全方位、多层次保障。同时，还需要大力加强对学生志愿服务尤其是大学生志愿服务的立法保障，大学生志愿服务过程中发生的财产损失、意外伤残等缺乏专门的法律法规规范及评判依据或标准，尤其是一些突发性的、危险性的服务项目让大学生志愿者望而却步。

二、消解大学生扶贫志愿服务现存问题的对策与措施

（一）提升大学生志愿者的能力和专业化水平，发挥大学生扶贫志愿服务的特色和优势

在扶贫志愿服务活动中，大学生的责任感、使命感及自身的能力素质、专业化水平直接关系到扶贫活动的成效。对大学生志愿者本身存在的一些问题与不足，课题组认为应该从以下几方面入手逐步加以解决。

一是培育志愿文化，树立共享发展理念，增强大学生扶贫志愿者的服务意识和主人翁责任感。志愿文化就是以社会责任、人道主义、公平正义为目标，基于人们对未来幸福美好生活的孜孜以求和努力奋斗，通过志愿者的长期志愿服务和志愿精神的大力弘扬而形成、发展起来的一种社会心理、行为模式。①“奉献、友爱、互助、进步”等志愿精神、志愿文化与“人人参与、人人尽力、人人享有”共享发展理念有紧密的内在关联。培育志愿文化，也是对共享发展理念的弘扬。在大学校园通过多种途径培育志愿文化，对大学生进行潜移默化的感染和熏陶，有利于增强大学生的责任感、使命感，培养和树立大学生服务他人与社会的无私奉献精神。具体来说，可以采取以下几

① 姜玉洪、李烨：《弘扬志愿文化　促进社会和谐——让志愿服务成为人的一种生存方式》，载《东北农业大学学报（社会科学版）》，2011 年第 5 期。

种途径在大学校园里营造志愿文化氛围：首先，发挥模范志愿者的精神力量，充分利用雷锋、郭明义、徐本禹等为代表的先进模范人物或优秀志愿者的教育、示范和引领作用，推动大学生志愿者长期坚持不懈地学习并身体力行模范人物的志愿精神和崇高品质，帮助他们更好地理解志愿服务工作的价值和意义，培养大学生的社会使命感和责任感，激发持久的扶贫志愿服务热情。其次，构建大学校园数字化志愿服务管理平台，通过设立“道德银行”等方式，记录大学生参加爱心捐赠、“三下乡”“中国青年志愿者扶贫接力计划”“大学生志愿服务西部计划”等公益服务行动情况，提高大学生争当文明先锋的积极性和热情，在大学校园里形成“我为人人、人人为我”的文明风尚，推动大学生扶贫志愿服务的广泛、深入开展。最后，通过在大学校园里开展“最美扶贫志愿者”“十佳扶贫社团”“优秀扶贫志愿服务项目”“大学生扶贫攻坚贡献奖”“精准扶贫标兵”等评选和表彰，在大学生当中树立扶贫志愿服务先进典型，形成浓厚的无私奉献志愿文化氛围，激发大学生志愿者更好地投身脱贫攻坚等社会公益事业当中。

二是加强专业化培训和指导，提升专业化服务能力，增强大学生扶贫志愿服务的专业特色。国外志愿服务的经验显示，唯有专业化才能提升志愿服务的水平，大学生志愿服务亦是如此。对大学生志愿服务开展专业化的培训和指导，可以从以下几方面实施：其一，聘请参加过精准扶贫第三方评估核查的专家和大学生为扶贫志愿服务开展培训和指导。2016 年以来，由国务院扶贫办组织、中国科学院牵头、全国 22 家高校和科研院所承担的精准扶贫工作成效第三方评估，相关专家带领大学生进村入户，对全国各地贫困人口的识别精准度、贫困人口退出的精准度和贫困人口对帮扶工作满意度进行评估和核查。这些参加过评估核查的高校专家和大学生对农村贫困地区的精准扶贫、精准脱贫工作非常熟悉，是难得的、宝贵的培训师资，高校团委或大学生社团可以聘请他们担任本校扶贫志愿服务的培训专家，听取他们对大学生志愿者赴贫困地区开展扶贫活动的方法、步骤、技巧或意见、建议、要求等，还可以请这些评估专家和大学生为扶贫志愿者指导、设计一些更贴近贫困农村或贫困群众急需的服务项目，提高扶贫志愿服务的成果和影响力。其二，积极鼓励和支持参与过精准扶贫第三方评估核查的大学生赴贫困农村地区开展扶贫志愿服务并担任服务团队的指导、培训任务。以中国科学院地理科学与资源研究所、中国人民大学等为首的精准扶贫第三方评估学校，培养、锻炼了数万名熟悉评估核查指标、规程、问题户识别与处理等实务的大学生核查人才，他们熟悉农村，吃得苦，作风扎实，高校团委在组织开展扶贫志愿服务的时候，可以将这些大学生培养为服务队的负责人或核心、骨干成员，充分发挥他们在农村扶贫中的指导、培训、带头作用，使大学生志愿者在农村的扶贫更精准、更有效。其三，整合和利用高校教师在志愿服务方面的理论研究成果为扶贫志愿服务开展培训和指导。高校有开展志愿服务理论研究的丰富人力资源。根据课题组调查，包括校团委、学生工作部等学生管理部门在内，一些大学教师或学工管理人员在志愿服务、大学生志愿服务方面有系统、深入的理论研究和实践探讨，有丰富的研究成果。为提升大学生扶贫志愿服务成效，高校团委、学工部等管理部门或大学生社团负责人要充分利用这些理论研究成果，通过印发“大学生志愿服务理论知识汇编”“大学生志愿服务行动指南”或组织开展“大学生志愿服务理论讲堂”等方式，从理论上加强对大学生志愿服务的培训和指导，使大学生志愿者的志愿服务活动获得扎实的理论基础和学理支撑。其四，聘请社会工作者或社区义工来校开展培训和指导。针对一些特殊的或具体的服务项目，高校团委、学工部等学生管理部门还可以从社会上聘请有关专家、学者或社区义工来介绍他们的社工经验、做法，帮助大学生志愿者熟悉和了解社会知识尤其是农村社会的风土人情，让大学生志愿者明确自己在社会组织、社会治理中的角色与地位，并掌握相应的社会服务技能。

三是强化社会合作，积极参与农村社会治理，提高大学生志愿者的社会工作水平和社会实践能力。赴贫困农村开展扶贫志愿服务活动，对高校和大学生来说，是一项实践性很强的课外活动。有些大学生志愿者怀着满腔热情参与扶贫志愿服务，但走出校园进入贫困地区之后，出现不适应社会环境、社会实践能力差、无法完成预定的扶贫志愿服务任务。这就要求高校要将大学生的专业学习与社会实践教育结合起来，着力提升大学生的社会适应能力和实践能力。在倡导社会治理、推进治理体系和治理能力现代化的进程中，高校应该认识到，大学生应成为社会治理多元化的重要成员，要积极参与到社会治理的时代潮流中。大学生志愿服务要以民生需求、时代需求为导向，力求在脱贫攻坚、全面建成小康社会等领域发挥出应有的作用和影响。为此，大学生志愿者必须通过多种途径和方式，按照毛泽东曾提出的“既要读有字之书，又要读无字之书”要求，将专业学习与社会实践结合起来，增强社会适应能力和社会工作能力。高校的学生管理部门、教学管理部门都要积极走出校门，与政府机构、社会组织以及企业单位建立合作关系，通过校企合作、产学研一体化等方式，搭建大学生社会实践合作平台，组织和鼓励大学生积极参与到农村脱贫攻坚、促进贫困地区经济社会发展的实践活动中去，深入农村开展“三支一扶”活动，缩小与农村的距离，消除与社会的隔阂，提升大学生服务农村经济社会发展的能力和水平，为更好适应扶贫志愿服务、出色完成精准扶贫、精准脱贫任务奠定基础。

四是建立志愿者信息共享平台，利用大数据分析大学生志愿者专业信息与贫困地区贫困群众生产、生活需求信息，实现供需信息对接，增强大学生扶贫志愿服务的针对性、专业性、有效性。信息化是现代社会的时代特征和发展趋势，借助现代网络技术建立服务信息共享平台，有利于合理配置人力资源，实现服务效益最大化。高校团委、学工部等学生管理部门借助现代网络技术，将全校大学生志愿者信息（包括性别、年龄、专业、特长及服务时长、服务记录、服务意向等基本信息）输入大学生志愿者信息管理系统，建立高校大学生志愿者信息资源库，并与共青团中央青年志愿者工作部、民政部建立的志愿服务注册信息系统、国务院扶贫办贫困户信息系统相对接，在开展扶贫志愿服务时，根据农村贫困地区和贫困户的生产、生活需求，设立相应的志愿服务项目。在此基础上，根据大学生志愿者信息资源库存储的专业、特长、服务意向等信息，合理为农村扶贫服务项目配置大学生志愿者，优化人力、物力配置，做到人事相宜，实现大学生志愿者资源与农村扶贫项目需求精准对接，充分发挥大学生志愿者的专业优势，提高扶贫志愿服务的效率。

（二）形成大学生志愿服务品牌项目和接力机制，推动大学生扶贫志愿服务的持续化发展

高校大学生的基本身份是学生，他们的主要任务是专业学习，除了寒假、暑假这种集中性的、时间相对较长的假期之外，大学生基本上在大学校园活动，走出校园深入偏远农村地区参与社会实践的时间和机会不多，这在客观上导致了大学生参与扶贫志愿服务缺乏连贯性、持续性。那么，针对大学生的行为特点，如何保持大学生志愿服务的相对连贯性、持续性，推动大学生志愿服务常态化发展呢？课题组认为，可以从以下几方面作出努力：

一是打造扶贫志愿服务品牌项目。具有鲜明特色的、常态化的、持续性的服务项目是开展志愿服务的重要依托。只有常态化的、具有品牌特色的志愿服务项目才能真正促进服务对象成长，促进社会良性运行。这对农村脱贫攻坚来说，更是如此。那些活动内容同质化、活动时间短期化的服务项目，难以获得农村贫困群众的认可，也难以为农村的建设发展和贫困群众的脱贫致富带来实效。高校大学生志愿者打造品牌化、特色化服务项目的途径和方式比较多。其一，大学生志愿者可以依托学校的办学特色、办学资源打造特色、品牌服务项目，比如农学院、医学院、信息工程学院等不同类型的高校，分别可以打造支农、支医和信息化服务项目，并利用学校特有的办学资源赴农村开展相关服务活动。其二，大学生志愿者可以凭借各自所学专业优势打造特色、品牌服务项目，比如，法律专业的学生可以组建法律服务队，

对农村贫困地区群众开展法律知识宣传及相关的维权服务，计算机专业的学生可以组建电商培训服务队，对贫困群众开展网络、信息技术培训，帮助他们搭建电商平台，畅通农村农产品销售渠道，医学专业的学生可以组建医疗服务队，赴贫困农村开展医疗卫生服务，在贫困群众中普及医疗卫生知识，师范专业的学生可以组建义务支教队，赴农村开展长期结对支教，推动农村地区义务教育均衡发展等。其三，高校或者大学生志愿组织应积极与地方政府、农村乡镇建立沟通与联络机制，根据贫困农村地区或贫困群众的现实需求，比如农村地区普遍缺乏的农业技术人才、产业扶贫项目、精神文化产品、网络和信息化平台等，设计具有现实针对性的志愿服务专门项目，使大学生志愿服务与国家、社会发展更加紧密地结合起来，并为这些项目配备充足的大学生人力资源、经费保障、政策支持，提升大学生志愿服务的社会认同度，在高校或大学生志愿组织、地方政府或农村乡镇的共同推动下持续、有效和常态化实施。

二是构建扶贫志愿服务接力机制。以接力方式持续推进志愿服务，在我国早已有之。由中央文明办、共青团中央、人事部、国务院西部地区开发领导小组办公室联合相关部委共同组织实施的“中国青年志愿者扶贫接力计划”就是非常典型的案例。该项目采取公开招募和定期轮换的方式，动员和组织青年志愿者到贫困地区开展为期半年至两年的教育、农业科技推广、医疗卫生、乡镇企业发展等方面的服务工作，服务期满后，由下一批志愿者接替其工作，从而形成接力机制。大学生具有数量多、层次多、规模大等特点，这就为构建接力机制提供了基础和条件。在高校，从年级来划分，有大一、大二、大三、大四学生，可以在各个年级之间，或者是新生与老生之间形成接力；在同一年级，还有不同专业、不同班级，可以在不同年级、不同专业中形成接力；从办学层次来划分，很多高校有本科生、硕士研究生、博士研究生，这就可以在本科生、硕士研究生和博士研究生之间形成接力；从学籍来划分，有在校生、毕业生（应届生、往届生），可以在在校生和毕业生之间形成接力。例如，在大学生赴贫困农村支教服务活动中，就可以采用接力的方式进行。参与扶贫志愿服务的大学生可以选定2—3个贫困乡村，利用假期相对固定地对选定的这些乡村的留守儿童或失学、贫困儿童进行教育帮扶，同时建立接力机制，一茬接一茬地持续进行，而不是“蜻蜓点水”，以切实帮助他们学习科学文化知识，有效阻断贫困代际传递。另外，在产业扶贫、创业技能培训方面，也可以采取接力的方式，持续不断地对贫困群众进行培训和产业扶持，切实帮助他们增强战胜贫困的勇气及勤劳致富的本领。在此基础上，高校要借助网络化、信息化手段，建构校内外大学生志愿者管理服务平台，从入学到毕业离校，对大学生志愿者实行全程管理、跟踪服务，使大学生志愿者毕业离校后也不中断，形成接力，实现持续化服务。

三是杜绝扶贫志愿服务形式主义。对大学生志愿者来说，赴贫困地区开展扶贫志愿服务，是一件不容易的事情，也是一件非常有意义的事情。因而，进行适度的宣传、报道是必要的。但如果只注重形式，只想着营造气氛，只想走走过场，而没有达到预期的目标和效果，那就存在形式主义的倾向了。大学生还处于受教育的阶段，他们在学校开展的志愿服务活动，与他们进行的专业见习、实习或其他社会实践活动都是一样的，都属于教育的方法与手段，如果受到形式主义的影响，将不利于大学生正确的人生观、价值观教育，也违背了学校组织开展志愿服务的初衷。在每一年组织的“三下乡”社会实践和志愿服务活动中，都明确提出，要坚持严实作风，服务内容和形式切合基层实际和需要，有针对性地开展社会实践活动，力求实效，反对“形式主义”“摆拍走秀”；要深入实际，力戒走马观花、蜻蜓点水甚至观光旅游。因此，必须杜绝在扶贫志愿服务活动中出现的形式主义、运动化倾向，既确保志愿服务的效果，也使大学生自身受到良好的教育和引导。其一，大学生志愿者要从思想上充分认识形式主义的严重危害，树立脚踏实地、讲究实效的思想意识和良好作风。其二，担任志愿服务指导任务的老师要发挥榜样、示范作用，引导学生实事求是、求真务实，积极鼓励和表扬那些做事踏实、不搞形式主义的志愿者。其三，切实了解和掌握贫困地区贫困群众的现实诉求及其困难所在，深入基层群众开展帮扶活动，实实在在地开展科技、教育、文化等方面服务，并力求取得实效。其四，制定评价标准，建立扶贫效益评价体系，对参与扶贫志愿服务的大学生志愿者、志愿组织的扶贫成效进行考核、评价，并以考核结果为依据，对高质量完成扶贫任务、达到预期扶贫目标、取得扎实扶贫成果的大学生志愿者或志愿组织进行表彰奖励。

（三）优化大学生志愿组织管理和运行体制，增强大学生扶贫志愿服务的自主性和灵活性

大学生志愿者和志愿组织在全国各高校的规模都是比较大的。但由于大学生群体的一些自身特点，决定了大学生志愿者、志愿组织的服务活动会受到一些客观因素的约束和限制，大学生志愿服务与社会上的非政府组织、志愿组织存在着一定的差异性，其服务活动存在自主性、主体性不强等问题，影响了大学生扶贫志愿服务活动的广泛深入推进。基于我国的具体国情，为最大限度地增强大学生扶贫志愿服务的自主性、主体性，课题组认为，可以从以下几方面作一些努力：

一是加强对大学生扶贫志愿组织的宏观管理、指导、协调及服务、保障工作，增强大学生扶贫志愿组织的自主性。教育部 2015 年颁布的《学生志愿服务管理暂行办法》规定，学生志愿服务的负责人应由学校团委安排相应人员担任，志愿服务的开展应由团委相关人员负责组织、协调，对学生开展的志愿服务活动，学校要做好相应的记录并存档，学校团委等部门还要加强对志愿组织骨干力量的教育和培训，增强他们的业务素质和活动能力。教育部的这个规定，明确了高校团委等学生管理部门在大学生志愿服务中的角色、作用。在课题组的调查中发现，在大学生参与的“三下乡”“中国青年志愿者扶贫接力计划”“大学生志愿服务西部计划”等扶贫志愿服务活动当

中，绝大部分是学校团委统一组织开展的服务项目。并且，绝大部分的大学生表示更愿意参加由学校组织策划的扶贫活动。这表明，高校团委的组织动员是大学生目前参与扶贫志愿服务的主要运作方式，是中国特色志愿服务的突出表现。为了让中国特色志愿服务更具特色和优势，同时进一步凸显大学生扶贫志愿服务的自主性、灵活性，要求高校团委加强对大学生扶贫志愿组织的宏观指导和服务，为大学生扶贫志愿服务顺利开展提供政策支持、后勤服务保障。比如，在校团委组织机构中，专门设置大学生志愿服务管理中心，安排专人开展大学生扶贫志愿服务的调研、设计、培训、协调等工作，立足校情支持大学生社团形成特色扶贫服务项目，协助大学生志愿者解决学业和扶贫志愿服务间的冲突等问题。同时，强化组织的自我管理，给予大学生社团活动组织实施的自治权、自主权，除学校组织开展的大型扶贫服务项目或扶贫服务活动之外，放宽对大学生社团活动的约束和限制，鼓励和支持大学生志愿者利用周末、节假日参与农村脱贫攻坚、扶老助残等活动，并在一定程度上提供活动经费、交通工具等后勤保障服务，使高校成为大学生参与农村精准扶贫的坚强后盾，推动大学生扶贫志愿服务向纵深发展。

二是建立健全大学生志愿服务社会力量支持体系，增强大学生志愿服务与村委会、农村专业自治组织的对接与协调，构建高校、志愿组织、农村社会“三位一体”的大学生扶贫志愿服务运行机制。社会化的组织方式是大学生志愿服务未来的发展方向。适应社会治理、社会发展需要进行志愿服务，使大学生志愿服务增强针对性、实效性，有利于实现社会治理体系和治理能力现代化。在大学生志愿组织的日常管理及服务活动实施中，要建立健全校团委指导、大学生志愿者组织发动、社会力量支持的体制机制。在这种体制机制中，校团委在发挥宏观管理和核心指导作用的同时，要为大学生志愿者赴农村开展扶贫志愿服务整合社会资源，积极搭建校地合作平台，鼓励并支持校内大学生志愿组织与校外志愿组织合作发展，共同开展农村脱贫攻坚项目实施。高校团委还可以与村委会或农村专业自治组织共同建立服务基地，推动构建高校、志愿组织、农村社会“三位一体”的大学生志愿服务管理体系和运行机制。村委会或农村专业自治组织依托志愿服务基地，根据农村贫困地区、贫困群众的生产、生活需求，加强志愿服务项目设计，并及时与大学生志愿组织沟通、对接，使大学生志愿组织能快速、精准、有效地投入到这些农村扶贫服务项目或扶贫服务行动当中。在大学生志愿服务社会化的过程中，随着服务内容的不断更新、服务领域的不断扩大、服务要求的不断提高，将会促进大学生积极发挥主观能动性，主动学习新知识、培养新技能，主动融入社会、适应社会、服务社会，这样，既能提高大学生志愿服务参与农村脱贫攻坚的专业性、针对性，又能增强大学生扶贫志愿服务的主动性、灵活性，有利于提高包括扶贫在内的大学生志愿服务活动的实效性。

（四）健全大学生志愿服务激励和保障措施，构建大学生扶贫志愿服务的动力和保障机制

为确保大学生扶贫志愿服务顺利开展、取得实效，需要高校、政府和社会都来关心大学生志愿者，对他们的扶贫活动给予鼓励、激励，并提供经费、政策等方面的支持，使大学生扶贫志愿服务获得持续的动力和保障。

一是健全激励措施，为大学生扶贫志愿服务提供不竭动力。大学生正处于成长成才阶段，适当的激励、奖励，能有效提升大学生的积极性、主动性，增强大学生志愿者服务他人和社会的热情，提高志愿服务的效率，促进大学生成长成才。为进一步建立、健全大学生扶贫志愿服务激励机制，最大限度地激发大学生投身农村开展扶贫志愿服务的积极性、主动性，需从以下几方面作出努力：其一，真正落实已出台的激励措施。近年来，国家和部分省市已出台相关激励措施。例如，教育部 2015 年颁发的《学生志愿服务管理暂行办法》规定，高校依据志愿服务的时间、影响等情况记入大学生的实践学分，并根据大学生开展志愿服务的表现及其累计志愿服务的时间进行“星级”认证。河南省 2015 年颁布的《关于深入实施河南省大学生志愿服务

贫困县计划的通知》制定了多条激励大学生志愿者参与扶贫志愿服务的规定：享受国家规定的基层就业优惠政策；被单位录用者，工龄计算扶贫服务的年限，同等条件下优先评定中级或高级职称；扶贫志愿服务期满以后，颁发证书，就业、创业可以拿志愿服务证书作为证明材料，3 年内报考省内大学的研究生、成人专升本、公务员时，可以分别享受初试总分加 10 分、免试入学等特殊权利。另外，课题组在调查中了解到，湖南的一些高校也制定了一些激励政策，比如，凡参加“三下乡”、扶贫接力计划、志愿服务西部计划等志愿服务活动的学生，可作为课外科技活动与自主创新实践项目申报学分。这些制度、措施的出台，对大学生参与志愿服务能发挥重要的激励作用。为了让教育部和省市出台的这些政策、措施真正发挥作用，高校和政府都必须切实将这些政策、措施落到实处。对教育部规定的实践学分、星级认证制度，高校团委、学工部、教务处等部门必须制定实施细则，切实记录好大学生在农村开展扶贫志愿服务的时间及效果，并记入大学生在校期间的实践学分，同时根据累计服务时间进行星级认定，并将他们在农村扶贫的表现材料载入大学毕业生学籍档案，作为用人单位录用毕业生时参考。对省市制定的相关激励政策、措施，地方政府和相应职能部门应根据大学生志愿者参与扶贫志愿服务的情况及记录，在研究生招生、公务员录用、就业创业、工龄计算等方面切实予以执行。其二，进一步研究制定和出台更利于激励大学生参与扶贫志愿服务的政策和措施并严格执行。这些政策、制度、措施包括建立嘉许制度，对扶贫志愿服务表现突出、扶贫成效显著、得到贫困地区干部群众认可的大学生志愿者、志愿组织或志愿服务项目给予特殊嘉奖，在高校、社会形成扶贫志愿服务的榜样、示范效应；尝试将农村扶贫志愿服务时长及效果转换为个人信用积分，建立正向信用档案，为大学生扶贫志愿者毕业后的教育培训、就业创业、信贷融资甚至婚恋交友等提供依据、支撑或服务。

二是健全保障措施，切实为大学生扶贫志愿服务提供后勤保障。高校或政府相关管理、服务部门应从以下几方面为大学生扶贫志愿服务提供后勤保障：其一，提供经费保障。对经费问题，大学生志愿组织应从多方面筹措活动经费。首先，对高校学生管理部门或学生所在教学院部来说，要通过设立第二课堂、特色课外实践项目及志愿服务项目孵化基金等方式，以项目的形式加大活动经费支持力度，使大学生志愿者通过项目申报的方式获得活动经费，确保大学生志愿者能持续有效地开展多种形式的扶贫志愿服务活动。高校每年还要从教育经费中安排一定额度的专门经费，用于支持大学生社团开展扶贫志愿服务活动；对大学生志愿组织来说，要积极采取与企业合作、争取赞助和社会捐赠等方式，广泛募集扶贫志愿服务活动经费。当然，如果有可能，大学生社团还可以通过开展一些有偿性服务项目获得一定的活动经费。其二，提供人身安全保障。高校或政府部门应为参与扶贫志愿服务的大学生志愿者购买适当保险项目，包括医疗保险、意外伤害保险、人身保险及第三责任险等，使大学生扶贫志愿者的人身安全得到有效保障。当然，很多高校的在校大学生已经购买了上述相关保险，这就需要进一步完善和落实，使大学生身心健康得到切实保障。对那些由于在农村参与扶贫志愿服务而在学业方面受到影响的大学生志愿者，高校的学生管理部门、教学管理部门应制定相应的政策、措施和解决办法，切实消除他们的后顾之忧。其三，提供政策、法律保障。创设良好的法制环境是政府扶持和促进志愿服务良性、健康发展的重要责任，也是将包括大学生志愿者在内的优质志愿服务资源有效纳入社会建设发展推动力量、形成社会合力的重要保证。这就要求，一方面，国家也要加快大学生志愿服务的全国性立法，为大学生扶贫志愿服务提供健全的法律支持及良好的法律、政策环境，维护他们的合法权益不受损害；另一方面，高校的学生管理部门、教学管理部门、后勤管理部门等要出台相应的规章制度，为大学生扶贫志愿服务活动提供政策依据、行为规范。只有这样，才能确保包括扶贫志愿服务在内的各项志愿服务活动得以持续、健康发展。

主要参考文献

1. 马克思恩格斯选集［M］. 北京：人民出版社，2012.

2. 列宁全集［M］. 北京：人民出版社，2013.

3. 毛泽东选集［M］. 北京：人民出版社，1991.

4. 邓小平文选［M］. 北京：人民出版社，1993.

5. 江泽民文选［M］. 北京：人民出版社，2006.

6. 胡锦涛文选［M］. 北京：人民出版社，2016.

7. 习近平谈治国理政：第一卷、第二卷、第三卷［M］. 北京：外文出版社，2020.

8. 习近平．摆脱贫困［M］. 福州：福建人民出版社，2014.

9. 中共中央文献研究室．习近平关于实现中华民族伟大复兴的中国梦论述摘编［M］. 北京：中央文献出版社，2013.

10. 中共中央宣传部．习近平总书记系列重要讲话读本［M］. 北京：学习出版社，人民出版社，2014.

11. 中共中央宣传部．习近平总书记系列重要讲话读本（2016 年版）［M］. 北京：学习出版社，人民出版社，2016.

12. 中共中央文献研究室．习近平关于全面建成小康社会论述摘编［M］. 北京：中央文献出版社，2016.

13. 中共中央文献研究室．习近平关于社会主义社会建设论述摘编［M］．北京：中央文献出版社 2017.

14. 习近平．在河北省阜平县考察扶贫开发工作时的讲话［M］．北京：中央文献出版社，2015.

15. 习近平．决胜全面建成小康社会夺取新时代中国特色社会主义伟大胜利——在中国共产党第十九次全国代表大会上的报告［M］．北京：人民出版社，2017.

16. 胡锦涛．在省部级主要领导干部提高构建社会主义和谐社会能力专题研讨班上的讲话［M］．北京：人民出版社，2005.

17. 胡锦涛．在庆祝中国共产党成立 90 周年大会上的讲话［M］．北京：人民出版社，2011.

18. 胡锦涛．高举中国特色社会主义伟大旗帜为夺取全面建设小康社会新胜利而奋斗——在中国共产党第十七次全国代表大会上的报告［M］．北京：人民出版社，2007.

19. 胡锦涛．坚定不移沿着中国特色社会主义道路前进 为全面建成小康社会而奋斗——在中国共产党第十八次全国代表大会上的报告［M］．北京：人民出版社，2012.

20. 中央精神文明建设指导委员会．关于深入开展志愿服务活动的意见［A/OL］．（2008－10－10）［2010－11－04］http：//www.wenming.cn/zyfw_298/zlk/201011/t20101104_4599.shtml.

21. 共青团中央．关于印发《中国注册志愿者管理办法》的通知［EB/OL］．（2006－01－07）［2020－03－11］http：//www.gqt.org.cn/notice/200612/t20061224_12206.htm.

22. 共青团中央．中国注册志愿者管理办法［EB/OL］．（2013－12－09）［2020－03－11］http：//zgzyz.cyol.com/content/2013－11/29/content_9373688.htm.

23. ［古希腊］亚里士多德．尼各马科伦理学［M］．苗力田，译．北京：中国社会科学出版社，1999.

24. ［英］欧文．欧文选集［M］．柯象峰，何光来，秦果显，译．北京：商务印书馆，1981.

25. ［法］托克维尔．论美国的民主（下）［M］．董果良，译．北京：商务印书馆，1988.

26. ［古罗马］西塞罗．西塞罗三论［M］．徐奕春，译．北京：商务印书馆，1998.

27. ［美］缪其克，威尔逊．志愿者［M］．魏娜，等译．北京：中国人民大学出版社，2013.

28. ［美］萨拉蒙，等．全球公民社会——非营利部门视界［M］．贾西津，魏玉，等译．北京：社会科学文献出版社，2002.

29. ［美］萨拉蒙．第三域的兴起［M］．于海，译．上海：复旦大学出版社，1998.

30. ［美］库恩，等．心理学导论——思想与行为的认识之路［M］．郑钢，译．北京：中国轻工业出版社，2007.

31. ［美］PETRI H L，GOVERN J M. 动机心理学［M］．郭本禹，等译．西安：陕西师范大学出版社，2005.

32. ［英］汤森．英国的贫困：关于家庭经济来源和生活标准的调查［M］．伦敦：阿伦莱思和培根图书公司，1979.

33. 张耀灿，等．思想政治教育学前沿［M］．北京：人民出版社，2006.

34. 张耀灿，郑永廷，吴潜涛，等．现代思想政治教育学［M］．北京：人民出版社，2006.

35. 全增嘏．西方哲学史［M］．北京：人民出版社，1983.

36.《西方哲学史》编写组．西方哲学史［M］．北京：人民出版社，

2011.

37. 傅乐成. 中国通史（近代史）[M]. 北京：九州出版社，2010.

38. 沙健孙. 中国近现代史纲要 [M]. 北京：高等教育出版社，2015.

39. 李实. 21世纪中国农村贫困特征与反贫困战略 [M]. 北京：经济科学出版社，2018.

40. 洪名勇. 西部农村贫困与反贫困研究 [M]. 北京：中国财政经济出版社，2018.

41. 潘慧，章元. 中国战胜农村贫困：从理论到实践 [M]. 北京：北京大学出版社，2018.

42. 杨立雄. 残者有助：农村贫困残疾人群帮扶政策评估及建议 [M]. 北京：社会科学文献出版社，2015.

43. 万曾奎. 道德同一性的心理学研究 [M]. 上海：上海教育出版社，2009.

44. 卓高生. 大学生志愿精神作用机理及实证研究 [M]. 北京：中国社会科学出版社，2016.

45. 陈新亮. 中国大学生志愿者行动研究 [M]. 北京：人民出版社，2015.

46. 杨秋宝. 2020：中国消除农村贫困——全面建成小康社会的精准扶贫、脱贫攻坚研究 [M]. 北京：人民出版社，2018.

47. 唐丽霞，杨亮承. 关爱春蕾：农村贫困儿童救助政策评估及建议 [M]. 北京：社会科学文献出版社，2015.

48. 许莲丽. 新时代中国志愿服务理论与实践的新探索 [M]. 北京：人民出版社，2018.

49. 邱服兵，涂敏霞，沈杰. 中国志愿服务典型项目研究 [M]. 北京：人民出版社，2015.

50. 向德平，黄承伟. 中国反贫困发展报告（2014）——社会扶贫专题

[M]. 武汉：华中科技大学出版社，2014.

51. 罗公利，肖强. 青年志愿服务长效机制建设研究——以山东省大学生志愿服务为例 [M]. 北京：经济科学出版社，2014.

52. 于昆. 共享发展研究 [M]. 北京：高等教育出版社，2017.

53. 闫坤，刘轶芳. 中国特色的反贫困理论与实践研究 [M]. 北京：中国社会科学出版社，2016.

54. 程冠军. 精准脱贫中国方案 [M]. 北京：中央编译出版社，2017.

55. 共青团北京市委员会，北京青年研究会. 志愿者形象及其社会影响 [M]. 北京：人民出版社，2009.

56. 莫于川. 中国志愿服务立法的新探索 [M]. 北京：法律出版社，2009.

57. 魏娜. 经验·价值·影响——2008 北京奥运会、残奥会志愿者工作成果转化研究 [M]. 北京：中国人民大学出版社，2010.

58. 邓国胜. 公益项目评估——以“幸福工程”为案例 [M]. 北京：社会科学文献出版社，2003.

59. 邓国胜. 民间组织评估体系——理论、方法与指标体系 [M]. 北京：北京大学出版社，2007.

60. 王名，刘培峰. 民间组织通论 [M]. 北京：时事出版社，2004.

61. 沈杰. 志愿行动：中国社会的探索与践行 [M]. 北京：人民出版社，2009.

62. 丁元竹，江汛清. 志愿活动研究：类型、评价与管理 [M]. 北京：人民出版社，2001.

63. 佘双好. 志愿服务概论 [M]. 武汉：武汉大学出版社，2013.

64. 王焕清. 志愿行动与文明社会建设 [M]. 北京：人民出版社，2012.

65. 吴东民. 非营利组织管理 [M]. 北京：中国人民大学出版社，

2003.

66. 李亚平，于海．第三域的兴起——西方志愿工作及志愿组织理论文选［M］．上海：复旦大学出版社，1998.

67. 陈佩雄．十三经［M］．长春：吉林音像出版社，2006.

68. 周秋光．熊希龄集（下册）［M］．长沙：湖南出版社，1996.

69. 周秋光，曾桂林．中国慈善简史［M］．北京：人民出版社，2006.

70. 谭建光．中国广东志愿服务发展报告［M］．北京：人民出版社，2005.

71. 许源源．中国农村扶贫瞄准：定点部门与 NGO 的视角［M］．北京：中国社会科学出版社，2012.

72. 陶倩．当代中国志愿精神的培养研究［M］．北京：人民出版社，2013.

73. 蔡拓．全球治理与中国公共事务管理的变革［M］．北京：人民出版社，2005.

74. 徐勇．反贫困在行动：中国农村扶贫调查与实践［M］．北京：中国社会科学出版社，2015.

75. 张振刚．西部放歌：华南理工大学学生志愿服务西部纪实［M］．广州：华南理工大学出版社，2012.

76. 左向蕾．点亮心灯筑梦前行：广西大学大学生志愿服务实践与探索［M］．北京：科学出版社，2017.

77. 李佃来．公共领域与生活世界——哈贝马斯市民理论研究［M］．北京：人民出版社，2006.

78. 张振刚．西部放歌：华南理工大学学生志愿服务西部纪实［M］．广州：华南理工大学出版社，2012.

79. 若弘．中国 NGO——非政府组织在中国［M］．北京：人民出版社，2010.

80. 司树杰，王文静，李兴洲．中国教育扶贫报告（2016）［M］．北京：社会科学文献出版社，2016.

81. 齐延平．社会弱势群体的权利保护［M］．北京：人民出版社，2006.

82. 北京大学哲学系．十八世纪法国哲学［M］．北京：商务印书馆，1963.

83. 北京志愿服务发展研究会．中国志愿服务大辞典［M］．北京：中国大百科全书出版社，2014.

84. 共青团中央青年志愿者工作部．共青团关爱农民工子女志愿服务行动工作案例［M］．北京：中国青年出版社，2011.

85. 武汉大学，中国国际扶贫中心，华中师范大学．中国反贫困发展报告——市场主体参与扶贫专题：2015［M］．武汉：华中科技大学出版社，2015.

86. 北京师范大学政府管理学院，北京师范大学政府管理研究院．2016中国民生发展报告——精准扶贫，共享民生发展［M］．北京：北京师范大学出版社，2017.

87. 中华人民共和国国务院新闻办公室．中国农村扶贫开发的新进展［M］．北京：人民出版社，2011.

88. ROWNTREE S. Poverty：A Study of Town Life［M］London：Macmillan，1901.

89. DUNN P C. Volunteer management［M］//Encyclopedia of Social Work (19th)．Washington，DC：Nasw Press，1995.

90. CASSIRER E. The Renaissance Philosophy of Man［M］．Chicago：Chicago University Press，1954.

91. BARKER R L. The Social Work Dictionary［M］．New York：National Association of Social Work，1998.

92. OMOTO A M, SNYDER M. Sustained helping without obligation, motivation, longevity of service, and perceived attitude change among AIDS volunteer [J]. Journal of personality and Social Psychology, 1995, 68 (4): 671 -686.

93. WINNIFORD J C, CARPENTER D S, GRIDER C. An analysis of the traits and motivations of college students involved in service organizations [J]. Journal of College Student Development, 1995, 36 (1): 27 -38.

94. RHOADES R A. Community service and higher learning [M]. Albany. NY: State University of New York Press, 1997.

95. GAGE R L Ⅲ, THAPA B. Volunteer Motivations and Constraints Among College Students: Analysis of the Volunteer Function Inventory and Leisure Constraints Models [J]. Nonprofit and Voluntary Sector Quarterly, 2012 (3): 405 -430.

后　记

本书是在我主持的国家社科基金课题“共享发展理念下大学生扶贫志愿服务研究”（课题编号：1616BKS134）的最终研究成果基础上修改而成的。今年2月25日，习近平总书记在全国脱贫攻坚总结表彰大会上庄严宣告，经过全党全国各族人民共同努力，在迎来中国共产党成立一百周年的重要时刻，我国脱贫攻坚战取得了全面胜利，完成了消除绝对贫困的艰巨任务，创造了又一个彪炳史册的人间奇迹！

在这场轰轰烈烈的脱贫攻坚战中，活跃着一支青年志愿者队伍——大学生志愿者，他们充分发挥专业、智力、文化优势，通过参与文化科技卫生“三下乡”、扶贫接力、服务西部等志愿服务项目，深入偏远贫困农村地区开展贫困调查、政策宣讲、文艺巡演、助学支教、关爱帮扶及农业技能、创业技能、网络信息技术培训等，积极推动“扶贫先扶志”“扶贫必扶智”“扶贫重扶弱”等精准扶贫理念贯彻落实，对丰富贫困群众精神文化生活、提高贫困群众勤劳致富本领、推动农村义务教育均衡发展及关爱帮扶孤残老人、贫困儿童、特困人员等发挥了重要作用，在“扶志”“扶智”“扶弱”等扶贫核心领域作出了应有贡献，有力彰显与弘扬了共享发展理念和脱贫攻坚精神。本书即对大学生扶贫志愿服务的功能、价值开展系统、深入研究。全书从农村脱贫攻坚的艰巨任务入手，在实证调研大学生扶贫志愿服务发展现状基础上，深入分析大学生扶贫志愿服务的行为动机、行为特点及行为优势，系统研究大学生志愿者在“扶志”“扶智”“扶弱”中的行为表现及实现途径、方式，并实证研究大学生扶贫志愿服务的实然性效果及强化、提升对策，为社会主义精神文明建设、全面建成小康社会提供理论参考和实践经验。

在过去三年多时间的课题研究过程中，我作为课题负责人，认真组织、协调和带领课题组成员立足学术前沿，紧紧围绕研究重点，扎实开展各项研究工作，顺利完成了预定研究内容和研究任务，取得了预期研究成果，实现了预设研究目标。在取得阶段性研究成果的基础上，课题的最终研究成果——学术专著，由我拟定提纲并执笔撰写。在研究和写作过程中，得到了众多专家、学者的指导、帮助及本校老师、学生的支持、配合。这其中，有华中师范大学龙静云教授、张耀灿教授、万美容教授等母校老师，有中南大学王翔教授、周湘莲教授、曹清燕教授、王浩斌教授等专家、学者，有湖南财政经济学院肖湘愚、刘长庚、刘寒波、李雪山、赵鹤平、苏玲、全承相、陈建斌、刘振强、罗财喜、杨培根、周奕、张本青、尹文芳、张晓敏、李莎、李南文等现工作单位的领导和同仁，有湖南第一师范学院李昱、赵小群、赵奇钊、阮东彪、姜明芳、黄国盛、吴红及吉首大学龙先琼、王艳、蒋林、李洪雄等原工作单位的老领导、老同事。对于各位老师、专家、学者及领导、同仁的精心指导、鼎力支持和无私帮助，在此表示诚挚感谢！本书的顺利出版，还得到了中国社会出版社编辑们的大力支持，在此一并致谢！

“衣带渐宽终不悔，为伊消得人憔悴。”科研之路虽然艰辛，却富有意义和价值。在20多年的科研岁月里，挥洒了辛勤耕耘的汗水，收获了挂满枝头的硕果。征途漫漫，唯有奋斗。在未来的学术道路上，我将继续以“坐得冷板凳”和“十年磨一剑”的精神，为繁荣中国特色哲学社会科学作出一名科研工作者的应有贡献。

李茂平

2021年3月16日于润芳园